湖南理工职业技术学院教材出版基金资助

直播电商实务

主　编：赵　斌　甘　婷　臧义升
副主编：邱佳意　郑春妮　徐雯菲
参　编：谭　富　鲁　柠

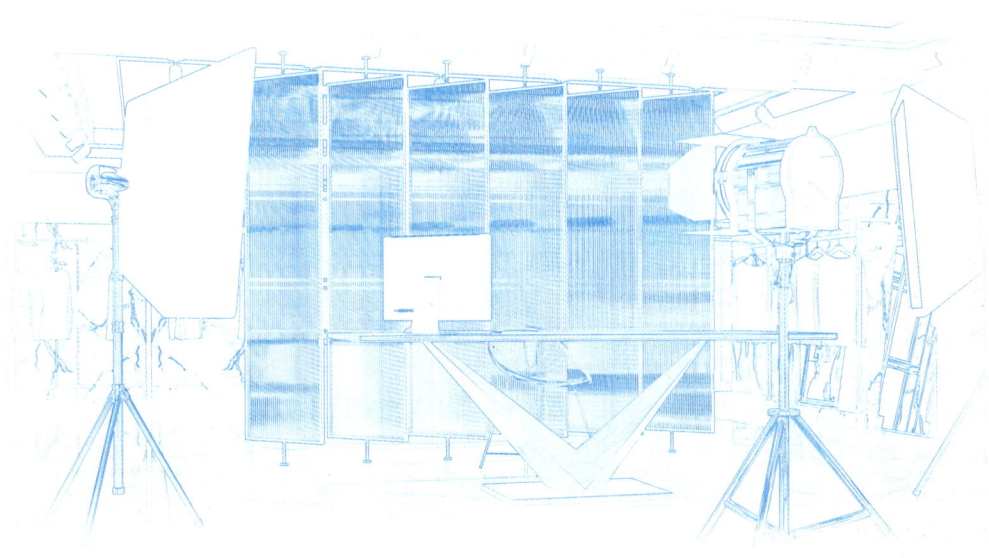

中国经济出版社　中国石化出版社

·北京·

图书在版编目（CIP）数据

直播电商实务 / 赵斌，甘婷，臧义升主编. -- 北京：
中国经济出版社：中国石化出版社，2025.6. -- ISBN
978-7-5136-8216-9

Ⅰ.F713.365.2

中国国家版本馆CIP数据核字第20250R6180号

选题策划	雷　生
责任编辑	彭　欣
责任印制	李　伟
封面设计	任燕飞

出版发行	中国经济出版社
印 刷 者	宝蕾元仁浩（天津）印刷有限公司
经 销 者	各地新华书店
开　　本	889mm×1194mm　1/16
印　　张	13
字　　数	331千字
版　　次	2025年6月第1版
印　　次	2025年6月第1次
定　　价	59.00元
广告经营许可证	京西工商广字第8179号

中国经济出版社 网址 http://epc.sinopec.com/epc/　社址 北京市东城区安定门外大街58号　邮编 100011
本版图书如存在印装质量问题，请与本社销售中心联系调换（联系电话：010-57512564）

版权所有　盗版必究（举报电话：010-57512600）
国家版权局反盗版举报中心（举报电话：12390）　服务热线：010-57512564

PREFACE 前言

直播电商作为一种新兴的商业模式，近年来在全球范围内得到了快速发展，其结合了直播的互动性和电商购物的便捷性，为消费者提供了全新的购物体验，同时也为商家提供了新的销售渠道。随着消费者对直播购物接受程度的提高，以及电商平台直播功能的持续发展，直播电商行业的需求呈现出快速增长的趋势。

面对直播电商行业的快速发展，市场对于直播电商专业人才的需求也日益增长。这就要求职业教育能够及时调整课程设置，培养出符合市场需求的高素质人才。

本书具有以下鲜明特色：

1. 紧贴市场需求，注重技能培养

本书通过大数据挖掘与企业直播相关岗位的招聘需求，提炼出岗位所需的关键技能，确保教学内容与市场需求紧密对接。书中融入了大量真实案例和数据，均来源于杭州赛群、湖南聚引量等一线企业，增强了教材的实用性和针对性。

2. 课程思政特色鲜明，立德树人

本书在编写中以培育和践行社会主义核心价值观为基本原则，通过加入素养目标和思政小课堂等特色栏目，挖掘直播课程中的思政元素，人才技能培养与价值观养成并重，充分体现了社会主义核心价值观的内涵。

3. 项目任务式写法，强化实操能力

本书采用项目任务式编写方法，即将每个项目划分为具体任务，通过任务引入相应的知识点，并设置了"任务演练"环节，让学生在实操演练中掌握各种操作方法和技巧，真正做到在教中学、在学中做，强化学生的实际动手能力。

4. 校企合作，资源丰富

本书的编写得到了杭州赛群、湖南聚引量等企业的支持和帮助。书中融入了这些企业的真实案例和数据，为学生提供了丰富的实践素材和学习资源。

本书由湖南理工职业技术学院教材出版基金资助，由湖南理工职业技术学院赵斌统筹编写。本书项目一由重庆化工职业学院甘婷和广东女子职业技术学院臧义升编写，其中任务一、任务二、任务六共 11.2 万字由甘婷编写，任务三、任务四、任务五共 4.6 万字由臧义升编写；项目二共 5.7 万字由湖南理工职业技术学院赵斌编写；项目三共 3.1 万字由湖南理工职业技术学院邱佳意编写；项目四由泰安技师学院徐雯菲和重庆化工职业学院郑春妮编写，其中任务一和任务二共 1.8 万字由徐雯菲编写，任务三和任务四共 2.8 万字由郑春妮编写；项目五由湖南理工职业技术学院谭富和湖南劳动人事职业学院鲁柠编写，其中任务一共 1.1 万字由谭富编写，任务二 1.9 万字由鲁柠编写。中国经济出版社的编辑为本书的出版做了大量组织管理工作。本书的编写还得到了很多一线企业运营人员、院校专业人士的大力支持和帮助，并参考了直播运营同类书籍和相关资料，在这里向他们表示诚挚的谢意。

由于编者水平有限，书中难免存在不足之处，恳请广大读者批评指正。

编者
2025 年 4 月

CONTENTS 目录

项目一　直播前准备　001

任务一　开通直播间 …… 002
一、直播电商行业认知 …… 002
二、直播电商平台基础知识 …… 020
三、账号搭建的基础知识 …… 046
任务演练：选择平台开通直播间 …… 053

任务二　组建直播团队 …… 055
一、直播电商团队的人员配置 …… 056
二、直播营销团队岗位职责与职业能力要求 …… 058
三、主播人设打造 …… 061
任务演练1：组建直播带货团队 …… 062
任务演练2：打造主播人设 …… 064

任务三　直播间的布置 …… 065
一、直播所需硬件 …… 066
二、直播所需软件 …… 069
三、直播所需物料 …… 070
任务演练1：确定直播带货硬件设备 …… 070
任务演练2：直播软件安装及测试 …… 072

任务四　搭建直播间 …… 076
一、直播间背景布置的类型 …… 076
二、直播间灯光布置的方法 …… 078
三、不同品类直播间布置的方式 …… 078
任务演练：食品带货直播间场景布置 …… 081

任务五　直播选品 …… 083
一、直播选品的逻辑 …… 083

二、直播选品的原则 ……………………………………………… 086
三、直播选品的方法 ……………………………………………… 087
　任务演练1：直播间选品 ………………………………………… 090
　任务演练2：直播商品类别规划 ………………………………… 092

任务六　直播违禁词学习 …………………………………… 093
　任务演练：直播违禁词学习 ……………………………………… 095

项目二　直播间引流　097

任务一　直播预热文案引流 …………………………………… 097
一、直播电商引流概述 ……………………………………………… 098
二、直播电商引流的模式 …………………………………………… 098
三、引流内容的策划 ………………………………………………… 099
　任务演练：标题和封面策划 ……………………………………… 108

任务二　短视频付费引流 …………………………………… 109
一、短视频的类型 …………………………………………………… 109
二、短视频的展现形式 ……………………………………………… 110
三、短视频拍摄工具 ………………………………………………… 111
四、短视频脚本制作 ………………………………………………… 112
五、短视频的后期编辑 ……………………………………………… 116
　任务演练：拍摄短视频并在DOU+投放 ………………………… 120

任务三　直播间付费推广引流 ……………………………… 124
一、抖音的付费引流 ………………………………………………… 125
二、快手的付费引流 ………………………………………………… 127
三、点淘的付费引流 ………………………………………………… 130
　任务演练：直播间付费推广引流 ………………………………… 131

项目三　直播方案策划　132

任务一　直播营销活动策划 …………………………………… 132
一、直播营销活动流程 ……………………………………………… 133
二、直播营销活动方式 ……………………………………………… 134
　任务演练：创建直播营销活动 …………………………………… 135

任务二　直播脚本策划 ………………………………………… 137
一、直播脚本的作用 ………………………………………………… 137
二、直播脚本写作要点 ……………………………………………… 138
三、直播脚本类型 …………………………………………………… 139

四、使用 AI 生成直播脚本 …………………………………………………… 141
　　任务演练：直播脚本策划 …………………………………………………… 142

项目四　直播实战　　151

任务一　商品讲解技巧　　151
　　一、商品讲解内容 ……………………………………………………………… 152
　　二、直播商品讲解逻辑 ………………………………………………………… 153
　　三、不同类目商品讲解要点 …………………………………………………… 153
　　任务演练：商品讲解技巧练习 ………………………………………………… 154

任务二　讲解话术提炼　　155
　　一、开场话术 …………………………………………………………………… 156
　　二、引关注话术 ………………………………………………………………… 156
　　三、商品推荐话术 ……………………………………………………………… 157
　　四、促留存话术 ………………………………………………………………… 159
　　五、促转化话术 ………………………………………………………………… 159
　　六、下播话术 …………………………………………………………………… 160
　　任务演练：提炼商品讲解话术 ………………………………………………… 160

任务三　商品展示技巧　　161
　　一、场景展示 …………………………………………………………………… 162
　　二、功能展示 …………………………………………………………………… 162
　　三、同行对比展示 ……………………………………………………………… 163
　　四、适用人群展示 ……………………………………………………………… 163
　　五、背书展示 …………………………………………………………………… 164
　　六、现场做实验展示 …………………………………………………………… 164
　　任务演练：商品展示技巧 ……………………………………………………… 165

任务四　AI 数字人直播　　166
　　一、AI 直播的主要形式 ………………………………………………………… 166
　　二、AI 数字人直播流程 ………………………………………………………… 167
　　三、AI 数字人录制规范 ………………………………………………………… 168
　　任务演练：AI 数字人直播 ……………………………………………………… 171

项目五　直播复盘　　179

任务一　直播复盘　　179
　　一、直播复盘的基本思路 ……………………………………………………… 180
　　二、直播复盘的主要内容 ……………………………………………………… 181

三、直播复盘的具体步骤 ··· 183
任务演练：女装直播复盘 ··· 183

任务二　直播数据分析 ··· 185
一、直播运营数据分析指标 ··· 186
二、直播运营数据分析流程 ··· 189
任务演练1：直播运营数据采集与分析 ································· 193
任务演练2：抖音直播复盘 ··· 194
任务演练3：淘宝直播复盘 ··· 196

参考文献 ·· 198

项目一
直播前准备

学习目标

【知识目标】

(1) 了解直播电商运营概念、发展趋势、流程与产业链。
(2) 了解常见的直播平台,以及直播所需软硬件与物料。
(3) 掌握开通直播间、组建直播团队、选用直播设备和搭建直播间的方法。
(4) 掌握直播选品的方法。

【技能目标】

(1) 能够根据自身条件和运营目的选择合适的直播平台并开通直播功能。
(2) 能够根据主播人设、账号定位和直播间定位筹备直播所需软硬件、搭建直播间。
(3) 能够对直播电商团队中的角色有清晰的分工界定。
(4) 能够根据主播人设、粉丝画像、账号定位和直播间定位进行直播选品。

【素养目标】

(1) 具备全局观念和系统思维,分析直播电商运营的发展。
(2) 遵守公序良俗,做到依法直播、诚信带货。
(3) 遵守直播电商从业人员的职业道德要求、职业素养要求。

任务一　开通直播间

任务描述

任务背景	直播行业涉及秀场、游戏、体育赛事、电商等多个领域，在赛群公司布局直播业务时，需要根据切入的直播业务领域，在适合的平台开通直播间。邓慧是赛群公司新进员工，领导让她先了解直播电商的基础知识，为公司的直播业务布局提供参考意见，并选择适合的直播平台开通直播间
任务演练：选择平台开通直播间	根据自身条件和平台特点在合适的平台开通直播间；注册账号，进行实名认证，开通直播带货权限

知识准备

直播电商作为一种新兴的网络销售形式，以持续增长的用户数量和迅速扩大的市场规模为电商产业的持续发展和传统产业的电商化转型带来了新的机遇。

布局直播业务时，需要根据切入的直播业务领域，在适合的平台开通直播间。首先，需要了解直播电商的基础知识，包括直播电商的发展历程、现状和发展趋势，直播电商的相关理论、直播电商的模式与流程、直播电商的产业链等；其次，需要了解目前市场上的直播平台特点，选择适合自己的平台。

一、直播电商行业认知

（一）认识直播电商

1. 直播电商的定义及分类

直播电商指的是以直播为渠道达成营销商品目的的电商形式，是数字化时代背景下直播与电商双向融合的产物。直播电商以直播为手段重构"人、货、场"三要素，这里的商品包括实体商品和虚拟商品。从本质上讲，它是直播与电商的结合，消费者可以通过观看主播的推荐和展示，以及直播间其他人的互动来决定是否购买商品。相比传统电商，直播电商依托强互动性的直播手段，拉近商家与消费者的距离，在获客转化上具备一定优势。

入局直播电商行业的平台主要包括：传统电商平台和娱乐社交平台。前者主动拥抱直播这一强互动性工具，以"电商+直播"推动图文货架式电商向直播电商转型；后者力图以电商赋能直播流量变现，"直播+电商"拓展了直播娱乐、资讯属性之外的营销职能。

直播电商按照直播形态，可分为卖货型、场景引入型、教学型、供应链型；按照直播产品来源，可分为企业直播和达人直播。

直播电商有多种模式，包括店铺直播、秒杀、达人带货和基地走播等，每种模式都有其适合的商品类型。例如，达人带货模式适合化妆品、高档酒等具有专业性知识的商品，基地走播模式适合生鲜类商品。

2. 直播电商的本质

想要看清直播电商的本质，需要了解直播电商的短期和长期发展趋势。从短期来看，消费红利无疑是直播电商的核心诉求。直播电商既能大幅度增加商品销售额，又能进行品牌宣传，很好地实现了品效合一，同时助力电商平台、企业和主播吸引更多的粉丝。从长期来看，在5G网络与数字智能化驱动下，直播电商可以助力传统企业实现数智化升级，即通过建立用户与企业之间的直接连接，构建起从消费者到企业（Customer to Business，C2B）的商业模式。

直播电商的本质是消费场景的升级。在当前物质极为丰富的环境下，用户已经不再满足单纯依据商品价格及其功能参数进行评判的消费行为方式，他们更关注整个消费过程中的精神体验，且越来越多的用户希望获取更多知识性、专业性的信息内容，为购买行为决策做参考。因此，直播电商的本质是消费场景升级，而消费场景升级的背后则是用户需求的升级。直播电商通过新的消费场景，结合用户洞察及消费引导，让商业与情感的传递、人性的结合更为紧密，进而更好地满足用户需求。

与传统电商相比较，直播电商具有强标签化及与用户或消费者更强的互动性等特性。同时，直播电商具有内容电商与社交电商的属性：一方面，主播或者关键意见领袖（KOL）以优质或者创新性的内容吸引用户，聚集流量并最终实现流量变现；另一方面，主播全面讲解产品信息，使用户更直观、清楚地了解商品的优缺点，并通过与用户的直接互动，随时解答用户关于商品的疑惑等，快速建立信任关系，促使用户在较短的时间内做出购物决策，实现商品销售和流量变现。

简单来说，直播电商的本质就是以主播为载体、以内容为介质，商品通过主播生产的内容触达用户，基于用户的需求，通过人格化的认同与信任促成商品销售。

直播电商是电商模式的升级，是一种"货找人、人找人"的营销形式，其本质是将内容化的交互形式大幅提升，带来"种草"效率与转化效率的提升。

直播电商的核心要素是：人、货、场。

（1）人

直播电商的创新在于，它是一种"货找人"的推荐式电商模式，在产业链条中有"人"这个要素，其包括主播和多频道网络（Multi-Channel Network，MCN）机构。主播的身份范围没有限定，可以是普通人、"网红"、KOL，也可以是企业领导或工厂的工人等，而且这些人最好自带信任关系。信任关系或者来自社区关系和内容的赋能，或者来自个人IP的赋能，又或者来自鲜明的人设积累。MCN机构包括内容MCN、品牌MCN和电商MCN。

传统电商属于货架式电商，用户根据自身需要检索和购买，而直播电商是"双向互动式电商"，用户从传统链条中的消费者转化为体验者，主播通过对品牌商品的体验分享进行有效直播，用户基于对主播的信赖决定购买，提升了电商交易效率。

当"人"的价值凸显时，"人"的影响力形成社交资产，而且社交资产可实现"货币化"，营销的结构就发生了本质性的变化。这是直播电商带来的变化，"主播"可以是意见领袖、专家，也可以是一群人的情感经营者或者导购，商品产地、店铺、直播间形成了新的交易场所，"人"即营销渠道。

用户在直播间里可以通过评论的方式加强与主播的交互，从而形成个性化的消费，提升用户体验。直播的出现把人们在电商平台的购物行为从"人找货",变成了"货找人",直播带货让用户重新回到了主角的位置。

(2) 货

"货"不单指商品,还包括品牌方和供应链。对货源的把控,即供应链能力是考核直播电商的核心能力,只有头部 MCN 机构有这种整合能力。

随着直播电商发展成熟,"货"的地位在不断提升,一些头部主播出现"翻车"情况都跟货有着直接关系。直播的选品团队不仅要懂商品,会看价格、数据,还要懂商品供应链、懂生产流程和供应规则。例如,看到一款衬衫,就能拆解它的成本;看到一个品牌,就能清楚地说出它的授权经销网络等。

早期受到关注的直播电商是由内容社区衍生而来的,用户买东西是因为认可主播,因此一些服饰、土特产和文玩等品类最早成为直播间的主流货品。这些品类的价格不透明,直播解决的是商品展示效率、信任问题和交易效率。

解决了品类效率就会催生一些新机会、新平台,如垂类电商平台蘑菇街(服装)、天天鉴宝(文玩)等。除了催生新平台,直播结合非标品给供应链带来的一个重要变化就是短供应链的出现,即 F2C,也就是厂货经由主播直接到达用户手中。

直播电商能够覆盖的流量平台、行业和主播范围较大,主播能够将长周期零散需求汇聚为短周期批量需求,并且在直播间以"低价大团购"的形式推荐给自己的粉丝(私域流量),其成交链条短、时间快,不需要跳转,甚至不需要比价。这样的流通方式可以提高供应链对接效率,进而出现柔性定制生产的可能。短供应链模式具有很强的价格优势,因为大大缩短了货品从原产地到消费者手中的流通链条,解决了传统制造业"远离市场、缺乏渠道、层层加价利润薄"的痛点。

短供应链模式的出现证明了直播不仅是一种营销手段,还有能力影响供应链上游。例如,周转变快了,供应链的反应速度也要快。在快手上火起来的螺蛳粉品牌"合味芳"就受益于直播带货,并且改造了自己的供应链。

"货"的另一个扩张维度是标品和品牌货。2019 年之前,大量主播会到淘宝寻找更丰富的货源,一般主播带的货需要跳转到淘宝店铺成交。2020 年,直播电商进入新阶段,以抖音切断淘宝外链为转折点,直播电商不再采用"抖快直播—淘宝成交"的链路,社区平台想要把流量、用户和交易都把握在自己手里,做独立的电商闭环。做电商闭环,丰富的货品是基本盘,一场直播的货品结构搭得好,货品本身就能吸引流量。对供应链的深度改造带来的另一个结果是低成本优势,货品的性价比更高,自然会吸引流量。

(3) 场

"场"是指购物场景,直播电商升级了购物场景。在直播电商中,购物场景由直播平台、直播间组成,用户在直播间即可完成商品的选择和下单购买,这大大提升了用户的购物体验。

为了抓住直播电商的红利,各平台不断降低用户开通直播的门槛,再加上各类政策的支持,以及直播电商生态链的日渐完善和成熟,越来越多的商家开始在更多的时间段和更多的场景展示商品,直播电商的直播场景越来越丰富和多元化。直播场景可以是商品原产地、田间地头、店铺或者工厂,这些场景比传统电商场景更真实,用户信赖度更高。

3. 直播电商的特点

直播电商因具有大众化、共时性与灵活性、真实性与丰富性、互动性与不确定性、平等性、社群化等特点，而得到用户的异常喜爱。

（1）大众化

随着智能手机的普及及无线通信技术的发展，网络直播内容生产和发布的门槛越来越低，甚至可以说，直播已经不仅是一种娱乐方式，更成为网络大众普遍使用的表达方式。网络直播摆脱了传统视频直播对场景的限制，同时直播内容的碎片化，使用户可以打开直播平台随意选择自己喜欢的内容观看。

另外，视频直播将"去中心化"落到了实处，任何人都能成为内容的生产者，都能在法律允许的范围内自由地表达自己，将自己的想法及观点传播给他人，实现了人与人之间的有效沟通，增强了交互的丰富性，提升了传播效率。

（2）共时性与灵活性

随着互联网及移动网络的发展，手机、笔记本电脑、平板电脑等通信设备逐渐普及，人们越来越倾向通过以上设备来获取信息。如今，无线局域网（Wi-Fi）的覆盖范围逐步扩大，手机、平板电脑等设备对流媒体信息的接收能力显著提升。

众所周知，很多大事件的直播有时间限制，若不能在指定的时间内观看，就只能等待重播。网络直播出现之前，人们若想观看体育赛事、重大事件的直播，身边没有电视机是不能实现的，这给观众带来极大的不便。网络直播的出现则给观众带来极大的便利。用户如果有观看直播的需求，可以拿出随身携带的通信设备（如手机或平板电脑），连接Wi-Fi，搜索直播链接，即可观看。也就是说，在网络直播模式中，视频采集、发布、收看可同时进行。

伴随网络媒体的兴起，观众的选择自主性逐渐提升，这是因为视频经网络直播后便被储存于该平台，观众即使错过直播，也可在任何时段登录网络平台进行点播。可见，网络直播具有很强的灵活性，可以更好地满足用户的观看需求。

具体而言，网络直播的灵活性可以体现在以下3个方面：

①网络直播内容的采集非常灵活。用户需求的多样性决定了网络直播内容的丰富性，吃饭、旅游、购物等各种不同的活动都可以成为直播的内容，而且内容采集一般仅需一部智能手机就可以操作。

②网络直播内容的发布非常灵活。无论是专门的直播平台，还是电商平台，只要申请入驻并通过审核，便可以轻松发布自己的直播内容。

③网络直播内容的接收非常灵活。对用户而言，只要有计算机、智能手机等相关设备，就可以登录直播平台寻找自己感兴趣的内容。

（3）真实性与丰富性

相较于经过层层包装的人与物，人们更希望看到真实的场景。直播将真实的生活场景展现在观众面前，满足了观众对真实性的需求。另外，直播可以与生活全面结合，如"直播+旅游""直播+吃饭"等，使直播内容极为丰富，从而提升了直播的观赏性，如图1-1所示。

（4）互动性与不确定性

互动性是网络直播与传统直播的最大区别。传统媒体在直播事件时只能采用文字、图片、音

图 1-1 多种直播方式

资料来源：抖音 App 的截图。

频、视频等形式将现场事件的发展传递给观众，观众之间不能进行语言交流。而对于网络直播来说，能实时互动是其天然优势。网络直播不仅可以让用户及时掌握事件的动态信息，而且可以与观看同一直播的用户进行实时沟通。用户将自己的想法、观点、感受等发表在即时留言板、论坛、弹幕等上面，实现与其他用户的互动，有效增强了观众的参与感。直播平台也因实时互动的存在而具备了社交属性，以视频为节点形成了社区。直播过程中的互动将人与人之间的连接变得更加人性化。当然，视频直播除具有强大的互动性之外，还有极大的不确定性。直播没有彩排，呈现出的是主播及观众的真实反应，因此在直播的过程中经常发生"意外"，尤其是户外直播及生活直播。当然，很多直播也因这些"意外"的出现而备受欢迎，因为这种不确定性使用户的猎奇心理得到满足。

（5）平等性

在以电视为主的传统媒体传播时代，信息的传播是单向的，即媒体制作后传输给观众收看。在这样的信息传播模式中，内容制作方与用户之间的地位是不平等的，前者具有更大的主动权，处于较高的位置，而后者的位置更为被动。在网络直播模式中，多元化的共享平台使直播内容的采集、发布、收看都是在平等的基础上进行的。一方面，直播内容的制作者之间、用户之间是彼此平等的，均具有同样的权利且必须遵循相关法律和平台规则；另一方面，内容的制作者与用户之间也是平等的，双方均拥有自主选择权，并可基于平台进行互动交流。

（6）社群化

一般来说，观看同一直播的人大多有相同的兴趣爱好，他们极易集合成社群，而且现实生活中将人集合起来的驱动因素非常多。例如，很多人喜爱观看体育赛事，由此形成了体育赛事直播；很多人喜爱打游戏，由此形成了游戏直播。直播生成的社群互动塑造了一种新的社交方式，满足了众多用户的社交需求，使互动的趣味性得到有效提升。

4. 电商直播的优势

（1）增加品牌曝光率

电商直播能够通过社群效应和口碑传播，扩大品牌知名度，提高品牌形象。

（2）提高销售转化率

电商直播能够通过精准定位和互动营销，提高销售转化率，为商家带来更多收益。

（3）提升消费者购物体验

电商直播能够通过丰富的视觉、听觉和互动元素，增强消费者的购物体验，提高购物满意度。

（二）直播电商的发展历程、现状和发展趋势

1. 直播电商的发展历程

中国直播电商行业的发展主要经历五个阶段，分别为萌芽期、探索期、成长期、爆发期和全民直播时代。

（1）萌芽期（2009—2015年）

这一阶段直播电商初现。

> **课堂讨论**
> 作为直播电商的先行者，蘑菇街如今的发展如何？传统电商平台如何才能实现持续发展？

直播平台发展可以追溯到2005年，我国第一个视频直播平台——"9158"网站成立。2009年随着移动互联网出现，直播平台开始迈入手机时代，使我国直播行业进入快速发展阶段。在此后10年间，各类直播平台纷纷出现，其直播内容以唱歌、跳舞等泛娱乐类为主，因此这类直播也被称为秀场直播。在这一时期，主播及平台主要依赖用户打赏变现。

（2）探索期（2016—2017年）

这一阶段直播电商产业链更加完善，品种更加多元化。

"直播+电商"模式基本成形的直播电商诞生于被称作"直播元年"的2016年。

2016年，电商行业投资者看到了直播电商的发展前景，纷纷开始加入直播大军，直播电商行业生态开始建立，直播电商产业链开始建立，具有代表性的电商平台与短视频平台陆续上线直播功能。其中标志性事件有：1月，快手上线直播功能；3月，蘑菇街上线直播功能；5月，淘宝开通直播平台；9月，京东上线直播功能。

2017年，直播电商行业在探索中发展，各平台不断尝试，力求探索出"直播+电商"新的模式。其中标志性事件有：7月，苏宁APP正式上线的是"直播功能"，蘑菇街直播功能加入女装小程序，组件商家联盟解决供应链问题；11月，抖音上线直播功能；12月，淘宝推出"超级IP入淘计划"，推动淘宝直播发展。2017年中国直播电商的市场交易规模达到了209.3亿元。这一年直播电商产业链更加完善，主播类型和带货商品种类也更加多元。

（3）成长期（2018年）

2018年，直播电商行业经过两年的探索发展已经相对成熟。这一年淘宝"双11"正式引爆直播带货概念，平台开始推出直播电商发展战略。具有标志性的直播电商行业发展事件有：3月，抖

音推出购物车功能，开启直播带货；5月，抖音上线店铺入口；6月，快手与有赞合作推出"短视频导购"，增加"快手小店"。

（4）爆发期（2019—2020年）

2019年，我国直播电商迎来爆发期，其行业规模呈爆发式增长，直播带货全面进入大众视野，直播购物逐渐流行。大量个人或商家意识到直播电商的巨大商机，纷纷加入直播电商行业，采用与知名主播合作、自播等方式开展直播带货。2019年中国直播电商整体成交额达4512.9亿元，同比增长200.4%。具有标志性事件有：1月，淘宝推出淘宝直播App；6月，网易考拉推出"考拉ONE物全网招募计划"；9月，腾讯开始直播电商内测，并内嵌到微信小程序；11月，拼多多直播首秀。

2020年，受新冠疫情影响，直播电商带货更是显示了其独特的优势，杀出重围，带动经济的复苏。4月23日，商务部新闻发言人表示，据商务部大数据监测，2020年第一季度电商直播超过400万场，大规模明星参与直播带货，政府机构、电视台加入直播带货大军。

（5）全民直播时代（2021年至今）

这一阶段直播电商向平台化、产业化发展，随着各行业、各领域的线上化需求不断增加，直播平台的直播功能、直播类型也更加多元化。

2021年，电商直播、品牌自播等席卷网络。这一年，是中国直播电商的黄金生长期。3月，快手上线"10亿补贴计划"。

2022年，直播电商市场加速发展，头部主播缺席，各类直播新势力涌入，整个直播电商的格局正在悄然发生着变化。

2023年，直播电商行业快速发展，行业竞争也越来越激烈。

2. 直播电商的现状

随着互联网的普及和人们生活方式的改变，越来越多的人开始选择网络购物，这也为直播电商的发展提供了更大的市场和更多的机遇。2020年新冠疫情暴发，网络购物需求大幅增长，我国网络购物用户规模为7.82亿人，同比增长1.43亿人；2021年，我国网络购物用户规模为8.42亿人，同比增长7.67%；2022年，我国网络购物用户规模为8.45亿人，基本与2021年持平。市场规模方面，目前我国直播电商市场处于高增长状态。2018年到2022年，直播电商市场规模快速增长，2018年仅为0.14万亿元，到2022年直播电商整体规模3.5万亿元。其中，2019年，我国直播电商规模为0.44万亿元，同比增长214.29%；2020年，我国直播电商规模增长至1.29万亿元，增长幅度为193.18%。如图1-2与图1-3所示。

（1）政策环境：利好政策助推行业良性发展，直播电商朝规范化、标准化方向发展

近年来，为规范发展直播电商等新业态、新模式，我国陆续出台了各项政策，推动直播电商行业加快发展，其中包括建设农副产品直播电商、培育省级直播电商基地、利用直播电商平台提高休闲农业和乡村旅游发展的知名度、开展直播电商基础知识授课和技能大赛、融合直播电商和非遗资源等。2023年中国直播电商行业相关政策如下：

2月，中共中央、国务院印发的《质量强国建设纲要》提出："规范发展网上销售、直播电商等新业态新模式。加快发展海外仓等外贸新业态。"

同期，农业农村部印发的《关于落实党中央 国务院2023年全面推进乡村振兴重点工作部署

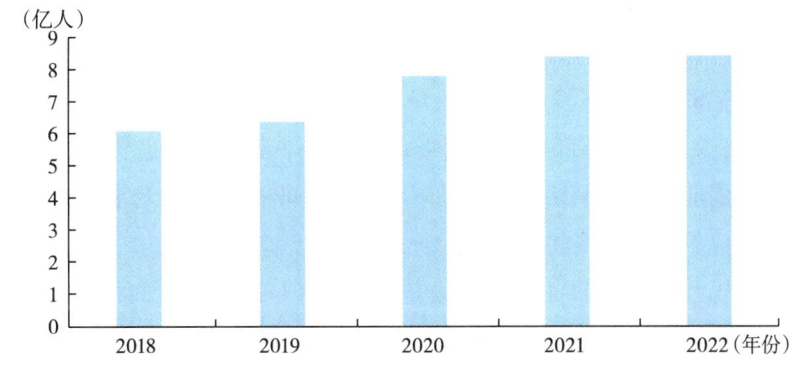

图1-2 2018—2022年我国网购用户规模

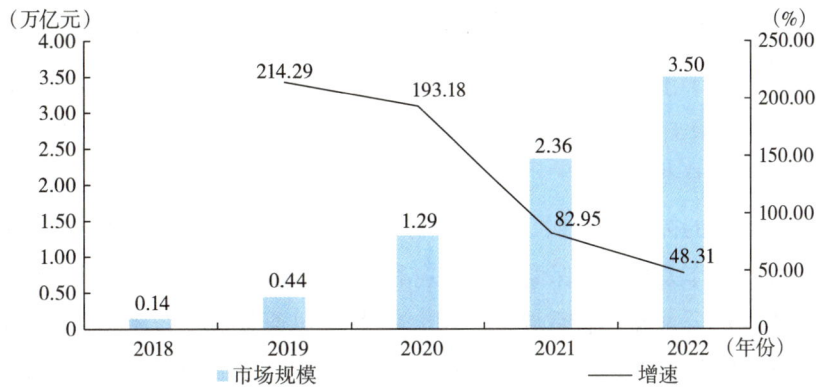

图1-3 2018—2022年我国直播电商市场规模及增速

的实施意见》中提出:"深入实施'互联网+'农产品出村进城工程,发展农产品直采、定制生产等模式。鼓励地方与大型电商平台对接,建设一批农村电商产业园、农副产品直播电商和人才实训基地。"

3月,浙江省绍兴市人民政府印发的《绍兴市全国网络市场监管与服务示范区创建工作方案》中提出:"加快培育直播电商、社交电商等新模式,规划建设一批特色直播基地,发展'直播+工业品''直播+农产品''直播+旅游'特色产业直播间。创新直播经济业态,推动直播模式与产业深度融合,培育一批省级直播电商基地。"

同期,云南省人民政府办公厅印发的《云南省深化质量提升三年行动方案(2023—2025年)》中提出:"深入开展消费数字化升级行动,围绕促进消费、直播电商、便民生活圈建设等,加强与知名平台企业合作,培育消费新模式新业态,挖掘线上新型消费潜力,提高我省数字商务发展质量。推动传统商贸数字化转型,加强数字商务市场主体培育,支持直播电商、虚拟产业园等新业态新模式。"

4月,农业农村部办公厅印发的《关于开展2023年中国美丽休闲乡村推介活动的通知》中提出:"鼓励借助电商平台推介,采用直播、短视频等方式,提高知名度,营造休闲农业和乡村旅游发展的良好氛围。"

同期,甘肃省人民政府办公厅下发的《关于印发加大服务业重点行业扶持全面促进消费增长若干政策措施的通知》中提出:"大力推动直播电商发展,开展'云品甘味·数商兴农''十大甘肃网红旅游线路''百名网红甘肃旅游踩线'等直播电商系列巡播、宣传活动,推动直播电商赋能传统批发市场，鼓励直播电商与文化旅游、商业街区、夜间经济、乡村振兴等融合发展。引导各市州和县市区举办网红经济专题讲座、直播电商基础知识授课和直播电商技能大赛。"

5月，文化和旅游部办公厅下发的《关于开展2023年"文化和自然遗产日"非遗宣传展示活动的通知》中提出："文化和旅游部支持电商平台依托本平台已有非遗资源，通过联合促销、直播带货等方式，集中开展非遗产品网络销售活动。各地要以非遗工坊、老字号为重点对象，积极对接电商平台，巩固脱贫成果、助力乡村振兴。"

同期，吉林省人民政府下发的《关于印发中国（延吉）跨境电子商务综合试验区实施方案的通知》中提出："依托延吉市高校人才供给资源和园区平台，加大跨境电商创新创业孵化力度，建设一批跨境电商创业孵化基地和众创空间，完善创新创业公共服务，培育壮大中小微跨境电商企业，支持跨境直播电商、独立站、社交电商等新模式加快发展。"

（2）产业介绍：直播电商起步晚但发展迅速，行业整体朝精细化、常态化方向发展

直播电商的上、中、下游产业链涵盖了多个环节，包括商品供应链、直播内容制作、直播平台、主播和消费者等。这些环节相互依存，共同构成了直播电商的生态系统。首先，商品供应链是直播电商上游产业链的重要组成部分。厂商、品牌商和经销商等供应方需要提供质量可靠、价格合理的商品，以满足消费者的需求。同时，为了确保直播销售的顺利进行，供应方还需要与直播平台、主播等建立良好的合作关系，确保商品的供应和库存的稳定。其次，在直播电商的中游产业链中，多频道网络（MCN）公司发挥着重要的作用。MCN公司通常提供技术支持、培训指导等服务，帮助主播提升直播销售的能力和效果。同时，渠道平台也提供了直播销售的平台和流量，为主播和消费者提供了交易的平台。这些平台需要具备稳定的技术支持和良好的用户体验，以吸引更多的主播和消费者。主播也是直播电商中游产业链的核心环节之一，其通过直播形式向消费者展示和推荐商品，因此不仅需要具备专业的知识和技能，还需要具备良好的形象和口才。主播需要与供应方、直播平台等建立良好的合作关系，确保直播销售的顺利进行。最后，消费者是直播电商下游的最终受益者。消费者通过观看直播，了解商品的信息和特点，从而做出购买决策。因此，直播电商需要满足消费者的需求和期望，不仅提供质量可靠、价格合理的商品，同时还需要提供优质的服务和体验。

除以上提到的环节外，直播电商的上下游产业链还包括一些辅助环节，如物流配送、售后服务等。这些环节虽然不是直播电商的核心环节，但对于消费者的购物体验和平台的声誉有着重要的影响。此外，随着直播电商的不断发展和壮大，一些新的技术和应用也被引入直播电商的上下游产业链中。例如，人工智能、大数据等技术可以帮助直播平台更好地分析消费者需求和行为，提高直播销售的精准度和效果；虚拟现实、增强现实等技术则可以提供沉浸式的购物体验，吸引更多消费者的关注和参与。

（3）产业运行状况：疫情过后直播电商发展趋于稳定，直播电商用户规模增速放缓

网络购物用户的增长意味着有更多的潜在消费者，这也为直播电商带来更多的流量和销售机会。随着网络购物用户规模的不断扩大，直播电商的受众群体也不断扩大，促进了直播电商的竞争和创新，促使各大平台和主播不断提供更加优质、有趣的内容和服务，以吸引更多的消费者。此外，网络购物用户规模的增长还推动了直播电商的规范化和专业化。随着市场规模的不断扩大和监管政策的加强，直播电商的管理和运营也更加规范化和专业化，从而有助于提高直播电商的信誉和消费者的购物体验。

2019—2020年正值我国新冠疫情暴发，居家隔离成为常态的时期，直播电商作为可以足不出户的居家娱乐方式，其需求量大幅度增长，以至于2019—2020年直播电商市场规模呈现爆发式增长[①]。

直播自带了娱乐属性，拿起手机观看一场内容丰富的直播购物，已成为不少人消遣减压的一种方式。在传统渠道获客成本越来越高的时代，品牌和商家致力于找到更便宜、更精准的流量，而直播恰好带来了其需要的流量。

视频直播的维度丰富，所看即所得，还有主播讲解示范，可以将信息全面传达给消费者。同时，直播也带来了有效的互动，主播及时解答消费者问题，提供与线下商场导购相同的服务。品牌和商家也可以即时收到消费者对于商品及其信息的反馈，这些近乎零成本的消费者洞察对于产品研发、市场策略等意义非凡。在传统电商平台上，消费者决策历程较长，存在流失风险。比如，消费者在其他社交平台上看到帖子而被"种草"，到各个不同电商平台进行比价，在跳转网页的过程中可能被其他东西吸引，注意力转移，这也是品牌和商家一直以来头疼的问题之一。根据2022年各平台用户获客成本（见图1-4），京东获客成本居高不下，为506元/人，而快手、抖音短视频平台获客成本较低，分别为15元/人、20元/人。在狭小的手机屏幕上，平台消费者能够更加专注直播购物这件事，而且因为直播间的商品展示具有顺序性，时间限制和主播叫卖声在一定程度上降低了消费者的产品比较和决策成本，从而快速促成交易。

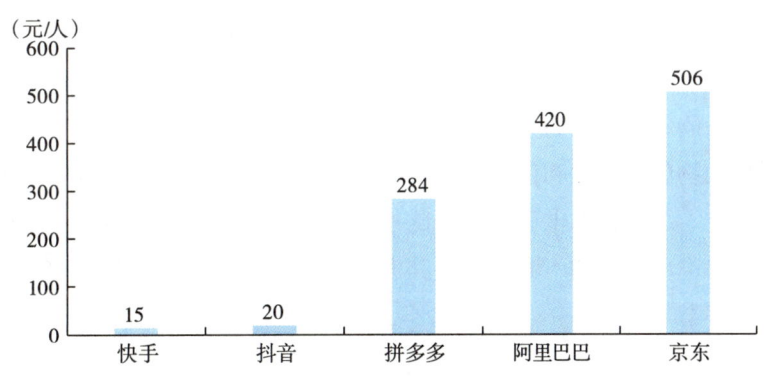

图1-4　2022年各平台用户获客成本对比

2021年我国网络购物用户规模为8.42亿人，2022年我国网络购物用户规模为8.45亿人，基本与2021年持平，用户规模增速放缓（可参考图1-2所示）。

（4）发展环境：MCN公司数量呈爆发式增长，电商交易额稳步上升

MCN机构指的是将PGC内容联合起来，在资本的有力支持下，保障内容的持续输出，最终实现商业稳定变现的机构。简单来说，就是内容创作从个体生产模式到规模化、科学化、系列化的公司制生产模式转型，所有有能力和资源帮助内容生产者的公司都可以被称为MCN机构。据统计，如图1-5所示，2020年我国MCN公司数量21000家；2021年新增数量1000家左右；2022年我国MCN公司数量增长至24000家。MCN公司数量的增长为直播电商行业提供了更多的人才和资源支持。MCN公司作为连接主播和品牌的重要桥梁，通过提供专业的培训、管理和推广服务，为直播电商行业输送了大量优秀的主播和团队，其增长为直播电商行业提供了更多的人才和资源支持，促

---

① 资料来源：智研咨询发布的《2025—2031年中国直播电商行业市场运营态势及未来趋势研判报告》。

进了行业的快速发展。各大 MCN 公司之间的竞争也日益激烈，这种竞争环境促使其不断提高专业化和规范化水平，提升服务质量和用户体验，以吸引更多的主播和品牌合作。MCN 公司数量的增长还推动了直播电商行业的规范化和专业化，随着其不断壮大和市场竞争的加剧，MCN 公司提供的专业服务和管理，也有助于推动整个行业规范化和专业化水平的提升。

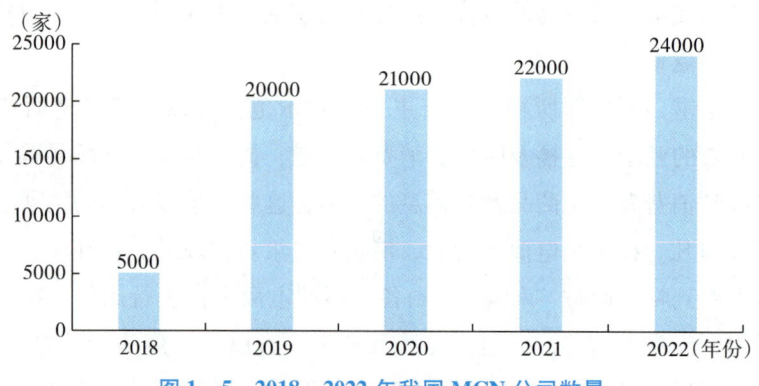

图 1-5　2018—2022 年我国 MCN 公司数量

直播电商行业是随网络发展而兴起的行业，根据 2018—2022 年中国电商交易额的数据，近年来我国电商交易额呈逐年增长的态势。如图 1-6 所示，我国电商交易额从 2018 年的 31.63 万亿元发展至 2022 年的 43.83 万亿元，增长幅度达 38.57%，其中 2021 年我国电商交易额为 42.30 万亿元，同比增加 13.68%，增长幅度为近年最高。我国电商交易额的增长对直播电商的影响是积极的，意味着电商市场的不断扩大，为直播电商提供了更多的发展机会。随着电商市场的不断扩大，越来越多的消费者选择网络购物，这也为直播电商带来了更多的潜在消费者。同时，电商交易额的增长也说明消费者对网络购物的接受度和信任度不断提高，有助于推动直播电商与其他电商模式的融合发展，形成更加多元化、综合化的电商生态。此外，电商交易额的增长还将带动直播电商产业链的完善和发展。随着直播电商规模的不断壮大，其上下游产业链也将更加完善，包括商品供应链、物流配送、售后服务等环节。

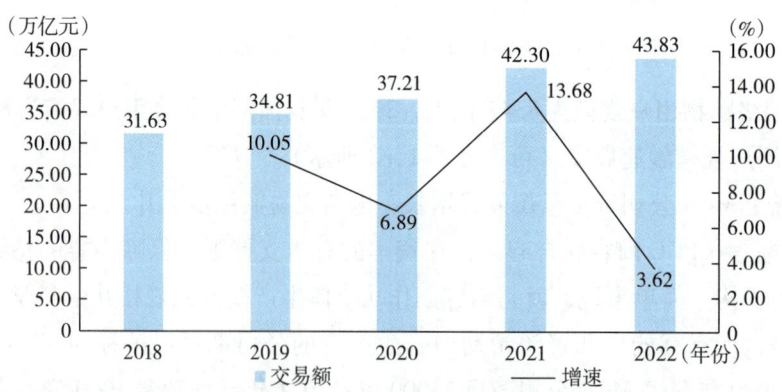

图 1-6　2018—2022 年我国电商交易额

3. 我国直播电商存在的问题

由于处于发展期，直播电商尚存在诸多问题，大致可分为三类：消费者面临的问题、主播面临的问题和行业面临的问题。

（1）消费者面临的问题：质量可能无法保证

由于信息不对称的存在，消费者可能通过直播电商购买到质量与宣传不符的产品。数据显示，2020年6月1—20日，直播带货领域消费者的维权信息日均达到112384条，主要集中于直播带货商家未能充分履行证照信息公示义务、部分主播使用极限词等违规宣传、产品质量货不对板等方面，其中主播违规案例如图1-7所示。

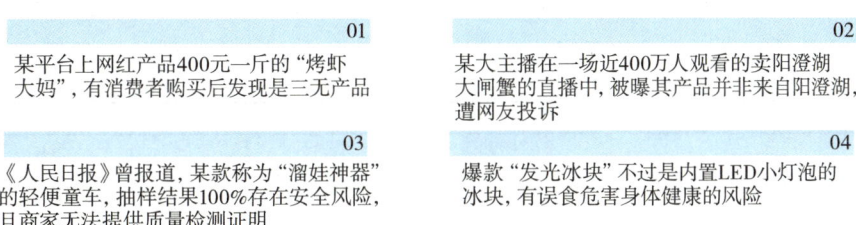

图1-7 主播违规案例

（2）主播面临的问题：同质化和刷单

一方面，由于主播入行门槛低、人数众多，容易导致同质化，因而引起审美疲劳。对同一个主播而言，随着直播场次的增加，人们的新鲜感可能也会降低。

> **小贴士**
> 同质化是指同一大类中不同品牌的商品在性能、外观，甚至营销手段方面相互模仿，以至于逐渐趋同的现象。

另一方面，行业存在刷单现象。艾媒咨询分析师认为，商家一般通过粉丝量、观看量等外显数据选择带货主播，由于刷单成本低，使行业内有刷单现象。刷单类型如图1-8所示。

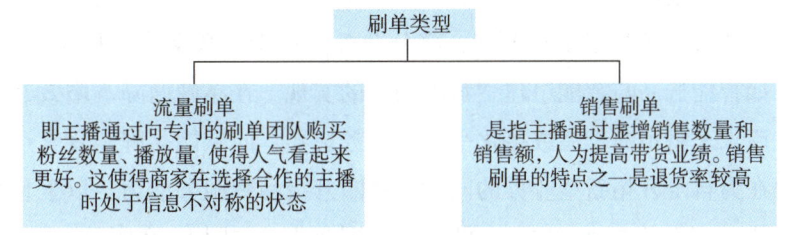

图1-8 刷单类型

（3）行业面临的问题：匹配困难

直播电商行业存在MCN机构与主播匹配困难的问题。一方面，头部主播的个人能力强，与之签约面临着激烈的竞争，不仅报价比较高，有时候头部主播还会选择"出走"；另一方面，中部主播的带货能力不强。另外，由于行业存在信息不对称，MCN机构有时候也很难依靠各种榜单和流量判断主播究竟有没有合作的价值。

知识拓展

MCN 机构

1. MCN 机构的含义

MCN 是 Multi-Channel Network 的缩写。MCN 模式源于国外成熟的网红经济运作，其本质是一种多频道网络的产品形态，即将 PGC（专业内容生产）内容联合起来，在资本的有力支持下，保障内容的持续输出，最终实现商业的稳定变现。

MCN 机构是 MCN 商业运作实体，一般而言，它是网红孵化中心，即专业培养和扶持网红达人的经纪公司。

2. MCN 机构的作用

MCN 机构主要负责网络达人资源储备与达人运营，依托平台的扶持政策与资本加持，为其提供专业的孵化管理服务。比如，给予达人专业的内容运营支持，在达人已有定位的基础上，进行辅助创意生成和发展路线规划；帮助达人生成更加优质的内容和实现自身的商业价值。

MCN 一般都是直播平台的合作机构，因为直播平台如淘宝直播、抖音等没有精力管理每个主播，而 MCN 机构作为中介，可以帮助主播向平台申诉、接单、引流等，其作为主播和平台、广告主之间的纽带和桥梁，就像主播团队的经纪公司。

4. 直播电商的发展趋势

（1）核心服务商将加快数字化平台建设并不断拓展服务边界以升级品牌服务能力

近年，多数核心直播电商服务商以直播业务在线化为切入点建设数字化平台，以提升业务流程协同性与运营效率。随着业务数据不断沉淀，部分业务流程借助数字化工具与 AI 工具实现了数字化与智能化升级，如智能选品与智能组建货盘等功能的实现。在品牌商降本增效及店播趋势日益凸显的背景下，服务商未来将不断拓展数字化平台的服务边界，向赋能品牌商日常运营与店播方向进一步延伸。服务商在为自身开拓新型业务的同时，不断升级品牌服务能力，以强化自身与品牌商的合作黏性。核心直播电商服务商数字化平台的服务范围变化，如图 1-9 所示。

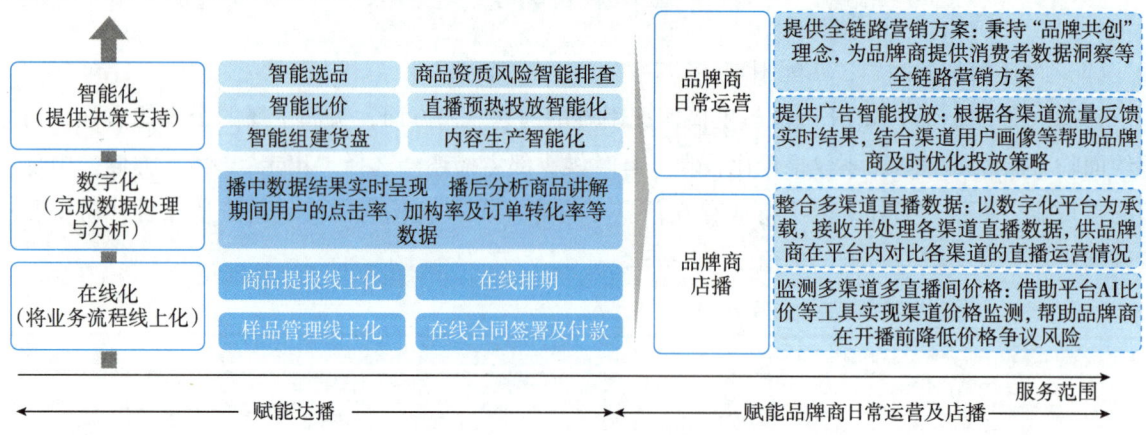

图 1-9 核心服务商将加快开拓数字化平台服务范围

资料来源：艾瑞咨询研究院自主研究及绘制。

（2）核心服务商将借助数字技术提升直播电商合规治理效率

直播电商合规性政策陆续出台，核心直播电商服务商作为品牌商与消费者的重要连接者之一，需要从多维度加强合规治理以保障品牌商、消费者及自身的相关权益。商品与内容为直播电商业务流的重要元素，核心直播电商服务商未来将基于数字化平台建设等方式实现选品风险全方位排查，以及直播内容多环节智能化审核等功能，进一步提升直播电商合规治理效率。未来，随着核心直播电商服务商加快数字化转型，其有望借助数字技术向更多合规场景渗透。技术赋能直播电商合规治理的具体方向，如图1-10所示。

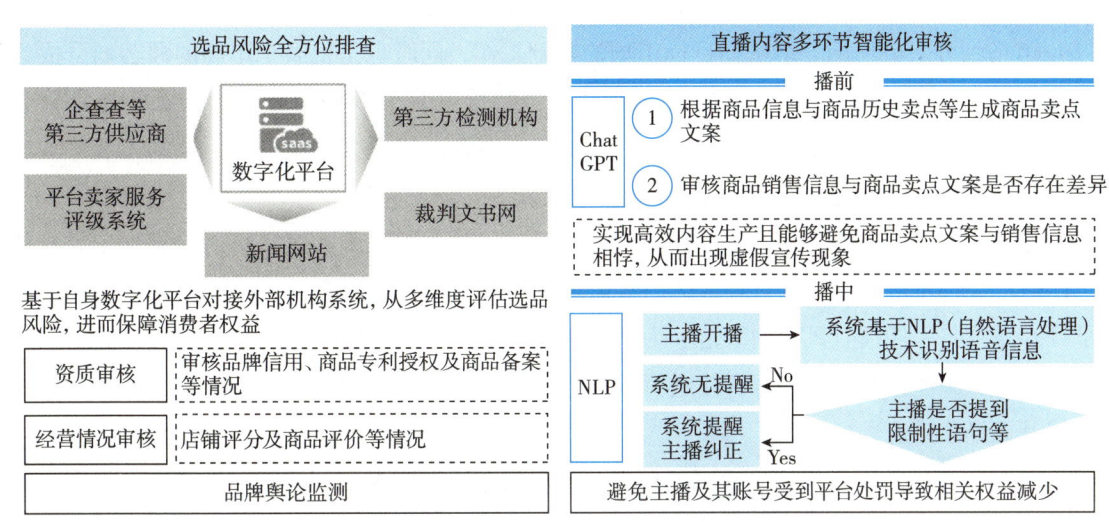

图1-10 技术赋能直播电商合规治理具体方向

资料来源：艾瑞咨询研究院自主研究及绘制。

（3）数字人主播将步入精细化发展阶段，其商业价值有望释放

依托语音合成、自然语言处理及大语言模型等技术支持，数字人主播正不断进入直播间，但目前仅有少部分核心直播电商服务商能够为品牌商提供相对成熟的AI数字人产品，而大部分服务商通过外采购入的数字人主播则面临"皮套人"困境，如虚拟感较重、说话延迟及动作僵硬等。未来，伴随数字人技术的逐步成熟，直播电商运营方法论与数字人技术将不断融合，推动数字人主播在合规、形象、语言及动作方面不断向精细化方向发展，以最大限度发挥补充品牌商店主播角色的价值。数字人主播迭代优化方向如图1-11所示。

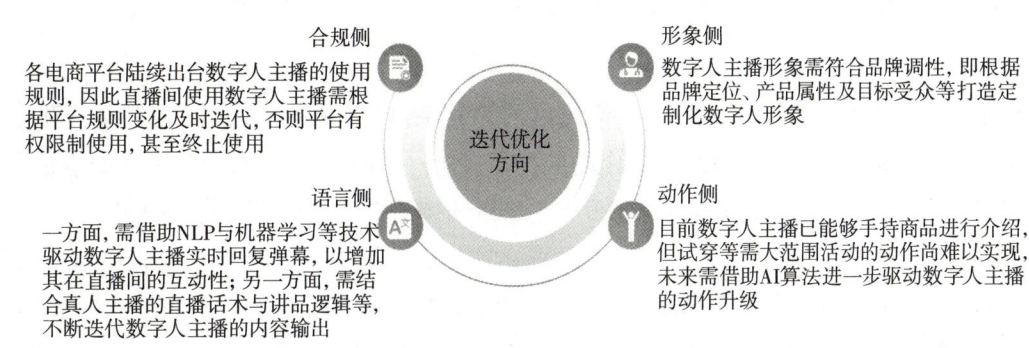

图1-11 数字人主播迭代优化方向

资料来源：专家访谈、艾瑞咨询研究院自主研究及绘制。

(三) 直播电商的相关理论

1. STP 理论

市场细分（Market Segmentation）的概念是由美国营销学家温德尔·史密斯（Wendell Smith）在 1956 年最早提出的。此后，美国营销学家菲利浦·科特勒（Philip Kotler）进一步发展和完善了史密斯的理论，并最终形成了成熟的 STP 理论——市场细分（Segmentation）、市场目标选择（Targeting）和市场定位（Positioning）。它是战略营销的核心内容，是指企业在一定的市场细分的基础上，确定自己的目标市场，最后把产品或服务定位在目标市场的确定位置上。

（1）市场细分。市场细分是选择目标市场的基础工作，同时也是把某个市场的顾客划分成为多个小顾客群。比如服装市场，人人都需要买服装，服装可以有很多种细分，如按顾客性别分为男装、女装，按顾客年龄分为童装、青年装、中年装、老年装，按顾客职业分成不同的工装等。这是根据很多企业的经营经验总结出来的理论。

（2）市场目标选择。在了解了市场细分的含义后，便很容易发现顾客需求的差异性较大，任何企业、任何产品都不可能满足所有顾客的所有需求，而对于一家企业来说，生产出来的产品不能切实满足顾客需求是一件很有风险的事情。为了规避风险、提高成功概率，就有必要深入地了解顾客的需求，对具有某些共同点的顾客群体进行分类，从而有针对性地解决他们的问题。STP 理论的根本目的就是选择和确定目标客户。

（3）市场定位。随着人们的生活水平提高，需求的差异也变大，人们极容易产生新的需求。一般一个人产生了某种新需求，就意味着有一群人也会有该需求。市场是否存在、是否可以进入，这些都离不开对人的需求分析。市场的可进入性主要是说企业可以通过一些营销活动等进入这个市场，并且可以通过努力占有这个市场。进入市场是为了盈利，但是盈利的本质是以合理的成本满足一部分特定人群的需求，满足了这个条件，这个市场就是一个可盈利的市场，就能产生价值，才有可能延续下去。

可盈利、能产生价值，只是一个目标、一个方向，具体如何选择市场来达成这个目标，还是需要方法和策略的。不同的市场，针对不同的顾客群体，适合使用不同的策略。例如，市场定位需要把握目标客户的心理，通过各种手段，根据企业自身的特点、产品和服务，并对企业形象加以设计和强化，让企业在消费者心中与竞品公司区分开，从而占领市场的有利地位。这几种市场策略都是人们日常生活中常见非常有效的策略，合理地运用好就能为企业带来非常不错的收益。

2. 4P 营销理论

4P 理论中的 4 个 "P" 分别是 4 个英文单词的首字母：任何营销的核心都离不开好的产品（Product），质量好的产品是一切营销工作的前提；定价（Price）是一件十分讲究的事情，定价合理可以保持相对公平，让买卖双方都不吃亏，是生意的持久之道；有很多商品确实有人需要，但可能出现买家找不到卖家、卖家找不到买家的情况，这就需要提供渠道（Place）以供双方交易；促销（Promotion）是一种让买卖双方的交易更加和谐融洽的手段，好的促销活动是一件让顾客愉悦的事情，同时商家也能在促销活动中获得良好的口碑与不错的利润。总之，以 4P 为核心思考营销组合方法，是目前非常有价值的思考方向。

（1）产品。企业提供给客户的产品可以是具体的实物，也可以是服务。企业对可控因素如品种、规格、款式、质量、包装、商标、品牌、服务等进行控制调节来完成产品组合，牵引和满足客户需求。随着市场上同类产品的竞争越来越激烈，企业需要更加注重产品的开发，严格控制产品质量，使其具有独特卖点、差异性。

（2）定价。定价是指公司根据市场状况调整价格，以达到营销目标。顾客选择一种商品，其价格是重要因素，一个商品的定价，需要跟商品的成本、盈利目标、目标消费人群的购买力、品牌形象等相关因素结合起来，同时将基本定价、折扣价格、补贴、商业信用及各种定价方法和定价技巧等可控因素组合起来。

（3）渠道。将产品从生产者转移到消费者，消费者可以通过建立良好的渠道以各种方式接触产品。企业需要思考如何挖掘渠道，同时还要维护现有渠道各方的关系。为促进渠道作为企业的配套和保障条件，帮助企业完成销售任务，对于目标客户，企业需要调动渠道资源，扩大企业影响力。

渠道策略包括渠道覆盖、货物分配、中间商、网点、配送相关仓储和运输及其他可控因素的组合与控制。企业需要从各种渠道策略中选择最佳的，根据渠道总数、每条渠道的中介数量和类型来制定及调整营销目标，确定渠道的功能。

（4）促销。促销一般是指利用各种信息传播手段，激发目标客户购买的欲望，向其传达产品线索，帮助客户尽快做出决策，促进产品销售增长的短期行为。一些促销手段也可以在一定程度上加深消费者对品牌的印象，如促销广告、员工推销、营业推广、宣传、公共关系等多种方式的结合运用。此外，促销也可以成为市场竞争的有效手段。国外研究表明，品牌推广的效果确实存在显著的非对称性。优质品牌的推广对低质量品牌市场份额的冲击远大于低质量品牌对优质品牌的影响。优质品牌通过长期积累的产品质量、服务保障和品牌形象，更容易建立消费者信任，形成天然壁垒，低质量品牌难以通过短期推广突破这种壁垒。例如苹果手机通过高质高价策略维持品牌溢价，其推广活动吸引大量安卓用户；而低价品牌即使加大推广，也难以动摇苹果手机的高端客群。

（四）直播电商模式

直播电商的三种模式如下所示：

（1）电商直播模式

电商直播模式主要是利用电商平台中镶嵌的直播功能的模式。电商平台镶嵌直播功能其实已经被许多电商企业应用，如常见的淘宝和京东直播等。这种模式的特点主要是利用电商平台的流量带动直播流量，等直播拥有充足的固定流量之后，再利用直播流量反哺电商平台。采用这种模式的电商大多数偏向利用网络达人等推广一些性价比高、价格能够被大多数消费者接受的"大众消费品"，在短时间内达到促销的目的。如果直播营销的效果足够好，甚至可以让一些"平价"商品脱销。这种会在短时间达到促销效果的模式，被大多数喜欢网购的年轻人所接受，并且能让其在观看直播的时候潜意识里接受商品，并产生购买的想法。所以，电商直播模式是目前大多数电商平台喜欢用的模式。

（2）短视频直播模式

短视频直播模式主要是在短视频平台出现，是借助商品的链接与电商平台建立联系的模式，如常见的抖音直播、快手直播，大都是通过其短视频平台去做直播的孵化，用户观看短视频的时候可以直接观看直播，单击视频中展示的商品进行购买。这种模式的特点也很明显，但大部分专业直播平台的利益来源还是以吸引粉丝为主播打赏为主。

（3）直播电商平台模式

直播电商平台模式就是直接利用以直播为主打内容的电商平台的模式。目前直播电商中应用比较多的，主要是服饰行业和文旅，通过直播的方式现场展示商品，解决用户的疑问，直接促成交易。这种模式使流量的变现渠道更加广泛，强化了直播营销可执行的内容。

（五）直播电商的产业链

1. 直播电商产业链上的各环节配合紧密，共同推动直播电商市场规模扩大

从直播电商产业链的布局来看，直播电商产业链上游主要有服装、日用品、美妆个护、食品等各种产品的厂商、供应商、经销商等。在中游领域，直播服务商主要有谦寻、美ONE等；电商平台包括京东、淘宝、拼多多、小红书、苏宁易购等；内容平台包括抖音、快手、哔哩哔哩等；社交平台主要包括微博、微信等；主播则以李佳琦、董宇辉为代表。在下游需求市场，年轻女性成为我国直播电商产品消费主力军。此外，支付宝、微信、顺丰物流等其他服务商支持参与直播电商行业产业链。直播电商的产业链如图1-12所示。

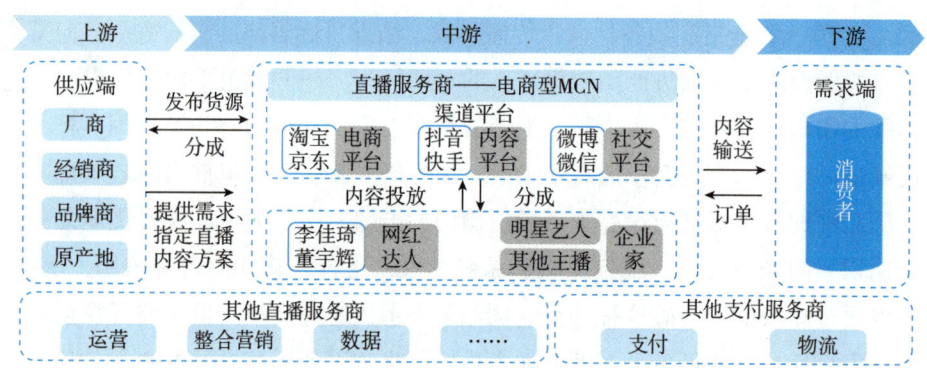

图1-12 直播电商的产业链

资料来源：公开资料、智研咨询整理。

2. 网上零售额逐年增长，品类格局特色显著

近年来，中国网上零售额逐年增长，线上消费需求持续释放。如图1-13所示，2023全年网上零售额15.42万亿元，增长11%，连续11年成为全球第一大网络零售市场；实物商品网上零售额占社会消费品零售额的比重增至27.6%。

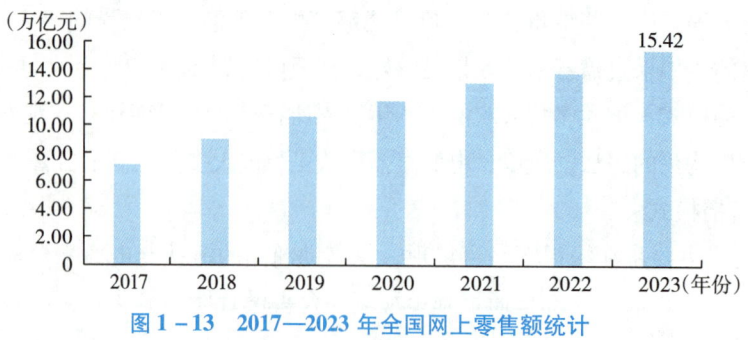

图1-13 2017—2023年全国网上零售额统计

3. MCN平台在产业链中承上启下，MCN行业呈现快速增长趋势

MCN机构主要依托电商、社交、视频等平台，整合内容创作者资源（如网红、UP主、大V

等）进行持续内容生产、输出并实现商业变现。MCN 机构早期以微博、微信平台的图文内容运营为核心，短视频、淘宝直播出现后，新 MCN 机构不断涌现，重点以视频内容为媒介。

2015 年，以微博为代表的初代网红经济出现后，MCN 行业开始快速增长。目前 MCN 行业进入门槛较低，竞争格局较为分散。网红经济的崛起吸引了更多的 MCN 机构进入，随着机构数量不断增多，推动行业向规范化、标准化方向发展。2022 年，中国 MCN 机构数量约为 40000 家，同比增长 17.65%。MCN 平台运行机制如图 1 – 14 所示。

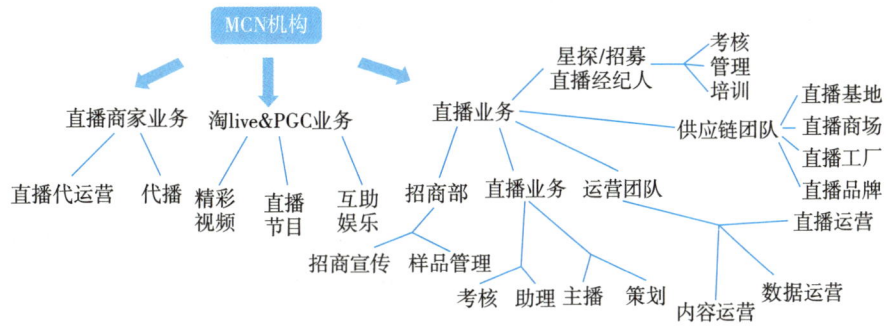

图 1 – 14　MCN 平台运行机制

4. 人均消费支出逐年增加，消费者的消费意愿更加强烈

随着经济的发展及国民购买力的提升，消费者更有意愿和能力消费个人消费品。如图 1 – 15 所示，2023 年，全国居民人均消费支出 26796 元，比上年名义增长 9.2%，扣除价格因素影响，实际增长 9.0%。其中，城镇居民人均消费支出 32994 元，增长 8.6%，扣除价格因素，实际增长 8.3%；农村居民人均消费支出 18175 元，增长 9.3%，扣除价格因素，实际增长 9.2%。

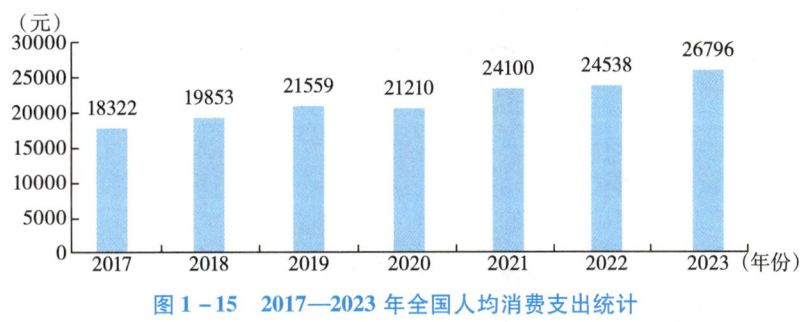

图 1 – 15　2017—2023 年全国人均消费支出统计

如图 1 – 16 所示，2023 年，全国居民人均食品烟酒消费支出 7983 元，增长 6.7%，占人均消费支出的比重为 29.8%；人均衣着消费支出 1479 元，增长 8.4%，占人均消费支出的比重为 5.5%；人均居住消费支出 6095 元，增长 3.6%，占人均消费支出的比重为 22.7%；人均生活用品及服务消费支出 1526 元，增长 6.6%，占人均消费支出的比重为 5.7%；人均交通通信消费支出 3652 元，增长 14.3%，占人均消费支出的比重为 13.6%；人均教育文化娱乐消费支出 2904 元，增长 17.6%，占人均消费支出的比重为 10.8%；人均医疗保健消费支出 2460 元，增长 16.0%，占人均消费支出的比重为 9.2%；人均其他用品及服务消费支出 697 元，增长 17.1%，占人均消费支出的比重为 2.6%。

5. 网络用户规模持续增长，电商直播异军突起

基于我国互联网相关基础设施的不断完善和庞大的网民基数，网络直播在我国迅速崛起，并逐

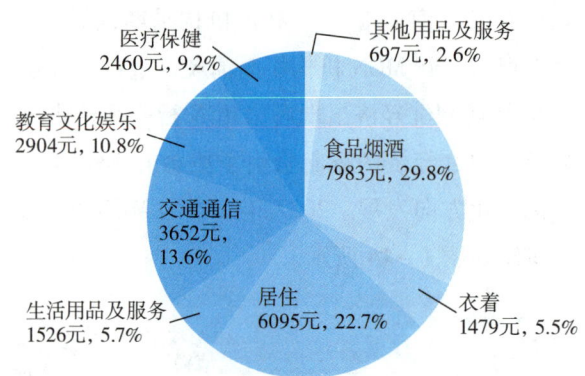

图 1-16　2023 年全国居民人均消费支出及构成

渐成为当代年轻人喜爱的一种生活方式。近几年，我国网络直播平台数量不断增加，其市场规模也在不断扩大，吸引了大量的用户入驻互联网平台，网络购物和直播的用户规模也呈现快速增长的态势。如图 1-17 所示，截至 2023 年 12 月，我国网络购物用户规模达 9.15 亿人，较 2022 年 12 月增长 6967 万人，占网民整体的 83.8%。

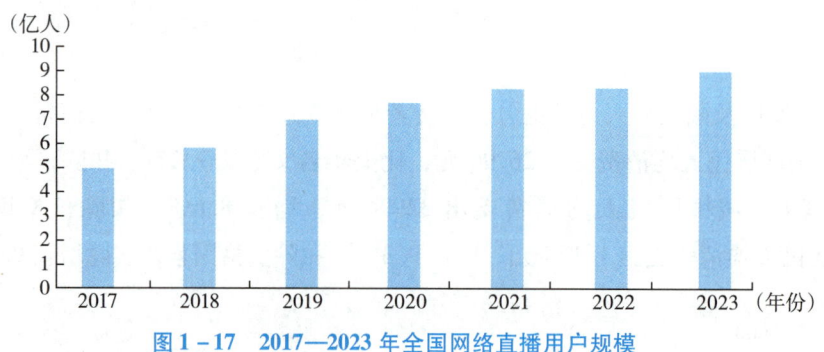

图 1-17　2017—2023 年全国网络直播用户规模

二、直播电商平台基础知识

直播平台是直播产业链中不可或缺的一部分，它为直播提供了内容输入和输出渠道。根据直播平台的主打内容不同，目前市场上的直播平台可分为短视频类直播平台、电商类直播平台、私域流量类直播平台。

（一）短视频类直播平台

短视频类直播平台主要以输出短视频为主，但随着直播形式的发展，很多短视频平台也开通了直播功能，用户在这些平台上不仅可以发布自己创作的短视频内容，还能通过直播展示才艺、销售商品。比较典型的短视频直播平台有抖音、快手、美拍、西瓜视频等。

1. 抖音

抖音是一款音乐创意类短视频社交软件，其以音乐创意表演内容打开市场，获得了大量的用户。抖音先通过短视频业务获取巨大的流量，在 2018 年年初正式启动电商商业化。在 2018 年"双 11"期间，抖音开通了购物车功能，开始尝试电商直播，当天订单增长 1000%，售出商品达 10 万件，商品交易总额（Gross Merchandise Volume，GMV）突破 2 亿元，验证了抖音的超强变现能力。抖音对接了淘宝、京东等最主流的电商供货平台，成为直播平台电商的"大淘客"。抖音成为卖货新入口，涉及产品类目广，自建的抖音小站是为自媒体作者提供的电商变现工具，帮助自媒体作者拓宽内容变现渠道。店铺开通后，可以在用户的头条号、抖音、火山等个人主页展示其专属的店铺页面，商品可通过微头条、视频、文章等多种方式展示曝光。粉丝可以在今日头条、西瓜视频、火山、抖音 App 内进行内容获取和商品购买，购买用户也可以直接转化为粉丝，帮助商家形成完整的流量闭环，获得更多的成交量与收入。基于庞大的用户基础，抖音在直播营销行业占据着头部平台的位置。

（1）抖音直播的打开方式

一是直接进入，即从页面左上方的直播频道直接进入，如图 1-18 所示。

二是推荐方式，即抖音平台根据用户的喜好推送相应的主题内容至用户的抖音页面，如图 1-19 所示。

图 1-18　直播频道

图 1-19　推荐频道

资料来源：抖音 App 的截图。

三是关注方式，即抖音账号运营者通过优质的短视频内容吸引抖音用户关注并成为粉丝，而后开通直播，粉丝在关注页面即可看到该账号的直播信息，如图 1-20 所示。

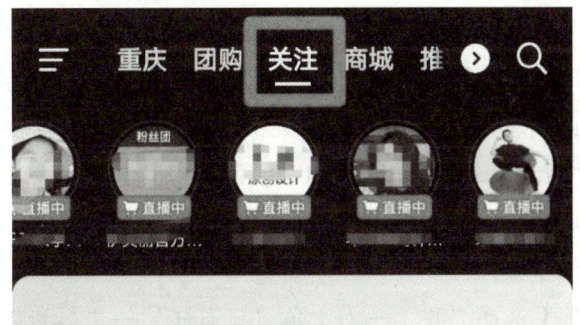
图 1-20　关注频道

资料来源：抖音 App 的截图。

用户通过该方式进入直播频道后，最先呈现在用户面前的也主要是"推荐"和"关注"的直播内容。

（2）抖音直播的开通条件

对于内容直播，在抖音完成实名认证即可开播，无粉丝量要求，可以在直播间进行内容分享，包括唱歌、跳舞、干货教程等。

如果想带货，则需要开通抖音带货权限，即达人在抖音平台获得的经营达人商品橱窗、发布短视频添加商品、发布图文添加商品、直播间添加商品的权限。获得权限的达人可以在抖音平台推广和销售绑定抖店的商品，或带货推广其他抖店的商品。抖音带货的 3 种主要形式如图 1-21 所示。

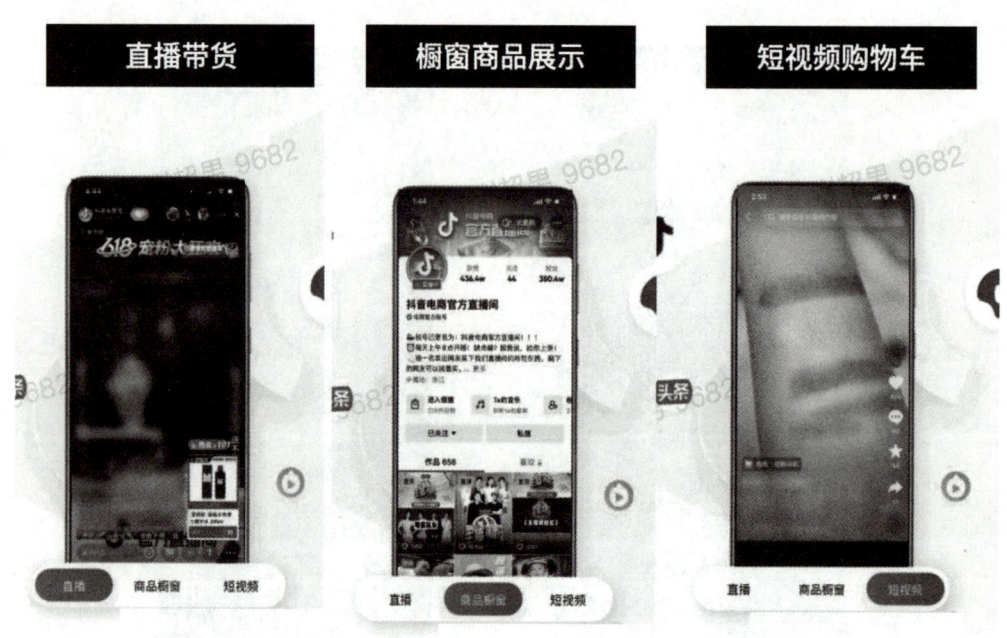

图 1-21　抖音带货形式

资料来源：网络资料的搜集整理。

开通带货权限需要满足以下条件：

①实名认证并开通商品分享功能。

②有效粉丝数量≥200 人，缴纳保证金 500 元，即可开通直播带货权限（有效粉丝指创作者通过持续发布符合平台要求的优质内容，所带来的真实关注粉丝）；有效粉丝数达到 500 人可获得橱窗带货权限；有效粉丝数达到 500 人，并缴纳 50 元的保证金可获得短视频带货权限；有效粉丝数达到 1000 人后的次日，并缴纳 50 元保证金，可以进一步开通图文带货权限。

③企业账号粉丝数≥1000 人，即可开通直播权限。

开通直播带货权限详细步骤：

打开抖音 App，按步骤 1 选择"我"—右上角"三道杠"—"抖音创作者中心"，按步骤 2 选"全部"，按步骤 3 选择"电商带货"，按步骤 4 选择"立即加入抖音电商"，具体如图 1-22 所示。

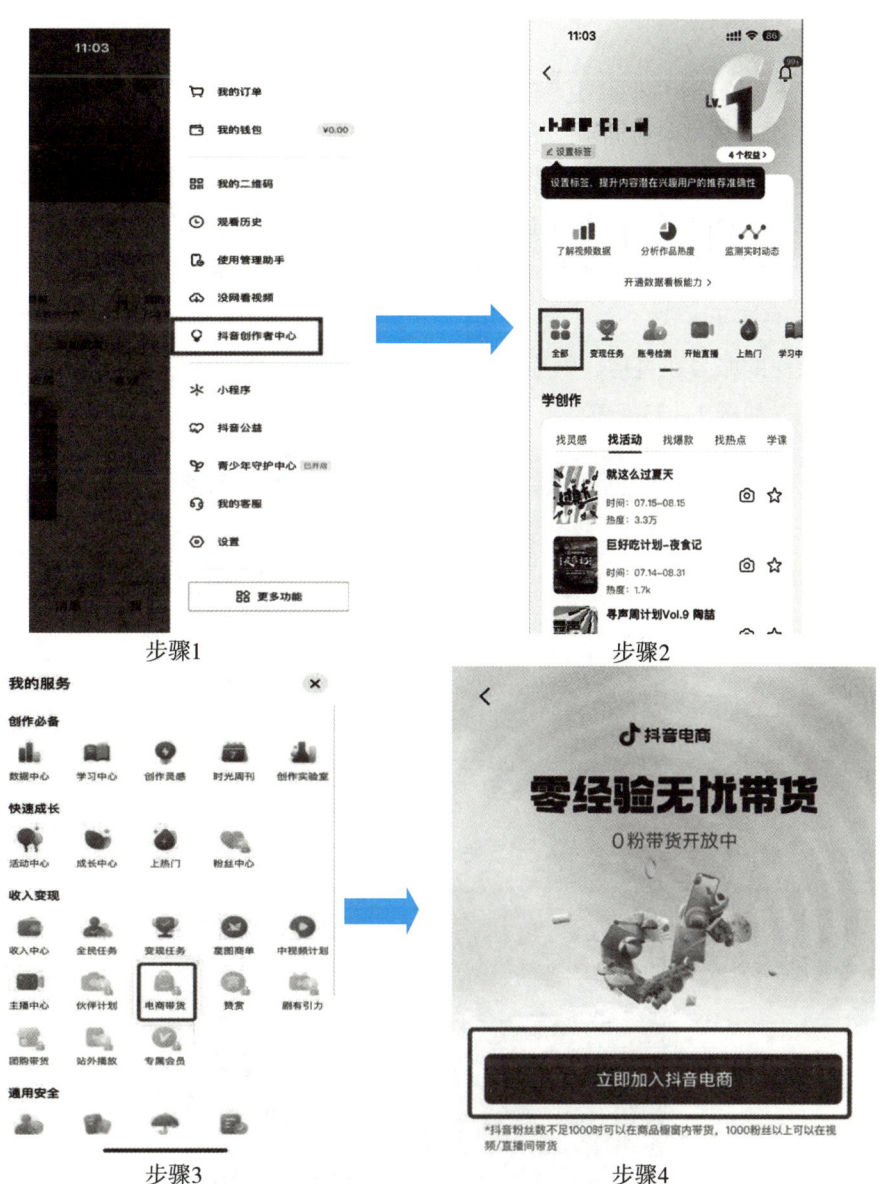

图 1-22 抖音开通直播带货权限

资料来源：抖音 App 的截图。

(3) 抖音直播平台的营销优势

抖音直播平台主要具有以下 3 个方面的优势：

①潜在用户多。抖音凭借内容分发机制优势和优质的短视频内容，成为短视频用户最常用的软件之一，在各个年龄段、性别及地区都拥有大量的忠实用户群体，用户使用时长也在不断增加。2023 年第三季度，抖音日活跃用户超过 7 亿人。流量在哪里，主播就会往哪里跑，抖音巨大的流量和用户池吸引了大量主播。

②精准投放。抖音直播平台能够利用用户画像分析用户的兴趣爱好，进行有针对性的推送，减少对不相关用户的干扰，精准找到用户。

③直播运营计费灵活，店铺投入成本低。在抖音平台上进行直播营销，只需要开通橱窗，就可以在直播间添加购物车，不需要在开设店铺上投入大额资金。

2. 快手

快手成立于 2011 年 3 月，最开始是一款制作 GIF 图片的手机应用软件，后来转型为短视频社区，2018 年 6 月开始涉足电商，涵盖"自有平台快手小店 + 第三方电商平台"。目前，快手作为国内领先的直播平台，拥有较多的活跃用户数、每日直播房间数，以及同时在线观众数，日活跃用户数超过 1.7 亿人，每天短视频上传量超过 1500 万条。快手平台的用户主要是三、四线城市观众，他们热衷于分享自己的生活，通过真实、质朴的内容引起其他用户的共鸣。

（1）快手直播的打开方式

如果用户有关注的账号在直播，则在其关注页面会显示"直播中"，用户也可通过直播广场进入正在直播的界面，如图 1-23 所示。

图 1-23　快手直播

资料来源：快手 App 的截图。

（2）快手直播的开通要求

在快手平台开通直播需要具备以下条件：

①年满 18 周岁，并完成实名认证。

②注册时间大于 7 天。

③粉丝数量达到 6 个及以上。

④前一周观看直播大于 1 分钟，作品无违规。

快手开通直播带货权限的步骤（如图 1-24 所示）：

步骤 1：打开快手，点击"我"的页面，在其页面点击"快手小店"。

步骤2：打开"更多工具"，在页面里点击"我要开店"。

步骤3：选择店铺类型，上传相关资料。

步骤4：开店成功后，点击"开直播赚钱"设置直播计划。

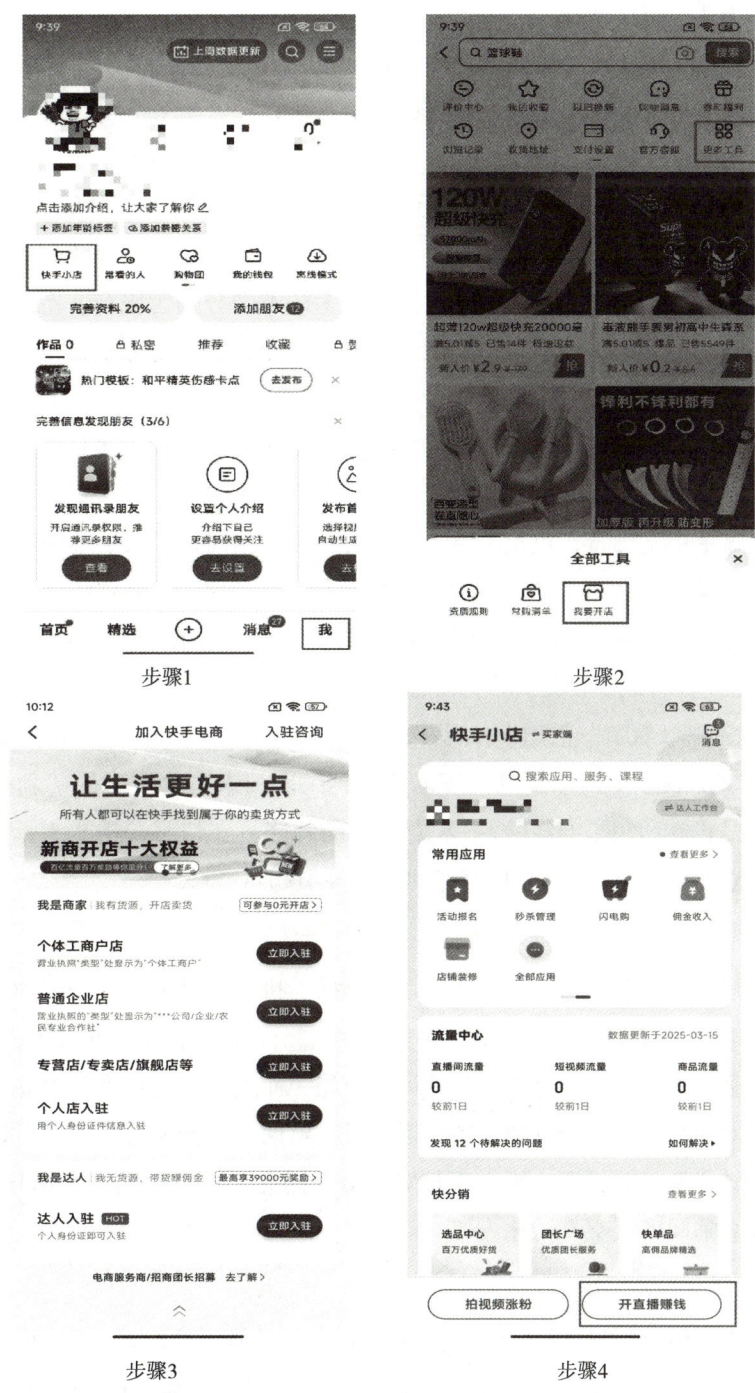

图1-24 快手开通直播带货权限

资料来源：快手App的截图。

（3）快手直播平台的营销优势

①拥有大量的活跃用户。2019年12月，快手公布其直播日活跃用户超1亿人，在其2020年半

年报告中，该项数据已达 1.7 亿人，可见在半年的时间里就涨了 7000 万人。截至 2023 年第三季度，快手平均日活跃用户达 3.87 亿人，平均月活跃用户达 6.85 亿人。在优质内容方面，快手为主播提供历史最高返点的现金激励政策，鼓励优质内容生产，并以优质引入保底流量、优质存量扶持流量等专属流量助力优质主播成长。

②电商平台配置成熟。早在 2018 年 6 月，快手就联合淘宝和有赞推出了快手小店与电商服务市场，商家凭借身份证即可申请快手小店的开店资格，商家与个人可以将淘宝或有赞店铺中的商品直接放入快手小店中，通过直播或短视频内容引导观看的用户购买。

2023 年 4 月，快手上线了弹幕互动玩法，并引入多个热门的弹幕互动玩法产品。弹幕互动玩法的确有很大的发展空间，能够为直播平台引流、增强用户黏性提供帮助。

③直播营销规模不断扩大。快手入驻商家较多的类别分别为服饰、本地服务、家居、汽车、美妆等，而在入驻的商家中，开通直播功能的商家占比较高的类别分别是汽车、数码产品、家居、美妆和教育。

2023 年，涵盖舞蹈、音乐、颜值、校园 4 个领域的青春娱乐业务已拥有 300 万＋的创作者，其中 18～30 岁的年轻创作者人群占比达 50%，每天发文量达 200 万＋，日均消费超过 150 亿元，成为快手创作生态的中坚力量，也反映出大家对美好生活的向往。快手不断进行"直播＋"的场景探索，通过直播招聘、直播相亲、直播卖车、直播卖房等多种尝试，继续做大直播生态。

④用户消费水平不断升级。在快手平台，越来越丰富的品牌、越来越高的客单价，体现着快手用户的消费水平在不断升级。在美妆品类，消费 200 元以上的用户占比持续上升。在 2020 年 4 月举办的"快手国际美妆品牌狂欢节"活动中，观看直播的人数超 1000 万人，单场销售总额超过 5 亿元。

2024 年 1 月，快手电商推出以"岁末华章，中韵锦衣"为主题的"新年新国风"活动。通过独具特色的产品设计和用心的经营，"禾之韵"品牌账号在快手开播 9 天日销即破万元，不到 7 个月便实现月 GMV 超 1000 万元，单场直播 GMV 峰值超 66 万元。

（二）电商类直播平台

电商类直播平台主要是指淘宝直播、京东直播、拼多多直播等，是以为用户提供商品营销渠道为主的平台。电商类直播平台具有较强的营销性质，商家在平台上可以通过直播形式与用户互动，以较低的成本吸引用户关注自己的商品并形成交易，而用户在这些平台上观看直播的主要目的也是购买商品。相对短视频平台的直播营销，运营者在电商平台开展直播营销可以促使交易在电商平台内完成，流量转化率相对较高，流失率相对较低；同时，由于电商平台用户的购物目的更加明确，因此更容易在直播间形成交易转化。

1. 淘宝直播

淘宝直播是阿里巴巴推出的直播电商平台，其定位是消费类直播，用户可边看边买，涵盖了服装、美食、美妆等多种商品类目。2016 年 3 月，淘宝直播试运营，初期只是手机淘宝的板块之一，依附于淘宝平台得到大量的商家、供应链资源和强大的用户群体。2019 年春节期间，淘宝直播 App 正式上线，2021 年 1 月升级后更名为"点淘"（是淘宝直播的官方直播带货工具），可在应用商店搜索下载。

（1）淘宝直播的界面

不同于抖音和快手，目前的淘宝直播主要以直播为主，在"直播"界面，平台依据淘宝用户的购物偏好和关注偏好推荐相似账号正在直播的内容，如图1-25所示。"关注"界面则显示淘宝用户主动关注的账号正在直播的内容和已经直播完成的内容，如图1-26所示。可见，在淘宝直播中的直播内容能否被用户优先看到，关键在于用户是否主动关注了该账号。

图1-25　淘宝直播"直播"界面　　　　　图1-26　淘宝直播"关注"界面

资料来源：点淘App的截图。

（2）淘宝直播开通要求

①淘宝或天猫店铺入驻淘宝直播。淘宝或天猫店铺入驻直播须符合类目要求，限制推广商品类目则无法入驻；新入驻店铺，且店铺商品无销量的商家入驻会被提示类目不符合要求，需要先有销量，过24小时后才能入驻。

同时，淘宝或天猫店铺入驻还需符合基础营销规则和综合竞争力的要求，会对店铺的综合数据进行校验，包括但不限于以下数据：店铺品牌影响力、店铺DSR动态评分、品质退款、退款纠纷率、消费者评价情况、虚假交易、店铺违规等。企业用户必须完成支付宝企业实名认证，同一营业执照下最多允许有10个淘宝账户入驻。

②达人（淘宝/天猫无店铺）入驻淘宝直播。个人用户必须完成支付宝个人实名认证和直播实人认证，同一身份信息只允许一个淘宝账户入驻。淘宝会员、达人入驻淘宝直播平台成为达人主播，必须根据要求完成主播认证，并且具备一定的推广素质和能力，满足淘宝直播平台的主播要求。

（3）淘宝直播平台的营销优势

淘宝直播是淘宝和天猫商家售卖商品的辅助工具，其目的是为平台引流，从而提升商家的商品销量。相对其他直播平台来说，淘宝直播具有以下优势：

①品类多，保障强。依托淘宝平台强大的商品供应能力、用户数据分析能力、支付保障和售后保障体系，淘宝直播可以提供完整的用户运营链路及有保障的物流服务。不需要主播挖掘货源，做好选品即可，对于没有供应链资源和经济基础的小主播来讲，淘宝直播是一个非常方便的直播带货平台。

②专业互动。淘宝直播的主播所发挥的功能和线下商场中的导购类似。对于销售的商品，主播在各自的领域具有一定的专业水准，他们通过淘宝直播以专业的方式解答用户的各类疑问，可以更有效地提升用户到店铺消费的转化率。

③形态多样。在淘宝直播平台，除了常规卖货直播产生的用户生成内容（User Generated Content，UGC），淘宝直播官方还联合各行各业及电视台等，产出众多专业生成内容（Professionally Generated Content，PGC）节目，以满足用户对直播内容的多样化需求，增加用户对直播平台的黏性。

2. 京东直播

2016年9月，京东直播功能上线。京东直播主要通过明星入驻、品牌活动等方式为直播引流，为直播间吸引更多的外部流量，主播再通过优惠活动、抽奖和发放福利等方式把这些流量转化成销量。2020年2月，京东直播宣布全面升级线上发布会功能，以5G直播、超低延时、互动营销、多场景切换、连麦等核心支持能力，开放京东平台流量、市场渠道等资源，为商家发布会和产品上新提供全民发布体验。

（1）京东直播的界面

目前的京东直播频道入口在京东App首页，点击底部"逛"，如图1-27所示。在页面顶部有"直播"模块，如图1-28所示。在"京东直播"模块，显示的是用户最近浏览过的商品。在"精选"模块推荐的也是用户最近浏览过的商品。可见，在京东平台，如果直播内容与用户想要购买或经常购买的商品有关，直播内容会更容易被推荐给用户。

图1-27 京东首页

图1-28 "京东直播"界面

资料来源：京东App的截图。

(2) 京东直播的营销优势

借助京东平台，京东直播具有以下营销优势：

①平台扶持。京东的目标是，推动直播成为商家和大促活动的标配，使直播成为商家和平台的重要营销工具和渠道。为此，京东直播得到了京东平台的大力扶持。

一方面是资源扶持。为了鼓励商家开播，京东几乎把全域资源都向直播倾斜和投入，从各个场景为平台商家引流。京东开放的直播引流入口，不仅包括京东平台首页搜索、推荐、商品详情页等站内资源，也包括站外等合作伙伴的资源，还包括电梯间广告等京东线下资源。

另一方面是活动扶持。为了鼓励商家开播、用户观看直播，京东先后开展"百亿补贴走进直播间""超级排位赛""看直播，瓜分1亿京豆"等活动。同时，为吸引更多直播机构、主播达人入驻京东直播，京东先后举办"红人孵化计划""红人V计划"等主播激励活动。

②品质化。不同于其他直播平台，京东在发展直播业务时非常重视直播的品质。京东注重为用户提供优质、有趣的内容，致力于品质化直播，聚焦场景化IP的建设，构建垂直类领域精品账号，为用户甄选好价好物。京东希望和商家一起把直播做成有效的品牌营销策略，而不仅仅是"带货"工具。为此，京东直播从以下三个方面推动直播品质化发展：

首先，在场景方面。京东引导商家、机构、达人通过直播打造可视化的供应链，如从农场到餐桌、从车间到店铺，以及物流过程等，将其一一通过直播展示给用户，用真实且多元化的场景为商品背书。

其次，在内容方面。京东引导商家、机构、达人重视PGC和泛娱乐营销。具体而言，京东在内容创作方面做到"专业性+大众性+趣味性"三者统一，以实现"品+效+销"的三合一。

最后，在直播运营方面。京东通过"播前预热+播中引爆+播后发酵"的全链路运营场景，让每一场直播都能够效益最大化。

相对而言，京东直播更注重两个要素：一是直播本身的内容质量，具体包括人货匹配是否恰当，直播流程及互动环节是否衔接合适；二是直播的附加价值，是纯带货还是包含了更多的品牌营销元素，以及商家是否策划了与众不同的趣味活动等。这意味着在京东平台开通直播，商家需要更加注重内容策划，靠优质内容传递品牌价值、靠品牌价值吸引用户并沉淀用户，从而将用户真正转化为自己的私域流量。

3. 拼多多直播

拼多多创立于2015年9月，其瞄准低线城市对价格敏感的用户群体，凭借"社交裂变+低价爆款"的商业模式，在竞争激烈的电商领域迅速抢占了一席之地，并于2018年7月在美国纳斯达克证券交易所挂牌上市。2020年1月19日，拼多多直播正式上线。

不同于淘宝直播已形成的直播生态，拼多多直播刚上线不久，正处于蓬勃发展的关键时期，拼多多平台为直播提供了诸多资源扶持。

(1) 拼多多直播的界面

目前，拼多多直播频道入口位于拼多多首页下方的"多多视频"里面，如图1-29所示。推荐的直播内容以用户关注和购物偏好为主，如图1-30所示。

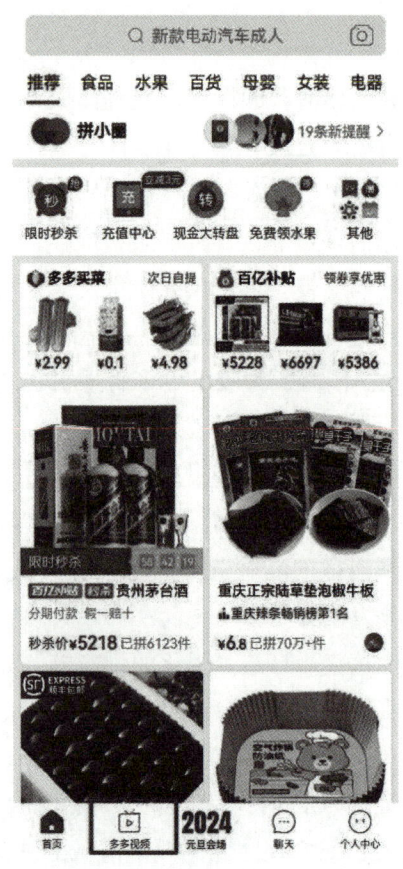

图 1-29 拼多多首页

图 1-30 拼多多"直播"界面

资料来源：拼多多 App 的截图。

(2) 拼多多直播的营销优势

拼多多自下沉市场起家，早期用户多数来源于微信生态内体量庞大且未接触过电商领域的群体，在下沉市场中拥有强大的用户基础。如今，阿里巴巴和京东也都在挖掘下沉市场，如淘宝推出"淘宝特价版"，以获取来自低线城市的新用户；京东先是推出了以低价拼购业务为核心的社交电商平台"京喜"，随后又选择与用户重复度较低的快手签署战略合作协议，让快手用户无须跳转，即可在快手小店购买京东自营的商品。因此，在直播营销中，若销售的商品是能抓住下沉市场用户的低价商品，则拼多多直播会是一个很好的选择。

（三）私域流量类直播平台

微信是使用广泛的社交软件，目前基于微信平台的私域流量式直播平台主要有视频号直播和企业微信。其背靠日活跃用户数量 12 亿的微信平台，可直接触达微信用户且用户不用下载 App，任何使用微信的人在微信平台点开链接即可观看，进而被直接引流至直播运营者的微信或企业微信，成为运营者的私域流量池用户。

1. 视频号直播

2020 年 10 月 2 日，微信视频号开通直播功能，流量入口不断增加，以公众号为主的创作者在视频号直播中扛起了直播大旗。例如，单条视频播放量破亿的"××大业"，连续直播 3 场，每场直播都有 1 万人次观看；视频号"小小包××"更是通过一场直播带货 169 万元。

（1）视频号直播的界面

目前的视频号直播不管是观看直播的用户，还是进行直播的主播，都不需要下载App，只需从微信的发现页进入"直播"频道，即可观看或开展直播，如图1-31、图1-32所示。

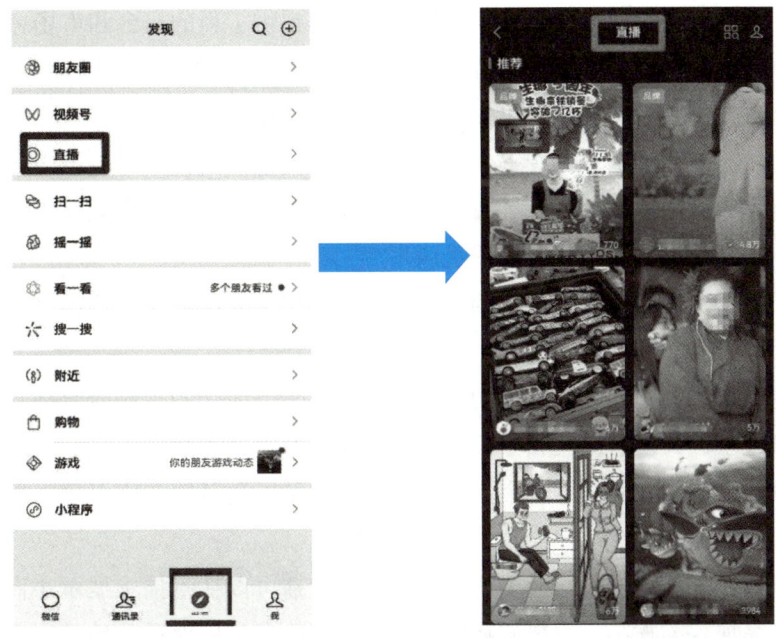

图1-31　微信发现界面　　　　　图1-32　微信直播界面

资料来源：微信App的截图。

主播也可以通过点击"我"—"视频号"进入个人主页，直接点击"发起直播"开启直播或设置直播预告，具体如图1-33、图1-34所示。

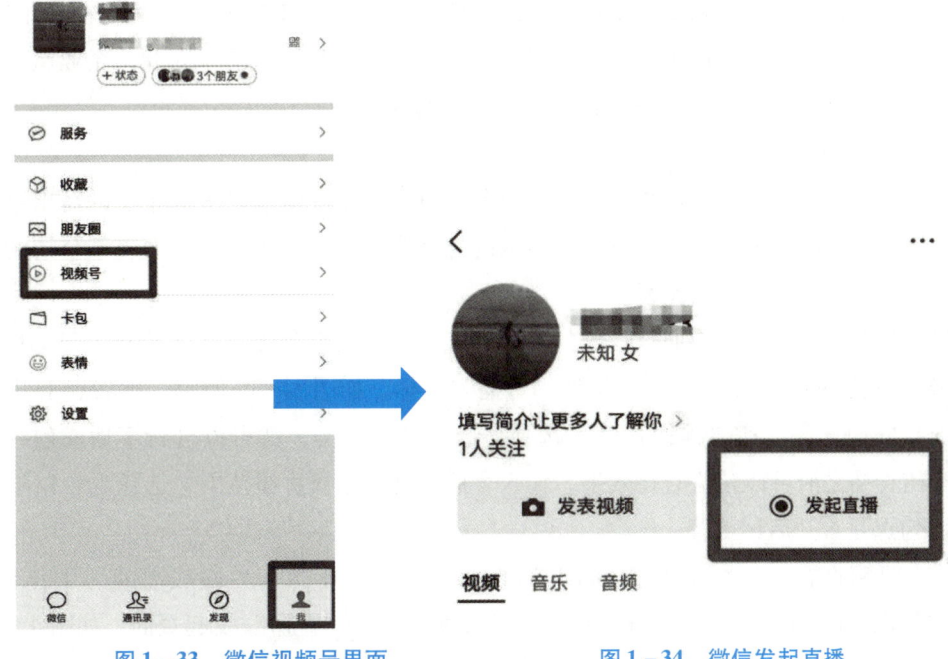

图1-33　微信视频号界面　　　　　图1-34　微信发起直播

资料来源：微信App的截图。

（2）视频号直播的营销优势

目前的视频号直播具有以下6个方面的营销优势：

①用户规模更大。视频号拥有几乎微信全量的用户基数，包含抖音、快手、淘宝、京东等平台还未覆盖的人群，而视频号直播也为公众号积累的老用户提供了新的机会和市场。

②可快速导流。完整的微信生态可以缩短视频号直播的运营环节，主播通过公众号、小程序、企业号、微信号等直接为直播间导流，可以有效减少用户的流失。

③更高效的流量运营。淘宝、抖音等平台更偏向公域流量，而视频号却覆盖了公域和私域两大流量池。主播通过视频号直播，可实现"私域流量带动公域流量，公域流量转为私域流量"的流量运营闭环，这对于主播而言是一个新的发展机遇。

④更适合进行品牌营销。视频号强大的流量基础和精准优质的客户，为品牌商提供了新的广告阵地，让品牌营销起到快速变现的效果。

⑤更多的资源扶持。视频号开通直播功能后一直在优化，如今的视频号直播功能相对之前的版本，增加了朋友圈分享、预约后的视频号开播提醒、朋友看过的直播、"直播"和"附近"（相当于"直播广场"和"同城直播"）等多个流量入口。主播可以通过朋友圈分享、精准通知视频号粉丝等方式为直播间引入流量。

⑥更简化的购物流程。视频号打通了微信小商店，主播可以在直播中展示小商店的商品，用户可以将感兴趣的商品加入购物车。用户的购物车直接连接已在微信保存的地址，可省去输入邮寄地址的步骤，简化了直播购物流程。

当前，视频号仅支持对接微信原生的小商店（即微信小商店），暂不支持第三方。这意味着虽然视频号直播有很大的营销潜力，但还没有开设微信小商店的主播暂时无法进行视频号直播带货。

2. 企业微信直播

企业微信是腾讯的微信团队专为企业打造的高效办公平台，内置直播功能。企业可以通过企业微信直接将直播链接转发到微信中，微信用户打开链接就可以观看直播。因此，企业微信直播可以被用于内部培训、全员大会、在线教育、商品销售等场景。

（1）企业微信直播的界面

企业微信直播有两个入口：社群群聊和工作台。由于企业微信可以根据企业的需求进行个性化定制，因此不同企业的企业微信直播页面所显示的直播形式是有差异的。下面以某公司的企业微信为例，介绍以上两种开启直播的路径。

①微信社群开启直播。企业通过社群群聊开启直播，即在企业微信App内进入目标用户所在的社群，点击页面底部聊天栏的"+"，找到"直播"图标，如图1-35所示，然后点击"直播"图标后会出现"立即直播"和"预约直播"选项，选择其一点击，就可以进行直播或预约直播。发起后，在开始直播之前可以预览直播效果、输入直播主题、选择直播范围、选择观看权限（企业内/外人员）、勾选是否开启回放等。

②工作台开启直播。企业通过工作台开启直播，即从企业微信界面底部的"工作台"，进入"工作台"界面，在"效率工具"中选择"直播"，就可进入"直播"发起页面，如图1-36所示。在此界面选择"预约直播"或"立即直播"即可填写相关信息进行预约，或者直接开始直播，如图1-37所示。

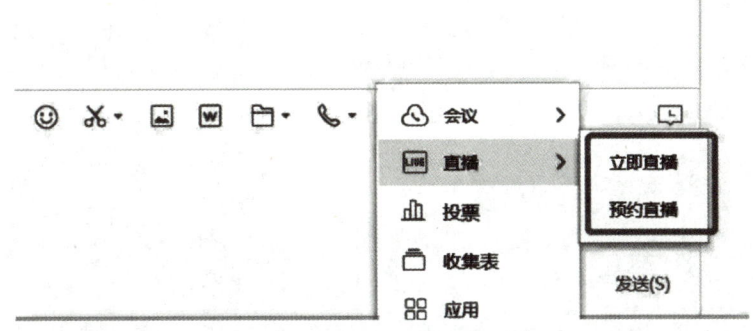

图1-35 企业微信社群直播

资料来源：企业微信App的截图。

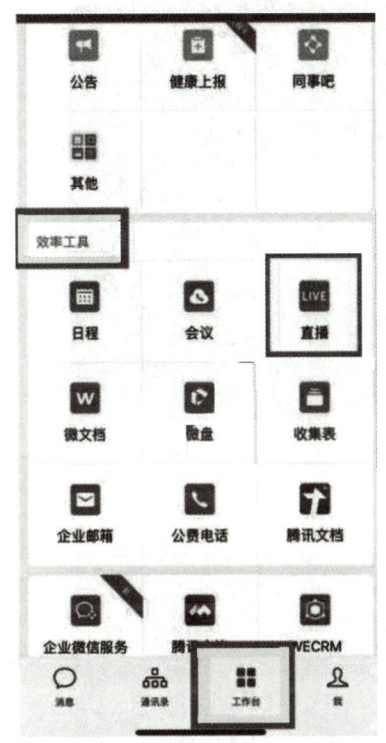

图1-36 企业微信工作台界面

图1-37 企业微信直播界面

资料来源：网络资料整理。

(2) 目前的企业微信直播，可以满足很多行业以下3种直播需求

①企业内外部培训。企业在"预约直播"或"立即直播"时，在"该直播用于"选项中选择"企业培训"（见图1-38），即可进行内部员工线上培训和外部合作伙伴远程培训等直播活动。

②学校或培训机构的线上课程直播。线上课程直播支持在班级群和工作台发起，在班级群发起的直播观看范围默认为群里的学生，在工作台发起的直播可选择观看范围。线上课程直播可以选择"大班课""小班课""通用直播"3种直播方式（见图1-39）。

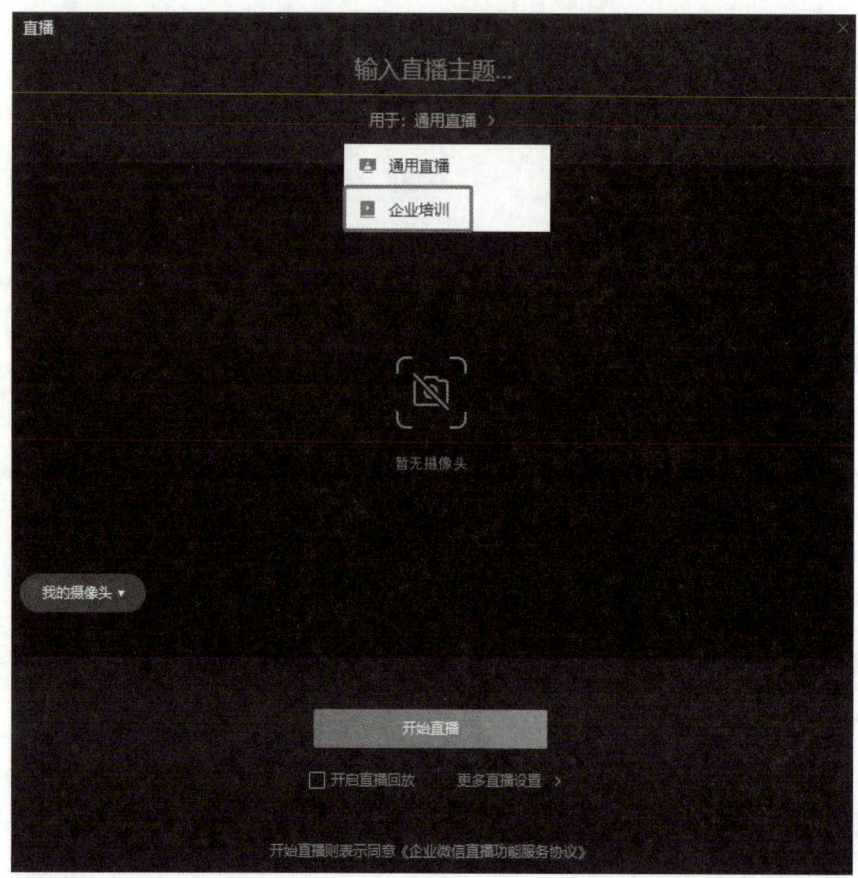

图 1-38 企业培训直播界面

资料来源：网络资料整理。

图 1-39 企业微信线上课程直播界面

资料来源：网络资料整理。

"大班课""小班课""通用直播"的观看人数、观看对象等区别见表 1-1。

表1–1 不同直播类型的功能区别

功能	大班课	小班课	通用直播
默认开启音视频设备	否	是	否
学生需要举手发言	是	否	是
观众人数限制（人）	100万	100万	100万
观看对象	学生	学生	学生、企业内外人员

直播过程中，主播可选择"分享到微信"，邀请微信好友观看直播。微信好友打开直播链接，可选择某个班级群扫码加入群聊，进群后点击"班级群小助手"下发的直播小程序来观看直播。

③产品推广直播。在发起直播或者预约直播时，主播或品牌商家如果选择直播用于"推广产品"，则可以添加"直播间的产品"，在弹出的界面中按照实际情况选择"添加小程序商城中的产品"或"添加产品收款单"选项（见图1–40），从而让直播间拥有带货变现功能或其他方式的变现功能。

目前一级行业，如医疗、金融、政府、教育（二级行业：学前教育、初中等教育、高等教育、教育行政单位、其他）等类型的企业暂时不在内测范围，其余行业已支持这个功能。

需要注意的是，"添加小程序商城中的产品""添加产品收款单"只能二选一，不能同时选。

（3）企业微信直播的营销优势

相对其他直播平台而言，企业微信平台的直播具有以下两方面的营销优势：

图1–40 产品推广直播界面
资料来源：网络资料整理（模糊化处理）。

①主播可以与直播间用户连麦互动。在企业微信平台开启直播，主播可以跟用户连麦互动。只要在开启直播时勾选"开始直播"下方的"允许观众视频发言"，就能在本场直播中和直播间的用户连麦。主播可以主动邀请用户连麦，用户也可以"申请连麦"。

②主播可以采用多种分享方式为直播间引流。主播在企业微信中发起直播，在开播后可以将直播链接分享到目标用户所在的企业微信群（如"客户群"），也可以直接发送到目标用户的微信端或目标用户所在的微信群中。不管是哪种分享方式，接收到信息的用户都可以通过链接在微信端直接观看直播，而不需要安装企业微信App。

具体操作方法：在开播后，点击直播界面下方的"邀请成员观看"或"分享直播"来为直播间引流，如图1–41所示。其中，"邀请成员观看"界面中包括3个选项，分别是"从群聊中选择""我的客户"和"企业通讯录"。而通过"分享直播"，主播可以一键"转发到聊天"或"分享到微信"，从而将自动生成的直播小程序链接发送至目标用户所在的企业微信群，或分享给指定的微信用户。主播还可以选择"直播二维码"，将生成的二维码下载保存到相册后制成宣传资料发送至微信朋友圈，或嵌入微信公众号文章中，以吸引更多目标用户进入直播间观看直播。

目前，企业微信平台通过"客户联系"—"客户群"（自动回复）—"客户朋友圈"—"直播"—"小程序"—"企业支付"6个环节，帮助诸多行业的企业实现线上客户服务流程一站化。从这个角度看，对直播团队而言，其利用企业微信开展直播虽然可以带货，但企业微信的主要运营价值不仅仅是带货，同时还为主播的粉丝或品牌的粉丝提供一站式的用户关系管理服务。

图1-41　直播间引流界面
资料来源：网络资料整理。

（四）直播平台规则

1. 直播平台通用规则

（1）信息发布

①直播平台发布的图文、视频、音频等内容，应当遵守国家法律法规，坚持正确的价值导向，大力弘扬社会主义核心价值观，培育积极健康、向上向善的网络文化，维护良好的网络生态、国家利益和公共利益。

②直播平台发布的商品信息应符合国家法律法规相关规定，不得发布国家明令禁止和限制发布的商品信息。

③直播平台应当对在营销过程中获取的信息保密，并符合国家法律法规的相关规定。

（2）主播要求

①主播应年满18周岁，且具有完全民事行为能力。

②主播应当严格按照2015年国家互联网信息办公室发布的《互联网用户账号名称管理规定》等有关要求，落实网络实名制注册账号并规范使用账号名称。账号名称、头像、简介等账号信息应遵守国家法律法规，不得包含涉嫌侵犯他人权利、有违公序良俗或干扰平台运营秩序等的内容。

③主播在直播时应当口齿清楚、表达准确、肢体语言得当，以避免歧义。

④主播在直播时应穿着得体、五官端正、形象良好、适度包装。

⑤主播在直播时应当举止得当，不得违反公序良俗。

⑥主播应当加强对评论、弹幕等直播互动环节的实时管理。

⑦主播不得接受未经监护人同意的未成年人充值打赏，不得从事平台内或跨平台的违法违规交易，不得组织、煽动用户实施网络暴力，不得组织赌博或变相赌博等线上线下违法违规活动。

2. 抖音直播平台规则

（1）抖音直播流量规则

抖音是一个以算法分配流量的平台，能否获得该平台的推荐受到以下因素的影响：

①直播累计时间。累计时间越长，证明直播的稳定性和持续性越高。

②直播间跳出率。用户进入直播间后很快退出，无法留住用户，跳出率较高，说明直播内容缺

乏吸引力；反之，则说明直播内容具有吸引力。

③直播间活跃度。用户观看直播时，"关注、打赏、分享、评价、加入粉丝团、下单"等操作越多，表明活跃度越高。

④短视频预热能力。同一账号的短视频如果上热门，则易获得平台流量推送。

（2）抖音直播违规等级与处罚措施

抖音平台依据主播违规情节的严重程度，将主播违规行为及处罚措施划分为3个等级：一级（严重）违规、二级（中等）违规、三级（一般）违规。抖音直播违规等级及处罚措施见表1-2。

表1-2 抖音直播违规等级及处罚措施

违规等级	违规行为	平台处罚措施
一级（严重）违规	1. 反对宪法所规定的基本原则的； 2. 危害国家安全、泄露国家秘密、颠覆国家政权、破坏国家统一的； 3. 损害国家及民族荣誉、利益、形象的； 4. 歪曲、丑化、亵渎、否定英雄烈士及其事迹、精神的； 5. 煽动民族/人群/地域仇恨、歧视，破坏民族或地域团结，侵害民族/地域风俗、习惯，曲解民族历史和历史人物，或者伤害民族感情的； 6. 破坏国家宗教政策，或者宣扬邪教、封建迷信内容的； 7. 诋毁优秀文化传统与历史革命成果，篡改、恶搞经典名著，歪曲、贬低红色文化与非物质文化遗产； 8. 编造/散布谣言、虚假信息，扰乱经济秩序和社会秩序、破坏社会稳定的； 9. 散布赌博、暴力、凶杀、恐怖或教唆犯罪的； 10. 利用基于深度学习、虚拟现实等新技术、新应用制作、发布、传播虚假信息的； 11. 组织、宣传、诱导用户加入传销或有传销嫌疑的组织/机构的； 12. 未成年人直播、黑名单主播直播、冒充平台官方及/或平台工作人员开播、非实名认证本人开播、代开直播、借号直播的； 13. 展示、宣扬宗教极端主义内容，在直播中传教、吸纳信徒、加入宗教/教会的； 14. 实施欺诈（或疑似欺诈）等行为的，包括但不限于在平台内或引导他人至平台外实施该行为的； 15. 侮辱、恶搞、歪曲、丑化国旗、国歌、国徽、人民币、军旗、军歌、军徽等具有特殊含义的象征、标志、音效的，包括但不限于以贬损、玷污、焚烧、涂划、践踏、篡改等方式； 16. 含有盗掘、破坏古文化遗址、古墓葬，或者宣传、介绍盗掘、破坏古文化遗址、古墓葬内容的； 17. 胁迫、诱导未成年人用户进行打赏、消费、私下交易的； 18. 借国家重大活动、重大纪念日等事件，或党和国家机关及其工作人员名义等开展直播或商业宣传的； 19. 恶意炒作、博眼球、蹭热点的，包括但不限于以卖惨、出轨、家暴、炫富、引战、恶搞、虐待、吵架等剧本炒作，或通过刻意制造夸张、怪异、猎奇噱头等方式； 20. 恶意竞争扰乱平台正常运营秩序，包括但不限于以超出市场水平的回报承诺进行主播招募，引导、诱导主播退出原合作公会或教唆主播开设其他直播账号开播或入会的； 21. 含有侵犯未成年人合法权益、危害未成年人身心健康、传递未成年人违法违规不良导向内容的； 22. 含有可能引起或已经引起不良影响的敏感话题、人物形象、事件的； 23. 含有法律、行政法规或相关主管部门禁止的其他内容，或者可能危害社会公德、违背伦理道德、破坏网络生态内容的	对于发生一级违规的主播，平台有权永久封禁主播账号、永久封禁开播权限及/或永久限制使用连线、PK、OBS、商品分享等部分或全部账号权限/功能。与此同时，平台有权下调主播的收益提现额度、中止主播的全部或部分收益结算及/或扣除、清空主播账号内的全部或部分虚拟权益及收益金额余额作为主播违约而应支付给公司的违约金。对于被处以永久封禁账号处罚的主播，平台有权拒绝该主播再次注册平台账号

续表

违规等级	违规行为	平台处罚措施
二级 (中等) 违规	1. 带有性暗示、性挑逗、低俗趣味内容的； 2. 含有荒诞惊悚、影响社会和谐的内容（如生吃活物、腐肉或吞异物等惊悚表演）； 3. 宣扬赌博，展示赌博器具（包括但不限于老虎机、推币机、打鱼机、上分器、作弊器等），或者展示千术、反千术、赌术等赌博技巧、行为的； 4. 展示行医行为、销售药品等任何关于医疗内容的； 5. 展示或宣传未经授权、未备案或含有低俗色情暴力内容的影视剧、电视节目、电台节目、游戏等； 6. 宣扬伪科学、违背科学精神内容的，包括但不限于鼓吹通过法术改变命运等； 7. 含有侮辱、诽谤他人等侵害他人合法权益，或者其他扰乱平台正常秩序内容的； 8. 不当使用国旗、国歌、国徽、人民币、军旗、军歌、军徽等具有特殊含义的象征、标志、音效等内容的； 9. 进行恶俗、低俗、危害（或可能危害）身心健康或有悖于社会主义核心价值观的惩罚游戏的，包括但不限于打火机烧嘴唇、使用鞭炮炸手、跪碎玻璃等； 10. 以任何不良、不当方式欺骗、诱导、胁迫或刺激用户进行打赏、消费、投票打榜、交互、下载等行为的，包括但不限于利益承诺（如承诺抽奖、返利、线下接触/交往）、骚扰/勒索、语言/肢体刺激、虚假消费、带头打赏、不合理特殊对待、赠送包含违法内容的图片或视频等方式； 11. 含有宣扬/引导不良价值观、不良嗜好、不良生活作风等内容的，包括但不限于鼓吹非理性消费等； 12. 环境、场所不适宜直播的，包括但不限于军事场景、私密场所等； 13. 展示、宣传假币的； 14. 发布虚假或不良广告，或者推广/分享/发布假冒伪劣商品、山寨高仿商品及/或法律禁止销售/发布、需特殊资质/监管部门审批的商品及相关信息的； 15. 含有不正当牟利、作弊等扰乱平台或社会正常秩序内容的，包括但不限于刷粉、刷赞，买卖/操纵评论、热搜、账号、权限，作弊抢红包等； 16. 冒充平台发布信息，恶意发布与平台相关的不实信息，曲解平台规则或平台发布的信息，或以任何方式诋毁、抹黑、损害平台形象的； 17. 含有炒作炫富享乐、绯闻隐私、负面热点等内容的； 18. 以大声嘶吼、叫嚣挑衅等带有不良社会风气的方式进行直播的； 19. 冒充知名人士开播的； 20. 含有其他不符合社会良好风尚，或者宣扬不健康、负面、消极、颓废内容的	对于发生二级违规的主播，平台有权根据主播违规情节的严重程度给予警告、断播、封禁开播权限（1天到永久不等）、限制使用连线/PK/OBS/商品分享等部分或全部账号权限/功能（1天到永久不等）等处罚

续表

违规等级	违规行为	平台处罚措施
三级（一般）违规	1. 着装暴露、低俗，妆容夸张、恐怖、恶俗、不雅，语言低俗的； 2. 在直播中实施驾驶机动车、干扰驾驶、飙车等危害（或可能危害）生命健康或其他易引发用户（尤其未成年人用户）模仿的危险行为，或者展示由该危险行为引发后果的； 3. 在直播中抽烟、喝酒的； 4. 含有潜在安全风险的内容或者使用未经平台允许的方式进行营销推广的，包括但不限于通过展示联系方式、链接、二维码等形式引导用户私下交易、导流至其他平台或通过其他方式绕开平台管理等； 5. 出售游戏号、游戏币，代练、代打游戏的； 6. 含有攀岩、跳伞、口吞宝剑等危险行为，或可能引起用户模仿的不安全行为的； 7. 含有低俗、色情、血腥、残忍或其他渲染低级趣味内容的； 8. 含有涉嫌侵犯他人知识产权、商业秘密的内容的，包括但不限于出现大型赛事拍屏、录屏等内容，盗播、转播他人拥有知识产权内容； 9. 未经平台事先认证而开展投资、理财类直播的，包括但不限于推荐、分析、预测、讲解、引导投资房地产、股票、基金等； 10. 于非正式场合穿着、佩戴国家机关人员制服、军警人员制服、国旗、红领巾或其他含有特殊意义的服饰开播的； 11. 展示、宣传私服游戏的； 12. 展示、宣扬恐怖、丑恶或其他引人身心不适的画面、行为、音效等内容，包括但不限于表现他人极度生理痛苦、精神歇斯底里，出现排泄物或便池、上厕所声音，殡葬、祭祀等； 13. 语言模糊不清或无法分辨的； 14. 拍摄/调侃或不当展示、谈论、评述自然灾害、疫情、灾难（包括但不限于火灾、爆炸）、事故的； 15. 精神疾病患者等不具备完全民事行为能力的人直播的； 16. 展示、宣传含有人民币图样的宣传品、出版物、复印件、绘制品、商品等； 17. 展示捕猎器具（电媒等）或传授捕猎技巧的； 18. 展示主播个人隐私信息的，包括但不限于身份证件信息、公职证件、住址、联系方式等； 19. 未经平台事先认证讲解法律专业知识的； 20. 未经批准，境外主播或港澳台主播开播或出镜的； 21. 未经平台事先认证开展（或变相开展）学科类培训或辅导的； 22. 主播在境外直播的； 23. 以损害（或可能损害）身心健康的方式开展直播的，包括但不限于病态/疲态/醉态直播、长时间深夜开播等； 24. 多账号开播，盗播或播放已录制的音视频，发布挂机/定格画面、无互动/低频互动、黑屏、睡播等无意义内容的； 25. 含有其他不宜或不适宜直播或者与本规范总则中载明的直播原则和本规范目的相悖内容的，包括但不限于出现刀、针、注射器、火罐、火盆、刮石等器具的医疗或医美场景，婚闹、医闹，动物哺乳，焚烧秸秆，打牌（扑克或麻将），维权揭黑、上访投诉等	对于发生三级违规的主播，平台有权根据主播违规情节的严重程度给予警告、断播、封禁开播权限（1天到一周不等）、限制使用连线/PK/OBS/商品分享等部分或全部账号权限/功能（1天到一周不等）等处罚

3. 淘宝直播平台规则

（1）淘宝直播流量规则

①淘宝平台90%以上的直播都是自家直播，而不是达人直播。

②对于没有粉丝的商家来说，浮现权是必须开通的。只有开通了浮现权，直播才有机会被展示在淘宝的直播频道。浮现权的要求是月开播的场次大于8场，月开播的天数大于8天，经验分数大于3000分。

③淘宝直播可以采用"短视频+直播"的配套打法,摘取直播中的部分片段放到抖音、快手之类的短视频平台,用内容加大流量分发,最后将流量引入淘宝直播店铺。

> **知识拓展**
>
> 淘宝直播流量的分配原则主要是根据主播进行分级运营,对全体主播根据"经验+专业值"进行综合评定。其中,经验部分包括直播场次、时长及平台活动的参与完成和粉丝维护留存;专业方面包括专业知识能力,一个月内的直播订单、进店转化率及订单退货、差评售后服务能力等。

（2）淘宝直播违规类型及处罚措施

淘宝直播违规行为分为一般违规、严重违规、特别严重违规3个等级。3类违规行为分别累计,累计次数在每年的12月31日23时59分59秒清零。

一般违规和严重违规行为下又区分轻度、中度和重度违规情形,不同违规情形对应不同违规处置力度。具体3类违规各违规情形对应的处置措施见表1-3。

表1-3 淘宝直播违规处置

违规行为		处置措施	
等级	情形	管理措施	处理措施
一般违规	轻度	每次视情形可采取: (一)提醒警告/官方公示/推送纠错卡; (二)应答检测/商品加灰/切断连麦; (三)直播流量降权/取消单场直播浮现权/直播黑屏/拉停直播; (四)屏蔽违规信息/剔除异常数据/取消或收回违规所得资源; (五)删除违规信息; (六)暂停用户使用官方工具; (七)限制指定商家/商品直播间挂品; (八)限制风险交易订单发货/关闭风险交易订单/延长风险订单交易账期/冻结保证金	无
	中度		计一般违规一次
	重度		计一般违规一次,每次视情形可采取以下措施: (一)限制主播浮现权1~365天; (二)限制主播接受打赏礼物/限制主播开启打赏功能1~365天; (三)限制使用连麦功能1~356天; (四)限制主播权限1~7天; (五)罚扣违约金; (六)取消部分或全部主播结算
严重违规	轻度		无
	中度		计严重违规一次
	重度		计严重违规一次,每次视情形可采取以下措施: (一)限制主播浮现权1~365天; (二)限制主播权限1~15天; (三)罚扣违约金
特别严重违规			每次视情形可采取以下措施: (一)清退主播身份; (二)限制主播权限; (三)罚扣违约金; (四)进行主播风险交易冻结; (五)进行主播收款账户管控措施; (六)取消部分或全部主播结算; (七)限制主播接受打赏礼物/限制主播开启打赏功能; (八)限制主播使用连麦功能

一般违规和严重违规计次达到指定数量对应的处置措施如表1-4所示。

表 1-4 淘宝直播违规计次对应处置

违规行为类型	处置措施					
	第1次	第2次	第3次	第4次	第5次	第6次及以上
一般违规	无	无	无	限制主播权限3天，或罚扣违约金		
严重违规	无	无	限制主播权限7天，或罚扣违约金		清退主播身份	

资料来源：淘宝平台规则。

思政小课堂

人人都是传播者，人人都有责

在自媒体时代，由于人人都可能是传播者，因此人人都应该具备反思自己言论的自律性。主播为了能持续不断地获得观众数量，往往需持续输出有趣的直播内容，但个别主播的口不择言往往造成直播"翻车"。

未经事实调查的直播视频，一旦经过互联网的急速扩散，就会导致极其严重的后果。这种伤害在自媒体时代很容易发生，人人都可能是伤害者，人人又都可能是被伤害者。因此，电商直播的每个人都应当学会自律。

2020年7月1日，中国广告协会发布的《网络直播营销行为规范》正式实施。作为行业自律性条文，它规范了商家、主播、平台及其他参与者等各方在直播电商活动中的权利、义务与责任。行业自律作为一种软性约束，是更高层面的道德要求，需要商家、主播、平台及其他参与主体主动提高专业素养，规范直播行为，端正态度，树立正确的商业观，营造诚实守信、风清气正的直播生态。

对于电子商务平台而言，要依据《中华人民共和国电子商务法》等法律法规，加强对平台上的经营者及主播的规范引导，完善消费者投诉举报渠道，存在直播乱象、产品质量问题时应及时予以处理。

对于相关监管部门而言，要依据《中华人民共和国广告法》《中华人民共和国消费者权益保护法》等法律法规，规范平台上的直播带货行为，针对推广行为和销售行为开展同步监管，及时依法查处违法行为。

对于主播而言，在开展直播时要充分认识主播或经营者需要承担的法律责任和风险，为消费者提供真实、可靠的信息和商品。主播在宣传商品、引导消费者购物的同时，更要注重保护消费者权益，绝不能只享受利益，而不承担责任。

对于消费者而言，应理性消费，保留相关凭证，依法积极维权，通过投诉、举报、诉讼等渠道维护合法权益。

（五）网络直播平台的监管规则

网络直播作为一种新型互联网传播形式发展迅速，如何规范和引导直播行业良性健康发展，已成为政府相关职能部门重点关注的问题。针对电子商务行业的相关法律法规也随之出台：《中华人民共和国网络安全法》于2016年11月7日在第十二届全国人民代表大会常务委员会第二十四次会议上通过，自2017年6月1日起施行；《中华人民共和国电子商务法》于2018年8月31日在第十三届全国人民代表大会常务委员会第五次会议上表决通过，自 2019 年 1 月 1 日起施行；《互联网信息服务管理办法》于 2000 年 9 月 25 日公布施行。

为了更好地规范网络直播环境，国家互联网信息办公室、国家广播电视总局、工业和信息化部等不同主管部门陆续出台了《关于加强网络表演管理工作的通知》《关于加强网络视听节目直播服务管理有关问题的通知》《互联网直播服务管理规定》《关于加强网络直播服务管理工作的通知》等一系列有针对性的规定，对网络直播平台的行为规范和责任进行了明确，具体内容梳理如下：

1. 《关于加强网络表演管理工作的通知》

2016 年 7 月 1 日，文化部（现为文化和旅游部）下发《关于加强网络表演管理工作的通知》，部分内容如下：

（1）督促网络表演经营单位和表演者落实责任

网络表演经营单位要对本单位提供的网络表演承担主体责任，对所提供的产品、服务和经营行为负责，确保内容合法、经营有序、来源可查、责任可究。网络表演经营单位要健全内容管理制度，配足内容审核人员，严格监督表演者表演行为，加强对用户互动环节的管理。要严密技术监控措施，畅通投诉举报渠道，完善突发事件应急处置机制，确保能够第一时间发现并处置违法违规内容。一经发现含有违法违规内容的网络表演，要及时关闭表演频道，停止网络传播，保存有关记录，并立即向所在地省级文化行政部门或文化市场综合执法机构报告。

表演者对其开展的网络表演承担直接责任。表演者应当依法依规从事网络表演活动，不得开展含有低俗、色情、暴力等国家法律法规禁止内容的网络表演。表演者应当自觉提高职业素养，加强道德自律，自觉开展内容健康向上的网络表演。

各级文化行政部门和文化市场综合执法机构要加强对辖区内网络表演经营单位的管理与培训，依法强化网络表演经营单位直接发现、第一时间处置违法违规内容等主体责任，对逾期不予处理或处理不到位的，要严肃追责，依法查处。

（2）加强内容管理，依法查处违法违规网络表演活动

内容管理是网络表演管理工作的重点。各级文化行政部门和文化市场综合执法机构要加强对辖区内网络表演经营单位的日常监管，重点查处提供禁止内容等违法违规网络表演活动，包括：提供含有《互联网文化管理暂行规定》第十六条规定的禁止内容，或利用人体缺陷或者以展示人体变异等方式招徕用户，或以恐怖、残忍、摧残表演者身心健康等方式以及以虐待动物等方式进行的网络表演活动；使用违法违规文化产品开展的网络表演活动；对网络表演活动进行格调低俗的广告宣传和市场推广行为等。

对提供上述违法违规网络表演的网络表演经营单位，文化行政部门和文化市场综合执法机构要依据《互联网文化管理暂行规定》坚决予以查处，没收违法所得，并处罚款；情节严重的，责令停业整顿直至吊销《网络文化经营许可证》；构成犯罪的，依法追究刑事责任。地方文化行政部门和文化市场综合执法机构要按照"谁处罚，谁列入"的原则，根据情形，将违法违规网络表演经营单位列入黑名单或警示名单。

对提供违法违规网络表演的表演者，地方文化行政部门和文化市场综合执法机构要责令所在网络表演经营单位关停表演者频道，并及时将违法违规表演者的信息和证据材料报送文化部。文化部根据情形，将违法违规表演者列入黑名单或警示名单。列入黑名单的表演者，禁止其在全国范围内

从事网络表演及其他营业性演出活动，具体时限视违法违规情节轻重确定。

文化行政部门负责将黑名单通报同级有关部门，并建议实施联合惩戒，强化对违法违规网络表演经营单位和表演者"一处违法，处处受限"的信用监管。各级行业协会要在本行业协会范围内，对列入黑名单的网络表演经营单位和表演者予以通报并抵制。

（3）对网络表演市场全面实施"双随机、一公开"

各地文化行政部门和文化市场综合执法机构要立即对本行政区域内的网络表演经营单位开展一次调查摸底，全面掌握网络表演经营单位的情况。在此基础上，充分利用网络文化市场执法协作机制，对网络表演市场全面实施"双随机、一公开"，定期开展随机抽查，及时向社会公开查处结果，公开网络表演市场黑名单和警示名单。

各地文化行政部门和文化市场综合执法机构要抓紧制订网络表演随机抽查工作实施方案和随机抽查事项清单，以现场检查、网络巡查为主要抽查方式，以网络表演内容为抽查重点。对投诉举报较多的网络表演经营单位，要加大随机抽查频次，重点监管。要利用全国文化市场技术监管与服务平台，记录随机抽取的检查对象、执法检查人员、检查事项、检查结果等，做到全程留痕，实现过程可溯源、责任可追溯。

2.《关于加强网络视听节目直播服务管理有关问题的通知》

2016年9月2日，国家新闻出版广电总局下发《关于加强网络视听节目直播服务管理有关问题的通知》，重申互联网视听节目服务机构开展直播服务必须符合《互联网视听节目服务管理规定》和《互联网视听节目服务业务分类目录》的有关规定；指出开展网络视听节目直播服务应具有相应资质，不符合相关条件的机构及个人，包括开设互联网直播间以个人网络演艺形式开展直播业务但不持有《信息网络传播视听节目许可证》的机构，均不得通过互联网开展相关活动、事件的视音频直播服务，也不得利用网络直播平台（直播间）开办新闻、综艺、体育、访谈、评论等各类视听节目，不得开办视听节目直播频道。未经批准，任何机构和个人不得在互联网上使用"电视台""广播电台""电台""TV"等广播电视专有名称开展业务。此外，还对开展网络视听节目直播服务的单位应具备的技术、人员、管理条件、直播节目内容、相关弹幕发布，以及直播活动中涉及的主持人、嘉宾、直播对象等做出了具体要求。

3.《互联网直播服务管理规定》

2016年11月4日，国家互联网信息办公室发布《互联网直播服务管理规定》，明确互联网直播服务提供者和发布者在提供互联网新闻信息服务时，都应依法取得互联网新闻信息服务资质，并在许可范围内开展互联网新闻信息服务。互联网直播服务提供者应对互联网新闻信息直播及其互动内容实施先审后发管理，提供互联网新闻信息直播服务的，应设立总编辑；同时要求互联网直播服务提供者应落实企业主体责任，建立健全各项管理制度，配备与服务规模相适应的专业人员，具备即时阻断互联网直播的技术能力。对直播实施分级分类管理，建立互联网直播发布者信用等级管理体系及黑名单管理制度。

《互联网直播服务管理规定》第三条规定，提供互联网直播服务，应当遵守法律法规，坚持正确导向，大力弘扬社会主义核心价值观，培育积极健康、向上向善的网络文化，维护良好网络生态，维护国家利益和公共利益，为广大网民特别是青少年成长营造风清气正的网络空间。

其第七条规定，互联网直播服务提供者应当落实主体责任，配备与服务规模相适应的专业人员，健全信息审核、信息安全管理、值班巡查、应急处置、技术保障等制度。提供互联网新闻信息直播服务的，应当设立总编辑。互联网直播服务提供者应当建立直播内容审核平台，根据互联网直播的内容类别、用户规模等实施分级分类管理，对图文、视频、音频等直播内容加注或播报平台标识信息，对互联网新闻信息直播及其互动内容实施先审后发管理。

其第九条规定，互联网直播服务提供者以及互联网直播服务使用者不得利用互联网直播服务从事危害国家安全、破坏社会稳定、扰乱社会秩序、侵犯他人合法权益、传播淫秽色情等法律法规禁止的活动，不得利用互联网直播服务制作、复制、发布、传播法律法规禁止的信息内容。

其第十二条规定，互联网直播服务提供者应当按照"后台实名、前台自愿"的原则，对互联网直播用户进行基于移动电话号码等方式的真实身份信息认证，对互联网直播发布者进行基于身份证件、营业执照、组织机构代码证等的认证登记。互联网直播服务提供者应当对互联网直播发布者的真实身份信息进行审核，向所在地省、自治区、直辖市互联网信息办公室分类备案，并在相关执法部门依法查询时予以提供。

互联网直播服务提供者应当保护互联网直播服务使用者身份信息和隐私，不得泄露、篡改、毁损，不得出售或者非法向他人提供。

其第十四条规定，互联网直播服务提供者应当对违反法律法规和服务协议的互联网直播服务使用者，视情形采取警示、暂停发布、关闭账号等处置措施，及时消除违法违规直播信息内容，保存记录并向有关主管部门报告。

4.《关于加强网络直播服务管理工作的通知》

《关于加强网络直播服务管理工作的通知》是 2018 年 8 月全国"扫黄打非"办公室会同工业和信息化部、公安部、文化和旅游部、国家广播电视总局、国家互联网信息办公室联合下发的通知，部署各地各有关部门进一步加强网络直播服务许可、备案管理，强化网络直播服务基础管理，建立健全长效监管机制，大力开展存量违规网络直播服务清理工作。《关于加强网络直播服务管理工作的通知》的部分内容如下：

（1）加强网络直播服务许可和备案管理工作

网络直播服务提供者应依法向电信主管部门履行网站 ICP 备案手续，涉及经营电信业务及互联网新闻信息、网络表演、网络视听节目直播等业务的网络直播服务提供者应当分别向相关部门申请取得电信业务经营、互联网新闻信息服务、网络文化经营、信息网络传播视听节目等许可，并于直播服务上线 30 日内按照有关规定到属地公安机关履行公安备案手续。

互联网接入服务业务、互联网数据中心业务、内容分发网络业务（以下简称"网络接入服务"）提供者不得为未履行 ICP 备案手续、未取得相关业务许可的网络直播服务提供者提供网络接入服务。

移动智能终端应用软件分发平台（以下简称"应用商店"）不得为未履行 ICP 备案手续、未取得相关业务许可的网络直播服务提供者提供移动智能终端应用软件（以下简称"App"）分发服务。

（2）强化网络直播服务基础管理工作

各网络接入服务提供者应按照要求通过"工业和信息化部 ICP/IP 地址/域名信息备案管理系统"向各地通信管理局报送网络直播服务提供者 ICP、IP 地址、域名等信息。

有关部门将建立违法网络直播服务提供者黑名单，网络接入服务提供者应核验网络直播服务提供者的ICP、IP地址和域名信息，不得为信息不一致、黑名单中的网络直播服务网站、App提供网络接入服务。

应用商店不得为黑名单中的网络直播服务App提供分发服务。

各网络直播服务提供者应按照要求落实用户实名制度，加强网络主播管理，建立主播黑名单制度，健全完善直播内容监看、审查制度和违法有害内容处置措施。

（3）组织开展存量违规网络直播服务清理工作

网络接入服务提供者、应用商店应立即进行全面清查，要求未提供ICP备案手续或者相关业务许可材料的网络直播服务提供者在两个月内补充相关材料，两个月后仍然无法提供相关材料的应停止服务，对拒绝提供相关材料的网络直播服务提供者应立即停止服务。

（4）建立健全网络直播服务监管工作机制

网络直播服务提供者应严格按照许可范围开展业务，不得利用直播服务制作、复制、发布、传播法律法规禁止的信息内容。

网络接入服务提供者应按照要求建立内容审核、信息过滤、投诉举报处理等相关制度，建立7×24小时应急响应机制，加强技术管控手段建设，按照要求处置网络直播中的违法违规行为。

网络直播服务提供者应当按照有关法律法规要求，记录直播服务使用者发布内容和日志信息并保存一定期限，对不具备存储能力且不购买存储服务的网络直播服务提供者，网络接入服务提供者不得提供服务。网络接入服务提供者、网络直播服务提供者应当依法配合有关部门的监督检查、调查取证，并提供必要的文件、资料和数据。

5.《网络表演经营活动管理办法》

2016年12月2日，文化部下发《网络表演经营活动管理办法》，明确网络表演经营活动是指通过用户收费、电子商务、广告、赞助等方式获取利益，向公众提供网络表演产品及服务的行为。从事网络表演经营活动的网络表演经营单位，应根据《互联网文化管理暂行规定》，向省级文化行政部门申请取得《网络文化经营许可证》，其经营范围应明确包括网络表演，同时规定网络表演不得含有"以偷拍偷录等方式，侵害他人合法权益的"等6类内容。网络表演经营单位应要求表演者使用有效身份证件实名注册并予以核实。强调网络表演经营单位应完善用户注册系统，保存用户注册信息，积极采取措施保护用户信息安全等。该办法自2017年1月1日起施行。

其第四条规定，从事网络表演经营活动的网络表演经营单位，应当根据《互联网文化管理暂行规定》，向省级文化行政部门申请取得《网络文化经营许可证》，许可证的经营范围应当明确包括网络表演。网络表演经营单位应当在其网站主页的显著位置标明《网络文化经营许可证》编号。

其第五条规定，网络表演经营单位对本单位开展的网络表演经营活动承担主体责任，应当按照《互联网文化管理暂行规定》和《网络文化经营单位内容自审管理办法》的有关要求，建立健全内容审核管理制度，配备满足自审需要并取得相应资质的审核人员，建立适应内容管理需要的技术监管措施。不具备内容自审及实时监管能力的网络表演经营单位，不得开通表演频道。未采取监管措施或未通过内容自审的网络表演产品，不得向公众提供。

其第六条规定，网络表演不得含有以下内容：①含有《互联网文化管理暂行规定》第十六条规定的禁止内容的；②表演方式恐怖、残忍、暴力、低俗，摧残表演者身心健康的；③利用人体缺陷或者以展示人体变异等方式招徕用户的；④以偷拍偷录等方式侵害他人合法权益的；⑤以虐待动物等方式进行表演的；⑥使用未取得文化行政部门内容审查批准文号或备案编号的网络游戏产品，进行网络游戏技法展示或解说的。

其第七条规定，网络表演经营单位应当加强对未成年人的保护，不得损害未成年人身心健康。有未成年人参与的网络表演，不得侵犯未成年人权益。

三、账号搭建的基础知识

选择好直播平台后，搭建账号是一个关键步骤，它涉及账号的定位、注册、完善资料、配置功能等多个方面。以下是详细的搭建账号步骤：

（一）明确账号定位

直播账号定位是指确定目标受众、直播内容和主题、直播形式与风格等，它对于直播账号的成功至关重要。一个明确且独特的定位可以帮助直播账号在竞争激烈的市场中脱颖而出，吸引并保持用户的关注。

1. 分析目标受众，精准定位用户需求

直播是要呈现给用户的，而非自我欣赏，只有让用户感受到直播的价值，使其得到愉悦、感动等心理感受，直播才会被关注，直至成为爆款。因此，在进行内容定位时，直播者必须精准定位用户需求，而不是根据自己的主观想法，想做什么内容就做什么内容。

直播内容定位要以用户需求为中心，主要体现在以下两个方面：

（1）锁定目标群体，提炼主流需求

很多直播者希望吸引所有人的目光，但这是一个十分不切合实际的想法，因为每个直播者的审美标准不同，个性也不同，关注的领域和话题更是千差万别，如果什么内容都想做，只会沦为毫无特色的"过客"，被用户抛弃和遗忘。

直播者要想获得成功，首先要锁定目标群体，提炼其主流需求，在直播的内容选择上要有针对性地迎合群体口味，从而更快、更好地吸引他们的目光，提升直播的"人气"和传播量。例如目标群体是球迷和健身达人等，直播内容就要聚焦在运动、健身等的垂直领域。

（2）解决用户的需求痛点

所谓需求痛点，就是指用户暂时无法解决的急切需求。在锁定目标群体并提炼其主流需求后，直播者还要抓住目标群体的需求痛点，在直播中有针对性地解决。

首先，直播者要深入目标群体进行调查，了解其具体需求，进行用户画像分析，在此基础上抓住其需求痛点。其次，直播者在设计直播内容时，要提出相应的解决方案，解决其需求痛点，这样的直播才能吸引目标群体，快速占领其心智。

用户画像分析是直播者的第一要务。"交互设计之父"阿兰·库珀（Alan Cooper）认为，用户画像是真实用户的虚拟代表，是建立在一系列真实数据之上的目标用户模型，简单来说，就是把用户信息标签化。该标签有两个重要特征：一个是语义化，人们可以很方便地理解每个标签的含义；另一个是短文本，每个标签一般只表示一个含义。有了这些标签，直播者无须再做过多的文本分析等预处理工作，这为利用机器提取标准化信息、聚合分析提供了极大的便利。

在直播内容创作中，进行用户画像分析的意义在于其有利于商家和直播者换位思考，以用户为中心，更好地了解用户偏好，挖掘用户需求，从而实现精准营销。

2. 构建直播用户画像

（1）用户信息数据分类

构建直播用户画像的第一步是对用户信息数据进行分类。用户信息数据分为静态信息数据和动态信息数据两大类。静态信息数据是构成用户画像的基本框架，展现的是用户的固有属性，一般包含社会属性、商业属性、心理属性等信息。这些信息一般无穷尽，只要选取符合需求的即可。动态信息数据是指用户的网络行为数据，如消费属性、社交属性等。在选择这类信息时，要符合直播的内容定位。

（2）确定用户使用场景

只了解用户信息数据，还不能形成对用户的全面了解，应该将用户信息融入一定的使用场景，才能更加具体地体会用户的感受，还原用户形象。直播者可以采用"5W1H"法确定用户使用场景，见表1-5。

表1-5 "5W1H"法的要素及其含义

要素	含义
Who	直播用户
When	观看直播的时间
Where	观看直播的地点
What	观看什么样的直播
Why	网络行为背后的动机，如关注、点赞或分享
How	与用户的动态和静态使用场景结合，洞察用户使用的具体场景

3. 确定用户的动态使用场景模板

直播者要提前准备好沟通模板，以防止调查访问时由于措辞不当或者提问顺序的变化等对用户造成影响，导致研究结论出现偏差。直播创作者的沟通模板要按照用户动态信息数据和用户动态使用场景设计，具体的设计要依据其自身期待获取的信息进行。

动态使用场景模板一般包括常用的直播平台、使用频率、活跃时间段、周活跃时长、使用的地点、感兴趣的话题、什么情况下关注账号、什么情况下点赞、什么情况下评论、什么情况下取消关注，以及用户的其他特征等内容。

广告界传奇人物大卫·奥格威（David Ogilvy）认为，假如让用户刻意回答对某个产品的看法，他们很有可能无法解释清楚。在进行调查访问时，直播创作者也可能遇到这种情况。例如，当被问到关于使用某直播的感受或者为何关注某个直播账号时，用户很可能无法明确地说出答案。因此，直播创作者要学会扮演倾听者的角色，在用户讲述时认真地倾听，以摸清他们在做出某个决定时的心态，找到用户为直播点赞、转发及关注直播账号的原因。

4. 获取用户的静态信息数据

要想获得用户信息，直播创作者需要统计和分析大量样本，加上用户基本信息的重合度较高，为了节省精力，其可以通过从网站获取竞品账号数据的方式获取用户的静态信息数据。

灰豚数据、蝉妈妈数据是目前国内领先的直播全网大数据开放平台，可以为直播创作者提供全方位的数据查询、用户画像和视频监测服务，从而为其在内容创作和用户运营方面提供数据支持。下面以带货为例，介绍如何通过分析竞品账号数据来获取用户的静态信息数据。

步骤1：打开灰豚数据网站，点击"直播"—"直播库"，即可看到不同维度的直播榜单排名，如图1-42所示。

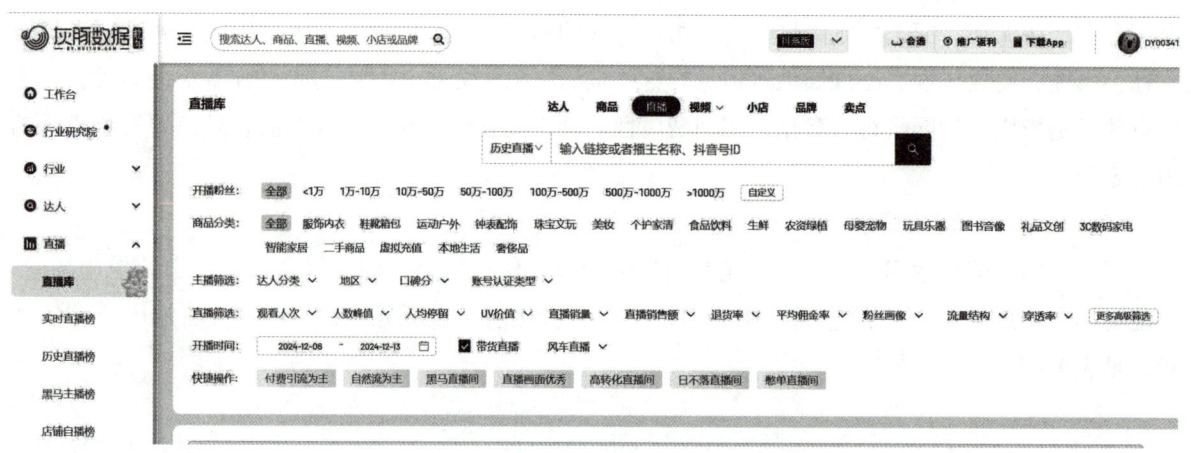

图1-42 灰豚数据网站"直播库"页面

资料来源：灰豚数据网站截图。

步骤2：经过筛选，直播创作者可以选择与自身账号所属领域相同的其他账号，点击"进入"后会发现有观众画像，可查看基本的静态信息数据，如性别分布、年龄分布、省份分布、粉丝活跃时间分布等，如图1-43所示。

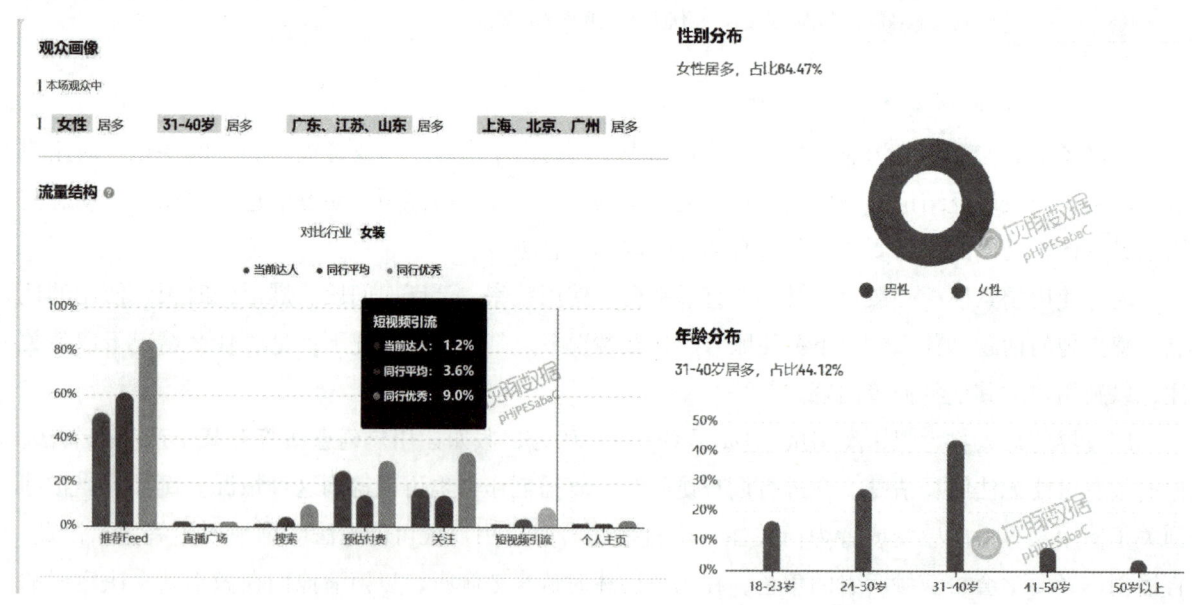

图1-43 观众画像

资料来源：灰豚数据网页截图。

步骤3：再选取两个与自己账号所属领域相同的账号，统计数据以后进行归类，基本上可以获取到该品类账号用户画像的静态信息数据。

步骤4：形成直播用户画像。将静态信息数据和动态使用场景整合以后，直播创作者就可以勾画出大概的品类直播账号的用户画像。以美妆类为例，具体内容如下：

①性别：女性占比为80%以上，男性占比很小。

②年龄：6~17岁的用户占比为11%，18~24岁的用户占比为50%，25~30岁的用户占比为29%，30岁以上的用户占比低于10%。

③地域：广东、江苏、山东、浙江的用户占比最高。

④婚姻状况：未婚者占绝大多数。

⑤最常使用的短视频平台：抖音。

⑥活跃时间：13：00—24：00。

⑦使用地点：家、公司。

⑧感兴趣的美妆话题：被推送到首页的各种美妆产品"种草"内容。

⑨什么情况下关注账号：画面精美，产品适合自己的需求，账号持续输出优质内容。

⑩什么情况下点赞：内容有价值，高于期待值。

⑪什么情况下评论：内容有争议，内容激发共鸣。

⑫什么情况下取消关注：内容质量下滑，不符合预期，更新太慢，广告太多。

⑬用户其他特征：喜欢美食、摄影，喜欢高颜值、有浪漫气息、格调高的产品。

5. 直播内容与主题

在策划直播内容与主题之前，要明确直播的目标，可能包括以下内容：

①品牌推广。提高品牌知名度，展示品牌形象。

②产品推广。介绍新产品或促销活动，增加销量。

③教育培训。传授专业知识或技能，提升观众能力。

④娱乐互动。提供娱乐内容，增强观众参与感。

⑤社交互动。建立或加强社交关系，增加粉丝黏性。

根据直播目标选择与之相符的主题。以下是一些常见的直播主题类型：

①产品展示与评测。适用于品牌推广和产品推广目标，展示产品特点、功能和使用方法，进行产品对比评测。

②行业趋势与热点分析。适用于教育培训目标，分析行业最新动态、趋势和热点话题，提供专业见解。

③技能分享与教学。适用于教育培训目标，分享专业知识、技能或经验，提供实用教程和技巧。

④互动游戏与竞赛。适用于娱乐互动和社交互动目标，设计有趣的互动游戏或竞赛，吸引观众参与并增加互动性。

⑤问答与访谈。适用于所有目标，邀请嘉宾或专家进行问答或访谈，解答观众疑问，分享经验。

在确定直播主题后，接下来是策划具体的直播内容，需要注意以下几点：

①直播内容结构要清晰。设计合理的直播流程，包括开场白、主题介绍、内容展示、互动环节和结束语等，确保每个环节都有明确的目标和重点。

②内容质量高。确保直播内容准确、专业且有价值，提前准备并熟悉直播内容，避免现场失误。

③互动性强。设计多种互动方式，如弹幕评论、抽奖活动、问答环节等，鼓励观众参与并发表意见，提高直播互动性。

④视觉效果佳。使用高质量的直播设备和环境，确保画面清晰、音质良好，添加适当的背景、音乐和特效，提升直播视觉效果。

⑤合规性检查。确保直播内容符合相关法律法规和平台规定，避免涉及敏感话题或不当言论。

6. 直播形式与风格

直播的形式与风格是吸引用户并保证其持续参与的关键因素，不同的直播形式和风格能够满足不同用户群体的需求和偏好，从而更有效地传达信息，提升用户体验并促进互动。以下是一些常见的直播形式与风格，以及它们的特点和适用场景：

（1）直播形式

①单人直播。

特点：通常由一位主播进行，内容集中，便于深入讲解。

适用场景：个人分享、专业知识讲解、产品介绍等。

②双人或多人直播。

特点：通过对话、互动和协作，增加直播的趣味性和互动性。

适用场景：访谈、辩论、团队展示、游戏直播等。

③嘉宾直播。

特点：邀请行业专家、明星或知名人士参与，提升直播的专业性和吸引力。

适用场景：行业论坛、新品发布会、粉丝见面会等。

④户外直播。

特点：在户外环境进行直播，展现真实场景，增加直播的新鲜感和趣味性。

适用场景：旅游、户外探险、体育赛事等。

⑤虚拟现实（VR）直播。

特点：利用虚拟现实技术，提供沉浸式的直播体验。

适用场景：音乐会、体育赛事、虚拟旅行等。

（2）直播风格

①正式风格。

特点：内容专业、严谨，语言正式，注重信息传达的准确性和权威性。

适用场景：学术讲座、企业会议、专业培训等。

②轻松风格。

特点：氛围轻松、幽默，语言口语化，注重观众体验和互动。

适用场景：娱乐直播、游戏直播、日常生活分享等。

③互动风格。

特点：强调观众参与和互动，通过问答、投票、抽奖等方式提高观众参与度。

适用场景：问答环节、互动游戏、粉丝见面会等。

④创意风格。

特点：内容新颖、独特，注重创意和想象力，吸引观众眼球。

适用场景：创意表演、艺术展览、科学实验等。

⑤教育风格。

特点：注重知识传授和技能提升，内容条理清晰，易于理解。

适用场景：在线教育、技能培训、知识分享等。

在实际应用中，可以根据直播的主题、目标观众和预期效果，将不同的直播形式和风格相结合。例如，在正式的企业会议直播中，可以采用单人或多人直播形式，并注重内容的准确性和权威性；在娱乐直播中，可以采用轻松风格，并加入互动元素以增加趣味性。

（二）注册与认证账号

1. 注册

使用手机注册直播账号，尽量做到1机、1卡、1账号，不要使用Wi-Fi注册以避免出现账号安全问题。按照平台的注册流程操作，填写真实、完整的信息。

2. 认证

提供身份证等相关文件进行实名认证，以提高账号的可信度。如果是企业用户，还需要提供营业执照等相关文件进行企业认证。

（三）完善账号资料

1. 账号背景

其可以设置为与账号类型相关的背景：首先，背景图片需要和头像的颜色相呼应，与主体是统一的风格。其次，背景图要美观有辨识度，要传达账号的专业度。最后，背景图会被自动压缩，只有下拉时才能看到下面的内容，所以最好把想要表达的信息放在背景图中央的位置。

2. 头像

头像不仅是用户对你的第一印象，还是个人品牌的标识与符号，让用户想到你就想到那个符号，而这个符号就是你的IP定位。

首先，账号头像应该根据你的风格来确定。比如，你是达人类的账号，建议你使用个人的形象照或生活照，这样会更有亲和力，使人产生更强烈的信任感。如果你的账号是定位于某一个垂直领域，那么头像就要跟你的领域相关。如果你的账号是品牌的企业，建议可以直接放品牌的logo，如果有成熟IP或真人代言的企业可以用品牌IP/代言人形象，如蜜雪冰城"雪王Logo"、瑞幸"鹿角Logo"。如果企业账号定位是在宣传和推广线下实际存在的店铺，账号头像可以用Logo+门店实景剪影，如星巴克"美人鱼+咖啡杯/门店照"融合。如果企业账号定位是好物推荐，可以用Logo+产品高光展示，如"Logo+口红"特写等。这些都可以增加品牌的曝光，让粉丝对账号有更直观的认知。

3. 名称

取名的重点是好理解、好记忆、好传播，并且和账号的定位相关联。抖音账号取名公式为"个人姓名+行业领域"，比如主播叫林峰，是卖茶叶的，那账号应该取名为小林品茶、小峰说茶叶、林峰带你闻茶香……

4. 简介

简介可以根据账号的定位编写，其要点为：是谁、来自哪里、来抖音干什么、有什么经验、做这个多久了、能给大家带来什么等。

例如，我是×××，来自××的一个小乡村（小县城），我想在抖音上结交五湖四海的朋友，并且带出自家茶叶。我深耕茶道××年，品尽天下茶叶，想把自己的品茶、识茶经验分享给你们……需要注意的是，刚注册的账号简介不要放联系方式，以及"某信""某商""某Q"等敏感词语，平台一旦识别可能会降低账号权重。

5. 作品

作品一定要垂直：内容垂直和封面垂直。内容垂直的意思就是，做什么账号就发什么视频，如做好物就发好物，做美食就发美食。不要发了自拍发风景，发了孩子发美食。封面垂直的意思就是作品封面要大致统一、美观。

（四）配置直播间功能

根据账号的需求选择合适的功能，如视频直播、弹幕、礼物打赏、评论区、购物车等，对于带货直播，应确保开启购物车和商品链接功能。定期检查这些功能是否正常运行，确保直播效果良好。

（五）搭建设备与环境

1. 设备

选择性能较好的计算机或手机进行直播，确保画面清晰不卡顿。同时，选择合适的摄像头和麦克风，提供清晰的画面和声音。

2. 环境

布置简洁、干净的直播背景，与所售商品或品牌相关联。确保光线明亮，避免杂乱或昏暗的环境。此外，可以根据直播主题添加一些装饰元素，提升直播间的吸引力。

（六）测试与准备

在正式直播之前，应进行多次设备检查、网络状况测试及功能验证。制订直播计划，包括直播主题、内容、互动环节等。学习直播平台的规则和算法，掌握与观众互动和推广直播间的技巧。

（七）养号与提升曝光率

在正式发布内容前，需要一段时间养号，模拟真人行为，增加账号的初始权重。例如，在账号信息、直播间标题、内容描述等方面合理使用关键词，提高搜索曝光率。积极与观众互动，回答观众问题，建立粉丝群，增强粉丝黏性。

通过以上步骤，可以成功搭建一个高效的直播间账号，并提升直播质量。注意持续优化和改进账号和直播内容，以适应不断变化的市场需求和观众口味。

任务实施

任务演练：选择平台开通直播间

【任务目标】

明确杭州赛群网络科技有限公司（以下简称"赛群公司"）切入直播行业的领域，对比主要直播平台的特点，选择直播平台开通直播间，为直播做好前期准备工作。

【任务要求】

任务编号	任务名称	任务指导
1	选择直播平台	根据自身资源、条件和平台特点帮助赛群公司选择抖音平台
2	开通抖音直播功能	在手机上下载并安装抖音App后，注册账号并完成实名认证，该账号可以进行短视频内容输出和日常直播，积累粉丝
3	开通抖音直播带货权限	了解抖音开通直播带货权限的条件，满足条件后，申请开通

【操作过程】

1. 选择直播平台

根据直播发展趋势，有电商运营服务经验的赛群公司也想要开展直播业务。对比主要的直播平台，依托传统电商平台的直播平台因具有电商优势，更适合已入驻平台的商家。从流量获取方式来看，主要从私域流量中获取流量的平台更适合已拥有大量粉丝资源的团队，而从公域流量中获取流量的平台更有利于新团队的快速成长。所以，在目前赛群公司无自营品牌的情况下，建议选择发展势头强劲、有利于新团队发展的抖音直播平台，以达人直播模式为起点开展直播电商业务，在直播带货的同时也可以为中小企业提供直播电商运营指导、直播设备与人员支持等。得到公司的答复后，为配合直播业务的开展，在抖音上注册账号并开通抖音直播功能和直播带货权限。

2. 开通抖音直播功能

使用公司提供的手机号码通过抖音App注册账号并进行实名认证。具体操作如下（见图1-44）：

（1）验证手机号码，获取验证码

打开抖音App，点击"我"选项，在打开的界面选中"已阅读并同意用户协议"选项，输入手机号码，点击"验证并登录"按钮，注册并登录账号。在打开的界面中，输入手机接收到的验证码，点击"登录"按钮，完成账号注册并登录。

（2）打开"实名认证"界面

返回抖音App首页，点击"我"选项，然后点击右上角的"≡"按钮，打开侧边栏，点击"设置"选项。在打开的"设置"界面，点击"账号与安全"选项。在打开的"账号与安全"界面，点击"未认证"选项。

（3）进行实名认证

打开"实名认证"界面，输入真实姓名和身份证号，选中"已阅读并同意"选项，再点击

"同意协议并认证"按钮。

（4）开始视频直播

在抖音 App 首页点击"+"按钮，在打开的界面下方点击"开直播"选项。在打开的界面中，点击"开始视频直播"按钮，稍后即可进入直播间开始直播。

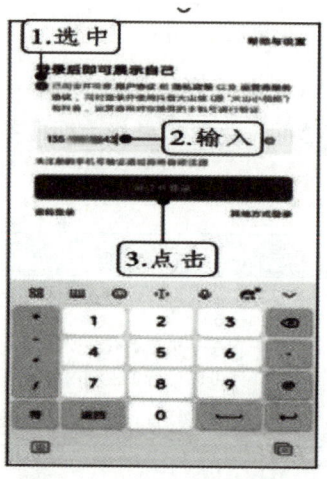
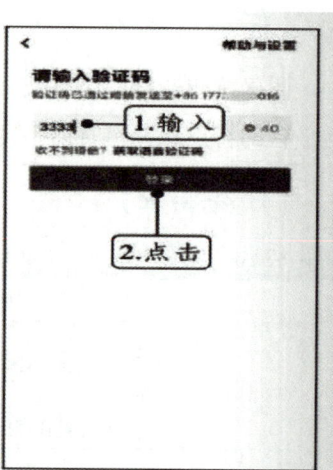
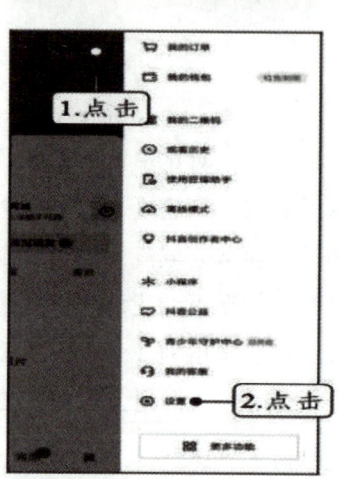
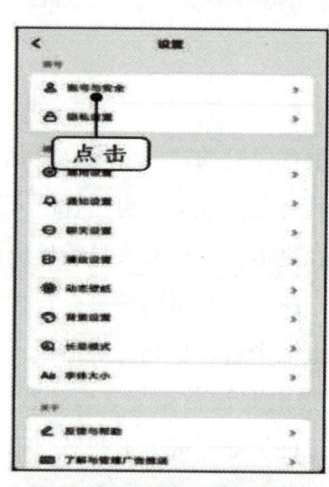
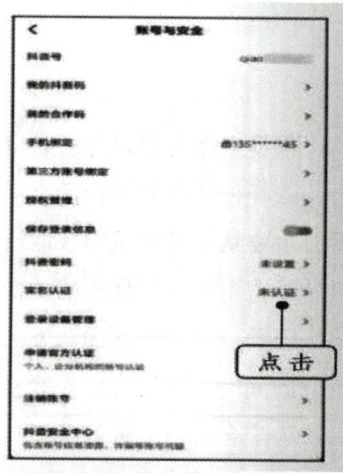
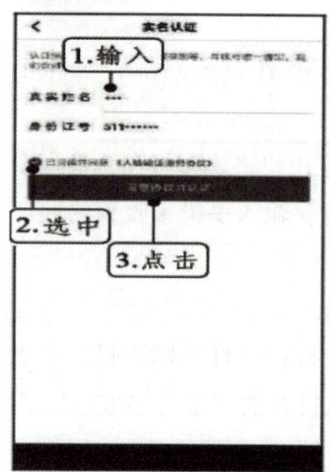

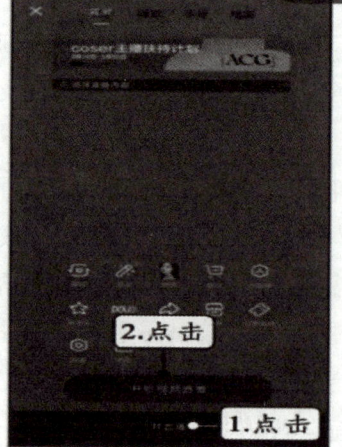

图 1-44　开通抖音直播间步骤

资料来源：抖音 App 的截图。

3. 开通抖音直播带货权限

在抖音平台以达人身份开通直播带货权限，需满足有效粉丝数≥200人的条件。注册的账号满足开通条件后，应进一步在抖音App申请开通直播带货权限，具体操作如下：

①打开抖音App，点击"我"选项，然后点击右上角的"≡"按钮，在打开的侧边栏中点击"抖音创作者中心"选项。在打开的界面中点击"全部"按钮。

> **提示**
>
> 在抖音App的侧边栏中，个人用户账号将显示"抖音创作者中心"选项，如果用户申请开通了企业号功能或者认证了企业信息，则显示为"企业服务中心"。

②进入申请带货权限操作界面。打开"收益变现"界面，点击"电商带货"按钮。
③打开"抖音电商"界面，点击"立即加入抖音电商"按钮。
④以个人身份申请。在打开的界面点击"个人"选项，点击"带货资质"按钮。
⑤输入个人信息。在打开的界面中输入个人信息，点击"提交审核"按钮。
⑥输入收款账户信息。在打开的界面输入收款账户信息。
⑦输入管理员信息。继续输入微信支付超级管理员信息，点击"提交"按钮。
⑧等待后台审核与缴纳保证金。等待后台审核信息，审核通过后，需根据提示签约，确认开通微信账户。然后进行服务承诺操作，即缴纳保证金。保证金缴纳完成后，即成功开通直播带货权限。

> **提示**
>
> 在"抖音电商"界面点击"我是商家，想通过卖货赚钱"超链接后，在打开的界面可选择以个人、个体工商户、企业/公司的身份开店入驻抖音电商（也可进入抖音小店官方网站进行开店操作）。对于无货源的主播，可通过有分销授权的1688批发网或抖音电商供应链管理平台采购商品，并上架到自己的店铺中。开店成功后，在抖音小店后台（抖店App或PC端）绑定抖音账号并缴纳保证金，也可进行直播带货。

任务二　组建直播团队

任务描述

任务背景	在抖音平台开通直播带货权限后，组建一支承担公司直播带货业务的直播团队，并打造符合直播带货需求的主播人设
任务演练1：组建直播带货团队	明确直播团队的人员配置，确定不同人员的具体工作
任务演练2：打造主播人设	①设定主播人设；②设置符合主播人设的账号信息

知识准备

一、直播电商团队的人员配置

要做好直播营销，建立一支高效的直播营销团队是非常必要的。直播营销团队的组织架构、人员配置等因业务需求不同而有所不同。常见的直播营销团队组织架构包括个人直播营销团队组织架构、商家直播营销团队组织架构等。

（一）个人直播营销团队组织架构

个人直播营销团队组织架构比较简单，如图 1-45 所示，包括策划团队、主播团队和运营团队。

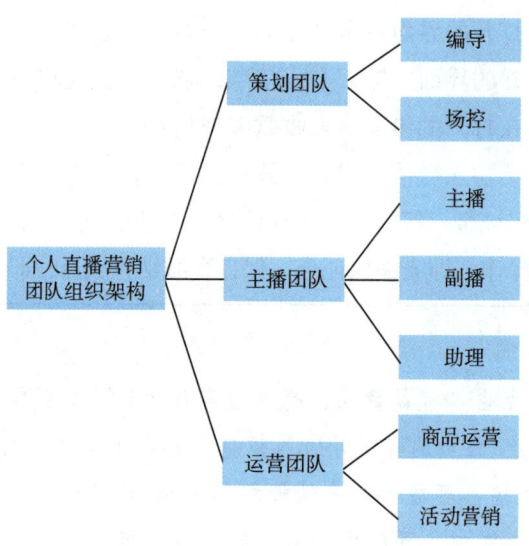

图 1-45　个人直播营销团队组织架构

1. 策划团队

策划团队的主要工作内容包含确定直播主题、策划直播内容、规划脚本和设置直播中的福利等。团队成员要根据直播主题确定商品、开播时间、直播时长，还要针对不同的粉丝群体属性制订不同的福利方案。策划团队成员包括编导和场控。

2. 主播团队

主播团队是直播的最终执行者，其工作内容是展示商品、与用户互动。除直播以外，主播团队还要做复盘、信息反馈，以优化和提升直播效果。主播团队成员一般包括主播、副播和助理。

3. 运营团队

运营团队一般包括商品运营和活动营销，主要负责直播的正常进行。

（二）商家直播营销团队组织架构

随着直播营销的发展，许多商家纷纷自建直播营销团队，孵化专职主播，省去了很大的成本

（主播坑位费、佣金及 MCN 机构中介费）。相比合作主播，商家主播会更了解商家的商品，根据商品特点做直播。如图 1-46 所示，商家直播营销团队组织架构包括主播、直播间客服、运营和直播主管等。

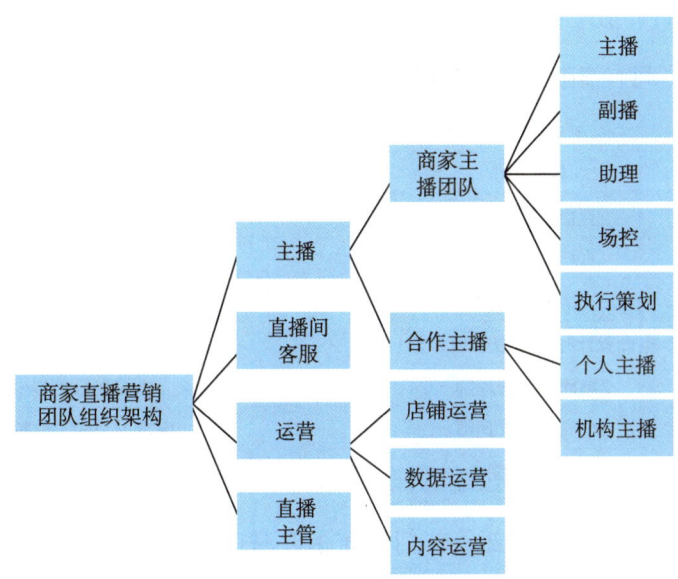

图 1-46　商家直播营销团队组织架构

1. 主播

主播是直播的直接执行人，是直播营销的核心。商家既可以自建主播团队，也可以根据自己的需要选择合作主播。

（1）商家主播团队

商家主播团队成员包括主播、副播、助理、场控和执行策划。

在选择主播时，商家要寻找与品牌特点相匹配的主播，其形象、气质要与品牌形象相契合，并且熟悉商品特性、利益点。由于主播是商家的员工，与商家是雇佣关系，所以在成本上要比请合作主播低，在管理上也更为灵活和有效。

（2）合作主播

合作主播包括个人主播和机构主播。

①个人主播。负责一些活动型直播、品牌塑造型直播等。

②机构主播。机构主播与个人主播的作用差不多，但是商家可以通过机构推荐选择比较成熟和与品牌特点匹配的主播。机构的头部主播流量大、转化率也高，当然对商家来说成本也会高。

2. 直播间客服

直播间客服主要负责耐心、准确地答复用户提出的各类问题，在直播间配合主播直播，以及处理商品发货、售后问题等。

3. 运营

运营主要负责直播的方案策划和执行工作，如直播数据检测、分析优化方案及其他与直播相关的运营工作等。运营团队成员包括店铺运营、数据运营和内容运营。

4. 直播主管

直播主管主要负责主播的日常管理、招聘、培训等。

二、直播营销团队岗位职责与职业能力要求

直播营销团队成员间有清晰的分工合作流程，直播电商岗位设置见表1-6。

表1-6 直播电商岗位设置

职业方向	标准岗位	细化岗位
产品岗	直播电商规划师	商务、选品、编剧、导演、制片等
营销岗	直播电商营销师	经纪人、主播、副播、媒介对接、渠道
运营岗	直播电商运营师	项目运营、场控、文案、活动、社群运营
设计岗	电商设计师（短视频设计师）	视觉策划、拍摄、视频剪辑等
客服岗	电商客服管理师	售前客服、售中客服、售后客服
物流岗	电商物流管理师	库管、采购、分拣打包、打单发货等
技术岗	现场控制	道具、算法、编程、数据、信息安全等

2020年，人力资源和社会保障部等部门发布了互联网营销师的新职业信息，其中在"互联网营销师"职业下增设"直播销售员"工种，这样带货主播就成了正式工种。综上，互联网营销师是指在数字化信息平台上，运用网络的交互性与传播公信力，对企业产品进行营销推广的人员。

（1）互联网营销师的等级

互联网营销师要求初中毕业（或相当文化程度），共设5个等级：五级/初级工、四级/中级工、三级/高级工、二级/技师、一级/高级技师。

（2）互联网营销师的工种

互联网营销师分为选品员、直播销售员、视频创推员、平台管理员4个工种。其中，选品员、直播销售员、视频创推员3个工种设5个等级：五级/初级工、四级/中级工、三级/高级工、二级/技师、一级/高级技师。平台管理员设3个等级：五级/初级工、四级/中级工、三级/高级工。

通常来说，一个成熟的直播营销团队里有6个岗位：主播、副播、运营、策划、场控、客服，如图1-47所示。

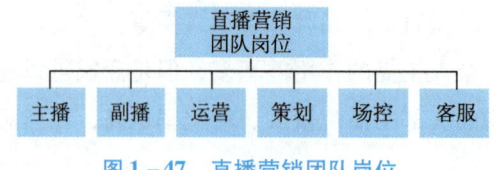

图1-47 直播营销团队岗位

（一）主播岗位

主播通过对商品进行立体化的描述与展示，构建商品与消费者、商家与消费者之间的桥梁。主播是整场直播的灵魂，其在直播中的表现在很大程度上决定了该直播能否吸引消费者的注意力。主播要有强大的个人魅力和控场能力，要能把握直播的节奏。除此之外，主播还要能吃苦、体力好，因为需要其在镜头前面连续直播几个小时。主播的岗位职责和职业能力要求见表1-7。

表1-7 主播的岗位职责和职业能力要求

岗位职责	职业能力要求
1. 协助团队成员选品 2. 了解品牌和商品信息 3. 确认直播场地 4. 确认直播中互动的时间和方式 5. 详细讲解商品,试穿、试用商品 6. 介绍直播间优惠活动,为消费者发放福利 7. 与消费者进行互动,活跃直播间氛围 8. 回答消费者提出的问题 9. 引导观看直播的消费者关注和分享直播间	1. 能够打造具有差异性的形象、风格,提高辨识度 2. 着装以简洁、自然大方为原则 3. 能够根据自身特点、消费者特点选择合适的直播商品 4. 具备良好的语言表达能力,讲解商品时发音要准确,语速要得当,要具有感染力 5. 能使用逻辑性强、具有技巧性的语言,激发消费者购买商品的欲望 6. 能灵活应对直播中遇到的突发状况,确保直播效果 7. 要有强大的心理承受能力,在面对消费者负面、消极的声音时能够理智、冷静地应对

(二) 副播岗位

副播是主播的助手,分担着主播的压力,其核心任务就是辅助主播进行直播,帮助主播更好地完成各项直播任务。在直播过程中,副播要跟主播临场配合,不要抢词,要了解商品,并跟消费者互动,及时回复消费者的问题。副播的工作较为烦琐、复杂,开播前就开始忙碌,一直到直播结束。副播的岗位职责和职业能力要求见表1-8。

表1-8 副播的岗位职责和职业能力要求

岗位职责	职业能力要求
1. 确认直播设备、直播商品、辅助道具等物品全部到场 2. 活跃直播间气氛,帮助主播掌控直播节奏,如提醒主播直播时间 3. 充当主播的模特,试穿、试吃、试用商品 4. 根据活动策划,适时地使用计算器、秒表、道具板等,辅助主播顺利地完成商品讲解 5. 在场外通过画外音或文字的形式对主播提到的商品或优惠信息做出补充 6. 向消费者讲解领取优惠券的方式 7. 认真回答直播间消费者提出的问题,时刻提示消费者关注直播间 8. 主播离席时及时补位,维持直播间的热度 9. 直播中出现声音、画面不正常时,及时通知相关人员检查维护等	1. 善于运用微信、微博、抖音等各类新媒体平台帮助主播进行宣传,扩大主播的影响力 2. 与主播保持紧密、良好的沟通 3. 了解直播商品的基本信息和卖点,如某款衣服最适合哪类人穿,并挖掘消费者的痛点,提供满足消费者需求的方案等 4. 了解直播平台的推荐机制和直播间的运营技巧,懂得如何尽可能多地获取自然流量,深度掌握直播的技巧和需要注意的事项,从而获得更优质的商业流量 5. 能管理好粉丝群,与粉丝保持较好的关系,可独立主持直播节目,活跃直播间气氛

(三) 运营岗位

运营是直播营销的综合岗位,主要负责直播营销的整体规划和统筹工作。运营首先需要规划直播的内容,确定直播的主题,策划直播流程;其次,需要进行团队协调与沟通,包含外部协调,如拍摄封面图、设计制图、商品抽样、礼品发放等,以及内部协调,如协调直播人员的关系、调节直播时间及解决直播期间出现的问题等。运营的岗位职责和职业能力要求见表1-9。

表 1–9 运营的岗位职责和职业能力要求

岗位职责	职业能力要求
1. 负责直播营销的整体规划和统筹 2. 熟悉各个直播平台的特点及优劣势，能根据直播内容及商品选择合适的平台 3. 熟悉直播营销的策划操作，能策划直播操作流程及制定相应的规范 4. 熟悉供应链的相关专业知识，能确定选品操作规范 5. 具备数据分析能力，能分析平台数据，及时调整直播的策划方案及优化选品	1. 有良好的观察能力，注重细节，执行能力强 2. 有内部资源沟通和协调的能力，能判断出对直播最有价值的资源 3. 熟悉平台规则，具备内容策划能力，能根据商品策划直播 4. 熟悉商品供应链，能根据选品及时调整定价及策划内容 5. 具有多个电商岗位实践经验，具备较强的管理能力 6. 具有良好的职业素养和抗压能力，能适应直播营销较快的工作节奏 7. 具有良好的个人素养，善于总结问题并进行自我调整

（四）策划岗位

策划负责策划直播内容，包括视频怎么拍、脚本怎么创作和撰写、直播内容怎么安排等。策划的岗位职责和职业能力要求见表 1–10。

表 1–10 策划的岗位职责和职业能力要求

岗位职责	职业能力要求
1. 策划账号的各种视频，包括引流视频、商品视频、涨粉视频等 2. 策划直播间内容的创意玩法，结合直播内容给粉丝提供不一样的购物体验 3. 策划直播间硬装创意、直播间贴图和动图创意、主播的妆容创意等	1. 熟悉短视频内容市场，了解消费者的内容喜好 2. 阅读涉猎广泛，文字功底扎实 3. 熟悉不同内容的策划流程及创意思路，有相关写作经验，有优秀的创意和文字能力，叙事逻辑清晰 4. 有良好的沟通能力和抗压能力

（五）场控岗位

场控的主要职责是协助主播把控直播间氛围，引导粉丝互动，处理突发状况等，对主播的直播节奏有直接影响。场控是直播营销团队不可或缺的一员，毫不夸张地说，一场直播如果有优秀的场控在，直播销量一般就不会差。场控的岗位职责和职业能力要求见表 1–11。

表 1–11 场控的岗位职责和职业能力要求

岗位职责	职业能力要求
1. 在直播前确认好直播流程，如什么时候抽奖、分享主题、分享干货、销售商品等都需要提前确认好 2. 调节直播间气氛，调动粉丝积极性，引导粉丝互动，设置点赞频率，配合主播进行商品讲解 3. 给予粉丝陪伴，对于高质量的粉丝团，需要做到进场欢迎、离场欢送，提醒主播及时互动，并且适时为主播提供一些热场礼物 4. 维持直播间秩序，进行日常直播管理，及时清理广告 5. 及时反馈数据给主播，实时关注直播间粉丝反馈和直播商品的数据反馈	1. 有良好的语言表达能力 2. 有较强的随机应变能力和突发事件处理能力 3. 有良好的控场能力和抗压能力

（六）客服岗位

客服是直播营销团队的服务岗位。客服主要负责直播营销中消费者的售前、售中和售后服务。一场优秀的直播，除了有优秀的主播，也离不开优秀的客服。客服的岗位职责和职业能力要求见表1-12。

表1-12 客服的岗位职责和职业能力要求

岗位职责	职业能力要求
1. 负责收集消费者信息，了解并分析消费者需求，规划消费者服务方案 2. 熟悉商品信息，具有良好的沟通技巧，能正确解释并描述直播商品的属性 3. 负责进行有效的消费者管理，了解消费者期望，跟进回访消费者，提高服务质量，发展和维护良好的消费者关系 4. 负责对商品相关数据进行收集和维护	1. 接待消费者时热情大方，能积极主动地帮助消费者解决自己能力范围内的任何销售问题 2. 工作主动热情、仔细耐心，能保持高效的工作状态 3. 打字速度快，能同时应对多人在线咨询，并能及时、正确地做好备注工作 4. 能熟练解答消费者的问题，为消费者推荐商品，熟悉促进销售、订单生成等相关流程

三、主播人设打造

(一) 人设定义

人设即人物设定的简称。有的专家认为，在营销学中，人设通常被视为可操作的形象化标签，包括体貌、性格、价值观等。也有学者提出，人设属于符号消费，建构人设的过程是人格符号化、故事化、标签化的结果。在直播电商中，主播人设主要指的是主播的形象设定和角色定位。

(二) 主播人设的类型

1. 导购促销类

直播卖货归根结底是一种交易行为，因此导购促销类人设最重要的就是满足用户的真实需求，快速准确，甚至超预期地匹配用户需求。比如，有着多年化妆品线下柜台销售经验的主播，在用户提出购买化妆品的需求后，可以快速从价格、品牌、肤质等多个角度给用户专业的消费推荐。这种人设最大的价值在于帮助用户缩短消费决策时间，在信任形成后可以让用户跟随主播推荐下单，形成强大的带货能力。为了打造导购促销类人设，主播必须了解产品的功能、参数、材质、效果、原理、使用场景、设计理念、使用方式等相关信息，懂得产品的卖点和用户的心理。

2. 技能专家类

随着商品种类的丰富，部分商品具有强意见领袖驱动的属性，需要诸如美容师、穿搭师、健身教练等专家类角色帮助用户完成消费决策和商品消费。技能专家类人设最重要的作用就是为产品背书和为用户赋能，专家身份让产品更可信，专业技能让用户更受益。比如，售卖蜂蜜等保健食品时，营养师主播可以详细介绍产品的营养成分和保健成效；售卖面膜等护肤类商品时，美容师主播可以传授护肤技巧。要想打造这类人设，主播本身必须具备硬干货和真实感，通过主播持续的专业知识分享来打造专家形象。

3. 明星网红类

对于部分用户来说，消费不仅是满足物质需求，还是满足精神需求，消费本身代表了用户对美好生活的期待和向往，买什么东西意味着自己是什么样的人。明星网红类人设最重要的是通过娱乐型、才艺型、颜值型、幽默型等风格，吸引忠实的粉丝，进而与商品相关联，形成流量转化。要打造明星网红类人设，主播必须既有知识，又有幽默感；既能对产品如数家珍，又有自己独特的消费主张。

(三) 主播人设打造步骤

1. 找定位

一词定心智,这个词不仅有助于鉴定自己、深挖自己,并且让自己能够持续地发光,还要让消费者能够非常清楚地形容你、记住你,要和观众之间有联结,如"美妆达人""打假卫士"。

定位的 5 个维度及说明内容如下:

①你是谁。确定形象,使形象统一,增加可识别性。直播间的名字要与主题呼应,信息明确。

②你面对谁。用户群体的年龄、地域、性格、偏好、收入状况、消费能力。

③你有什么特别的。自身人物的特别之处,提供内容的特别之处。

④你能解决什么问题。解决用户痛点,提供品质好货。

⑤你能够提供什么。突出自己的核心竞争力,如推荐的商品物优价廉。

2. 贴标签

定位是自己的,标签是别人给贴上的。贴标签可以根据自己的主动、努力、表达等,让别人有记忆点,让别人感知到自己的风格、风采、特色。目前用户贴的标签主要类别有专业上的标签、地位上的标签、社会化的标签等。

3. 练内功

任何人都不会一夜成名,都要靠练习的积累。练内功的方法可以总结成 4 个字:"型""色""气""质"。"型"指个人的形象、仪态和体态。通过锻炼和保持良好的体态,如站姿、坐姿等,塑造一个积极向上的形象。同时,注意穿着打扮,选择适合自己的服装和配饰,以展现自己的独特魅力。"色"可以理解为个人的色彩搭配和审美品位。学习色彩搭配的原理,了解不同颜色对人的心理影响。通过合理的色彩搭配,提升自己的整体形象,同时展现出自己的审美品位和个性。"气"指的是个人的气质和气场。通过修炼内心,提升自己的修养和素质,从而培养出独特的气质。此外,还可以通过练习冥想、瑜伽等方法,调整自己的呼吸和体态,增强自己的气场。"质"可以理解为个人的品质和内涵。通过不断学习、读书、旅行等方式,丰富自己的知识和阅历,提升自己的内在品质。同时,注重培养自己的品德和修养,做到言行一致,展现出高尚的人格魅力。

综上所述,"型""色""气""质"4 个字涵盖了练内功的多个方面,从外在形象到内在品质,主播都需要不断地修炼和提升。

任务实施

任务演练 1:组建直播带货团队

【任务目标】

根据直播团队的组织框架,尝试组织自己的直播团队,并结合个人优势和特长做好分工,要求是能够执行直播、场控和策划任务的直播团队,为直播带货做好人员准备。

项目一 直播前准备 01

【任务要求】

任务编号	任务名称	任务指导
1	确认团队人员配置	根据直播团队配置需求，挑选具备相应能力的人员
2	明确团队人员职责分工	划分直播团队各成员的岗位职责

【操作过程】

1. 确认团队人员配置

能够执行直播、场控和策划任务的直播团队，应该至少配有 1 名主播、1 名助理、1 名场控和 1 名策划。根据直播的特点，准备从公司挑选 4 个人组建直播团队。

2. 明确团队人员职责分工

确认团队人员配置后，进一步列出团队各成员的职责分工，见表 1-13。

表 1-13 团队各成员的职责分工

职位	数量	职责
主播	1	开播前熟悉直播流程、商品信息，以及直播脚本内容；直播中介绍、展示商品，与用户互动，活跃直播间气氛，介绍直播间福利；直播结束后，做好复盘，总结话术、情绪、表情、声音等
助理	1	准备直播商品、使用道具，协助配合主播工作，做主播的模特、互动对象，完成画外音互动等
场控	1	直播前做好直播设备如摄像头、灯光等相关软硬件的调试；负责直播中控台的后台操作，包括直播推送、商品上架、监测直播实时数据等；接收并传达指令，如直播运营有需要传达的信息，场控在接到信息后要传达给主播和助理，由他们告诉用户
策划	1	规划直播内容，确定直播主题，准备直播商品，做好直播前的预热宣传，规划好开播时间段，做好直播间外部导流和内部用户留存等；编写商品脚本、活动脚本，关注话术脚本和控评话术脚本，做好封面场景策划、下单角标设计，准备好妆容、服饰、道具等

3. 填写直播运营团队配置表

任务实施步骤：

①对学生进行教学分组，每 3~5 人为一个小组，以小组为单位进行讨论。
②讨论并收集个人直播团队的人员配置，并将结果填入表 1-14 中。
③讨论并收集个人直播团队工作人员的主要职责，并将结果填入表 1-15 中。
④每个小组将讨论结果做成 PPT，派出一名代表进行演示。
⑤教师的评分标准及结果见表 1-16。

表 1-14 收集结果（一）

序号	个人直播团队的人员配置
1	
2	
3	

表 1-15　收集结果（二）

序号	个人直播团队工作人员的主要职责
1	
2	
3	

表 1-16　"组建直播运营团队"评分标准及实际评分表

考核标准	班级：＿＿＿＿　　学生姓名：＿＿＿＿＿　　学号：＿＿＿＿＿					
	分值明细				
	2	2	2	2	2
任务产出	阅读案例、填写案例分析表	小组成员根据各自的特点与直播岗位进行匹配度和意愿度的讨论，并完成岗位匹配表	组建团队	完成主题打造	团队建设
评分标准	每填写一项案例分析表中的内容并完成，得 0.33 分，总分值不超过 2 分	能客观地分析自己的特点，得 1 分 能根据其他人的特点，完成直播岗位匹配，并且填写岗位匹配表，得 1 分	准确分配好团队人员，并明确团队成员的岗位职责	完成一项主播定位表中的内容，得 0.1 分，总分值不超过 2 分	在直播过程中，团队中的每个人是否各司其职，根据完成效果打分
实际得分					
总分					

任务演练 2：打造主播人设

【任务目标】

根据主播特点打造人设类型及步骤。尝试打造主播的人设，并结合其兴趣、特长及市场需求，明确主播的定位，包括内容方向、受众群体及风格定位，并设置符合主播人设定位的账号信息。

【任务要求】

任务编号	任务名称	任务指导
1	确定主播人设	根据"我是谁""目标用户是谁""提供什么""解决什么问题" 4 个维度确定主播人设
2	设置符合主播人设定位的账号信息	在抖音"编辑资料"界面设置账号名称、账号头像、账号简介，在账号主页设置置顶视频

【操作过程】

1. 确定主播人设

经过团队成员的商议，确定主播人设。根据"我是谁""目标用户是谁""提供什么""解决什么问题" 4 个维度，规划主播人设定位，并填写主播人设定位整体规划表（见表 1-17）。

表 1-17　主播人设定位整体规划表

人设维度	内容说明
我是谁	
目标用户是谁	
提供什么	
解决什么问题	

2. 设置符合主播人设定位的账号信息

账号是主播人设的直观表现，设置体现人设的账号信息非常重要。根据公司的业务需求与主播人设定位，设置抖音账号信息，具体操作如下：

①打开抖音 App，点击"我"选项，然后点击"编辑主页"按钮。

②点击头像，从手机相册中选择新头像。在打开的界面点击"从相册选择"选项，从相册中选择头像图片。

③确认更换头像。进入"裁剪"界面裁剪图片，完成后点击"完成"按钮。

④更改账号名称。设置好新头像后，点击"名字"选项，进入"修改名字"界面，输入账号名称后点击"保存"按钮。

⑤更改账号简介。返回"编辑资料"界面，点击"简介"选项，进入"修改简介"界面，输入账号简介后点击"保存"按钮。

⑥设置封面图。返回"我"界面，在顶部点击背景图片，从相册中选择新图片作为封面图，其设置方法与设置头像相似。

⑦设置置顶视频。在账号主页作品列表中选择需要置顶的视频，在打开的界面中点击"更多"按钮，在下方展开的视频设置面板中点击"置顶"按钮。

⑧查看主页效果。继续完善性别、生日等信息，查看设置完成后的账号主页效果。

任务三　直播间的布置

任务描述

任务背景	直播需要一定的硬件、软件及物料的支撑，组建直播团队的工作告一段落后，工作重心应转移到直播所需硬件、软件及物料的筹备中
任务演练1：确定直播带货硬件设备	根据带货的直播场景，明确直播形式，并在预算内配置合适的硬件设备
任务演练2：直播软件安装及测试	安装抖音直播伴侣，并测试软件是否正常运行、外接摄像头输出画面时是否清晰稳定

知识准备

一、直播所需硬件

直播活动的开展离不开直播硬件设备的支持，其性能直接影响直播内容的输出效果，从而影响用户的视觉和听觉感受。一般情况下，直播常用的硬件设备有计算机、摄像头、手机、支架、补光灯和其他辅助设备。

（一）计算机

计算机被用于 PC 端直播、直播后台管理、脚本设计、修图、视频剪辑等。如果没有特殊要求（如游戏直播等），购买主流配置的笔记本电脑即可，但接口要足够丰富，以满足外部设备的连接需求。主播在选择计算机时也可参考一些专业网站，根据自己的需求和预算选择。

（二）摄像头

摄像头是 PC 端直播非常重要的辅助设备之一，外接摄像头可以满足主播对摄像头的美颜、瘦身、清晰度、拍摄角度等方面的需求。PC 端直播常用的外接摄像头主要是带有固定支架的摄像头，这种摄像头的优势是主播可以自由转动摄像头的方向，且比较稳定。带有固定支架的摄像头可以被独立放置于桌面，如图 1-48 所示。另外，摄像头自带的固定支架一般可以拆卸，也可将其夹在计算机显示器上方，如图 1-49 所示，或者将摄像头安装到可升降的固定支架上，满足更多的直播需求。

图 1-48　置于桌面的摄像头

图 1-49　计算机显示器上方的摄像头

（三）手机

手机是手机直播的主要设备，适用于室内直播和室外直播，或者在 PC 端直播时查看用户的留言和评论，以便及时与用户互动。手机直播对手机的中央处理器（Central Processing Unit，CPU）和摄像头的性能要求较高。手机 CPU 的运行内存应不低于 4GB，摄像头不低于 1200 万像素。

（四）支架

支架被用于固定手机、摄像头、话筒等设备，以保证直播画面稳定，需要根据固定设备的数量和大小选购。支架有很多类型，但用于直播的主要有手持式支架和三脚架式支架，如图1-50所示。三脚架式支架是一种能固定的支架，利用支架底部的三脚架固定手机，然后使用支架的遥控器操作手机。

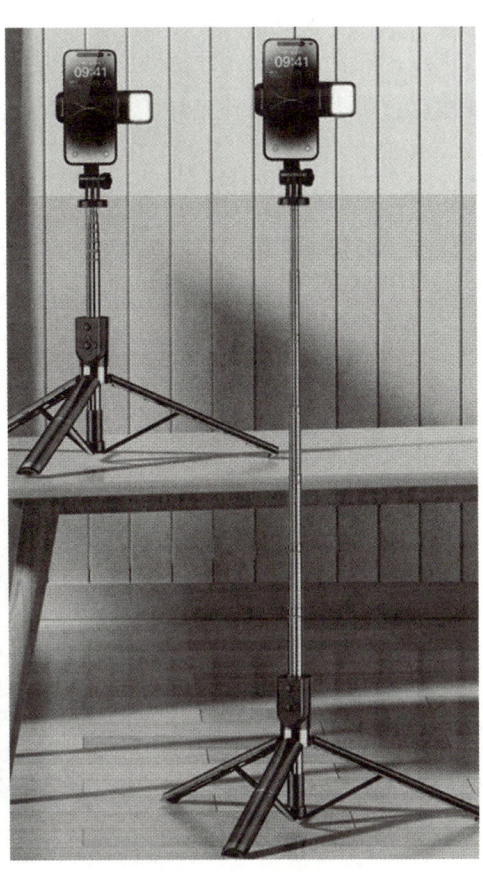

图1-50 支架

（五）补光灯

补光灯被用于在光线不足的情况下为直播提供辅助光线，以得到较好的光线效果。补光灯多使用LED灯泡，具有光效率高、寿命长、抗震能力强和节能环保等特性。直播中常用的补光灯主要有柔光箱/球（见图1-51）与环形灯（见图1-52）两种类型。室内直播需要补充自然光时，可以优先选择柔光箱/球来模拟太阳光。如果拍摄人脸近景或特写，或在晚上拍摄，就可以选择环形灯，以掩饰人物的肤色瑕疵，起到美颜的效果。环形灯适用于手机直播，通常与手机一起被固定于支架上，以便随时为拍摄对象补充光线。

常见的补光灯组合如下：

（1）环形灯/主播灯

①用途：面部/正面补光。

②优点：常用灯光，使用方便；缺点：单方向补光，需其他灯光配合。

③建议：不要使用劣质环形灯，以免补光效果不均匀。

（2）补光灯/柔光灯

①用途：主要用于双侧面补光。

②优点：配合环形灯，180度全方位补光；缺点：补光范围90度，光线不够饱满。

③建议：购买可调温补光灯，配合不同人像拍摄光线需求。

（3）补光灯/球形灯

①用途：整个空间补光。

②优点：配合其他光，使空间明亮，光线饱满；缺点：单独使用光线不够明亮。

③建议：购买可调温补光灯，配合不同人像拍摄光线需求。

（4）环形灯/轮廓灯

①用途：顶部/人物调光。

②优点：增强画面层次感和纵深感；缺点：不易调试。

③建议：光线尽量柔和，让人物更立体和饱满。

图1-51 柔光箱（左）和柔光球（右）

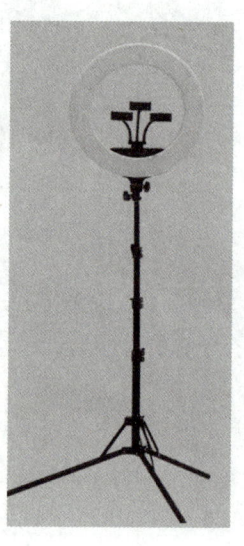

图1-52 环形灯

（六）其他辅助设备

其他辅助设备包括话筒、耳机、自拍杆、提词器、反光板和移动电源等。

1. 话筒

除了视频画面外，音质也是影响直播效果的重要因素，因此主播可选择一款较专业的话筒，用于直播收音，使声音更有层次，音效更饱满、圆润。目前带货主播一般使用无线领夹话筒。无线领夹话筒小巧轻便，方便主播携带走动，能提供清晰无噪的声音，也无须复杂的安装调试，即插即用，适用于各种直播场景。

2. 耳机

耳机可以让主播在直播时听到自己的声音，从而更好地控制自己的音调、分辨伴奏等。目前入耳式耳机、蓝牙无线耳机都是很好的选择。入耳式耳机的连接线建议稍长一些，一般在2~3米，以便主播有更大的活动空间。蓝牙无线耳机虽然使用起来更加便利，但其稳定性、接收效果一般没有有线耳机好，主播可根据自己的直播需求选用耳机类型。

3. 自拍杆

自拍杆是使用手机进行户外直播时常用的辅助设备。在自拍杆上安装手机后，就可以进行视频拍摄和直播工作。使用手机直播时，由于手的运动范围有限，因此能拍摄到的运动镜头比较有限。使用自拍杆拍摄，可以在一定程度上扩大拍摄的范围，提升画面的稳定性。

4. 提词器

提词器是帮助主播在直播带货过程中提高口播讲解质量的设备。开播前，直播团队可提前设置好商品提词内容；直播中，直播团队可随时调整和修改提词内容及标记重点，然后通过分屏窗口向主播展示提词内容。

5. 反光板

反光板的作用是调整光线的软硬程度，室内、室外直播场景均可使用，但不方便携带。

6. 移动电源

一场直播的持续时间往往较长，对手机电池电量的要求较高，因此移动电源是辅助手机直播的必要设备。

> **提示**
>
> 直播设备应本着实用、好用的原则选择。直播设备在满足直播需求的情况下，其配置应以精简为佳。在稳定的无线网络支持下，主播配备手机、支架、补光灯、移动电源等基础设备即可进行简单的手机直播。这类基础的直播设备一般适用于展示体积小的商品，如珠宝、玩具、文具、饰品、工艺品、手机及其配套商品等。如果是美妆、服装等行业的直播，则可考虑使用外置高清摄像头进行 PC 端直播，或升级手机直播配置。

二、直播所需软件

直播需要的主要软件有三种：一是直播软件，即提供直播功能的淘宝直播 App、抖音 App、快手 App 等手机应用程序，用户可在手机的应用商城中搜索下载安装。

二是直播推流软件（直播助手），一般淘宝直播的推流软件是淘宝直播 PC 版，抖音直播的推流软件是抖音直播伴侣，快手直播的推流软件是快手直播伴侣。直播推流是指将直播现场的视频信号传输到网络的过程。直播推流软件对计算机的配置和网络传输速度的要求较高，计算机的配置越高，网络传输速度越快，直播画面越流畅、稳定。PC 端直播时，需要使用推流软件将摄像头拍摄的直播画面传输到网络中，同时推流软件也可用于直播团队监控直播、进行直播互动、推进直播流程等，相当于直播后台。直播推流软件可在 PC 端相应的官方网站中下载，如图 1-53 所示为抖音直播伴侣官方网站首页，点击"下载"按钮即可下载软件。

三是中控台软件，如巨量百应等，用于管理直播流程、查看直播数据。除此之外，还有飞瓜数据、抖查查、蝉妈妈等第三方数据平台，提供直播数据分析、竞品分析等功能，帮助主播优化直播策略。

图 1-53　抖音直播伴侣官方网站首页

资料来源：抖音直播伴侣网站截图。

三、直播所需物料

直播需要的物料主要是直播活动中用到的直播道具，包括：陈列台或陈列桌，可用来展示直播商品；黑板、宣传海报、广告贴纸等一系列被用于展示商品营销信息的宣传用品；计时器、计算器等炒热气氛、激发用户兴趣的道具，计时器可显示直播商品下架时间，计算器可显示用户购买商品获得的优惠。如果直播间空间较大，还可以放置一些玩偶、壁画等装饰物。

任务实施

任务演练1：确定直播带货硬件设备

【任务目标】

在15000元的预算要求下，按照一般直播的需求配置硬件设备，满足直播带货的硬件需求并保证直播画面、声音的输出效果。

【任务要求】

任务编号	任务名称	任务指导
1	明确直播所需硬件设备	明确直播形式，根据直播形式列出所需硬件设备及金额分配
2	拟订硬件设备配置方案	根据设备需求和预算挑选符合要求的商品，列出硬件设备配置清单

【操作过程】

1. 明确直播所需硬件设备

根据15000元的预算，预计用10000元左右的资金购买必备的硬件设备，剩下5000元用于补充购买其他硬件设备。如果在未选择直播场地的情况下，不能明确灯光布置的方案，则需预备一定资金购买所需灯具。

首先，直播团队明确了采用PC端直播方式。虽然使用手机直播时设备携带方便、操作灵活，但计算机可以使用有线网络，信号比无线网络更稳定，能有效避免直播卡顿。而且，手机屏幕有限，多任务处理时相比计算机操作有一定差距，计算机还有较多接口可连接更多外接设备，如外接高清摄像头，可以清晰展示商品细节，有更好的成像效果。

其次，根据设备预算，团队列出了直播必备硬件设备及其用途、基本要求与金额分配，见表1-18，以便团队成员挑选合适的商品。

表1-18 直播必备硬件设备及其用途、基本要求与金额分配

设备类型	用途	基本要求	金额分配
计算机	直播与后台操作等	选用高性能笔记本电脑，方便携带且运行顺畅。硬件配置要求为：Intel i7或AMD锐龙R7及以上CPU、16GB及以上内存、256GB及以上固态硬盘、集成或独立显卡，兼容Windows 7/10操作系统	6000元以内
摄像头	拍摄直播画面	1080p（1920×1080分辨率）及以上高清、广角镜头，其视角范围大，在较短的拍摄距离能拍摄到较大面积的画面；兼容Windows 7/10操作系统，支持PC屏幕夹挂与三脚架固定安装方式	800元以内
手机	主播查看用户信息	4G及以上内存，128G及以上存储容量	2500元以内
支架	固定手机、摄像头	升降范围为1~3米的三脚架	100元以内
话筒	主播讲解商品	选用无线领夹话筒，需实现完全无线操作，提供清晰、高质量的音效，且兼容各类摄像头、手机和计算机等设备	800元以内

2. 拟订硬件设备配置方案

收集了团队成员的意见，汇总出直播硬件设备配置清单，见表1-19。

表1-19 直播硬件设备配置清单

设备类型	数量	产品说明	参考价格
笔记本电脑	1台	某品牌R7000笔记本电脑，AMD锐龙R7 CPU，16GB DDR43200MHz内存，512GB固态硬盘，屏幕15.6英寸、1920×1080分辨率，独立显卡，兼容Windows 7/10操作系统	约5700元
摄像头	1个	某品牌C96，4K分辨率、大广角（120°）高清摄像头，可自动变焦，内置话筒；即插即用，兼容Windows 7/10操作系统；支持桌面摆放、夹挂、连接支架等摆放方式	约560元
手机	1部	某品牌手机，8G内存，容量256G	约2400元
支架	2个	某品牌三脚架，1~1.8米升降范围，可调	约100元
话筒	1个	某品牌M500领夹式无线话筒，高清音质，自带可视化操作界面，兼容各类相机、手机和计算机等设备，最长续航时间36小时	约70元
合计费用	8830元		
备注	1. 以上各设备参考价格来源于电商平台，其价格会出现波动 2. 由于直播设备的可选品牌较多，所以以上设备清单仅供参考		

任务演练 2：直播软件安装及测试

【任务目标】

为方便后台控制，推进直播流程，团队将在计算机中安装抖音直播伴侣，并测试软件是否可以正常运行和支持外接设备运行。

【任务要求】

任务编号	任务名称	任务指导
1	安装抖音直播伴侣	下载抖音直播伴侣后，打开安装程序安装
2	测试软件	启动抖音直播伴侣，查看是否安装成功，连接摄像头和无线领夹话筒，测试画面与声音输出效果

【操作过程】

安装与测试抖音直播伴侣的具体操作如下：

（1）选择安装位置后安装

双击抖音直播伴侣的安装程序，打开"选定安装位置"对话框，选择安装位置，点击"安装"按钮，如图 1-54 所示。

（2）完成安装并启动软件

安装完成后，在打开的对话框中点击"运行直播伴侣"复选框，点击"完成"按钮，如图 1-55 所示。

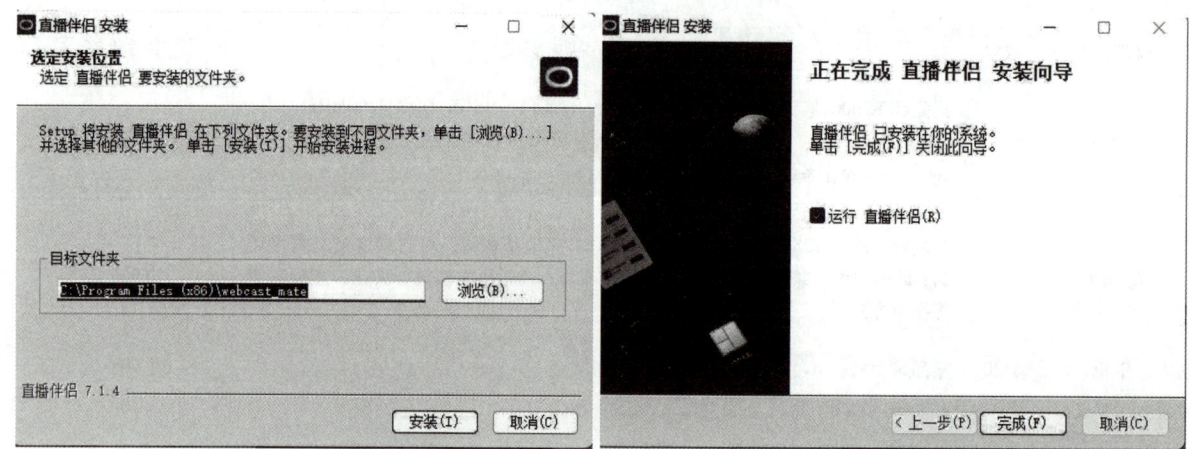

图 1-54　选择安装位置后安装　　　　　图 1-55　完成安装并启动软件

（3）在抖音直播伴侣中登录抖音账号

启动抖音直播伴侣，在打开的窗口中选择"抖音"选项，如图 1-56 所示。打开抖音 App，扫描 PC 端抖音直播伴侣弹出的对话框中的二维码，如图 1-57 所示，在手机端确认登录。

图 1-56 选择直播平台

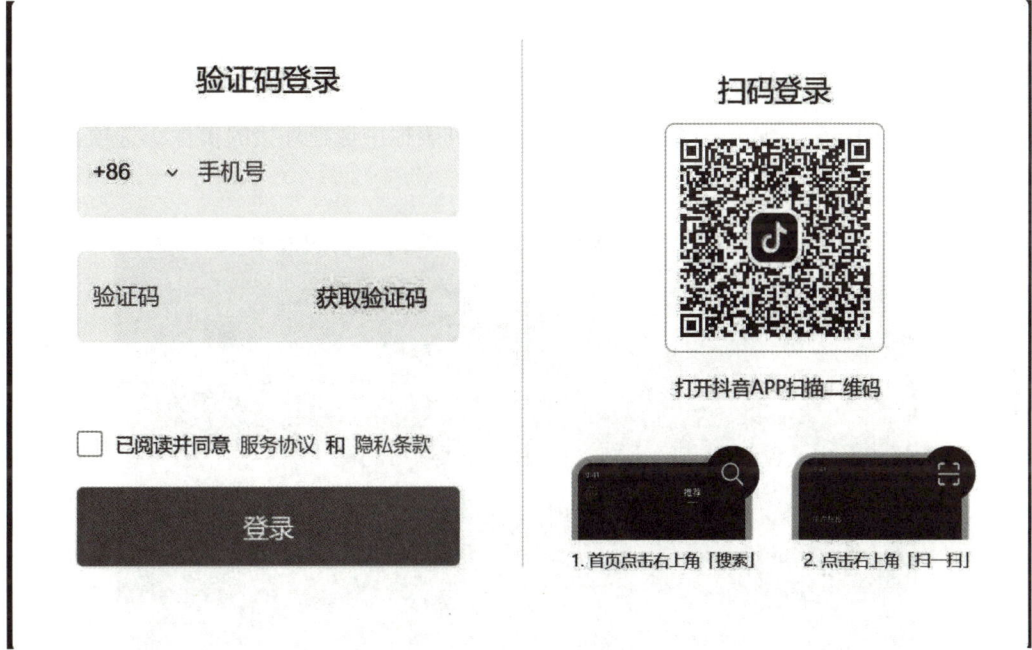

图 1-57 扫码登录

(4) 设置视频画面竖屏显示

打开抖音直播伴侣主界面,首先在上方选择"竖屏"选项,使视频画面竖屏显示,保证用户在手机端正常观看,然后在"添加直播画面"面板中选择"摄像头"选项,如图 1-58 所示。

图1-58 选择"摄像头"选项

(5) 连接摄像头

首先将摄像头的连接线插入计算机的 USB 接口，连接摄像头，然后在打开的"摄像头设置"对话框中点击"基础设置"选项，在"摄像头"下拉列表框中选择外接的摄像头选项，如图1-59所示。

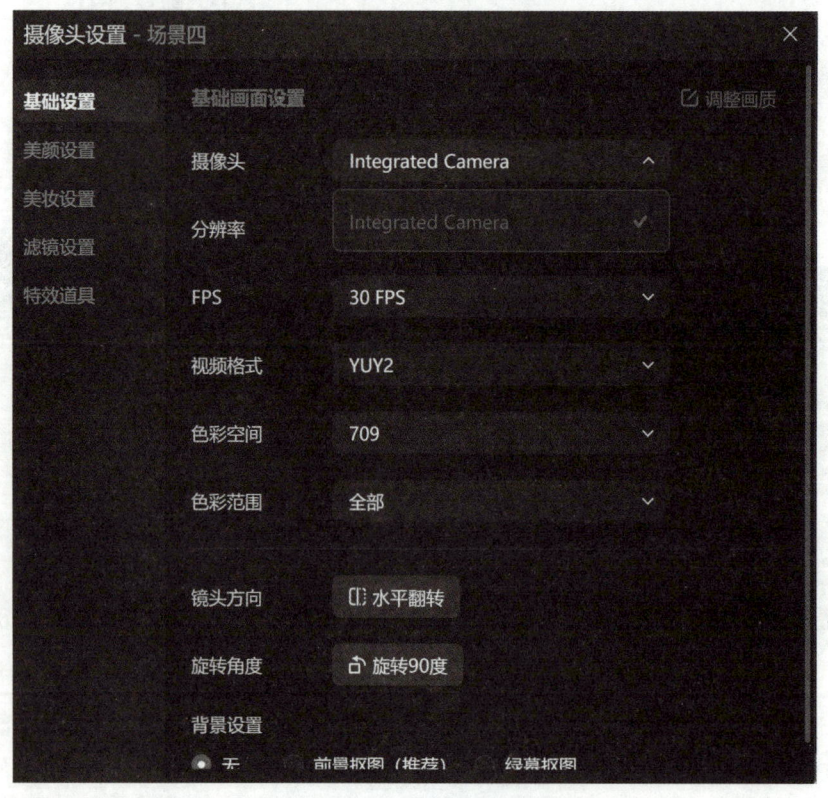

图1-59 选择外接摄像头

（6）调整摄像头拍摄角度

若摄像头连接成功，在抖音直播伴侣界面中间的面板将显示摄像头拍摄的视频画面，此时需注意将摄像头竖放，使摄像头拍摄的画面与抖音直播伴侣设置的画面显示方向一致，如图1-60所示。

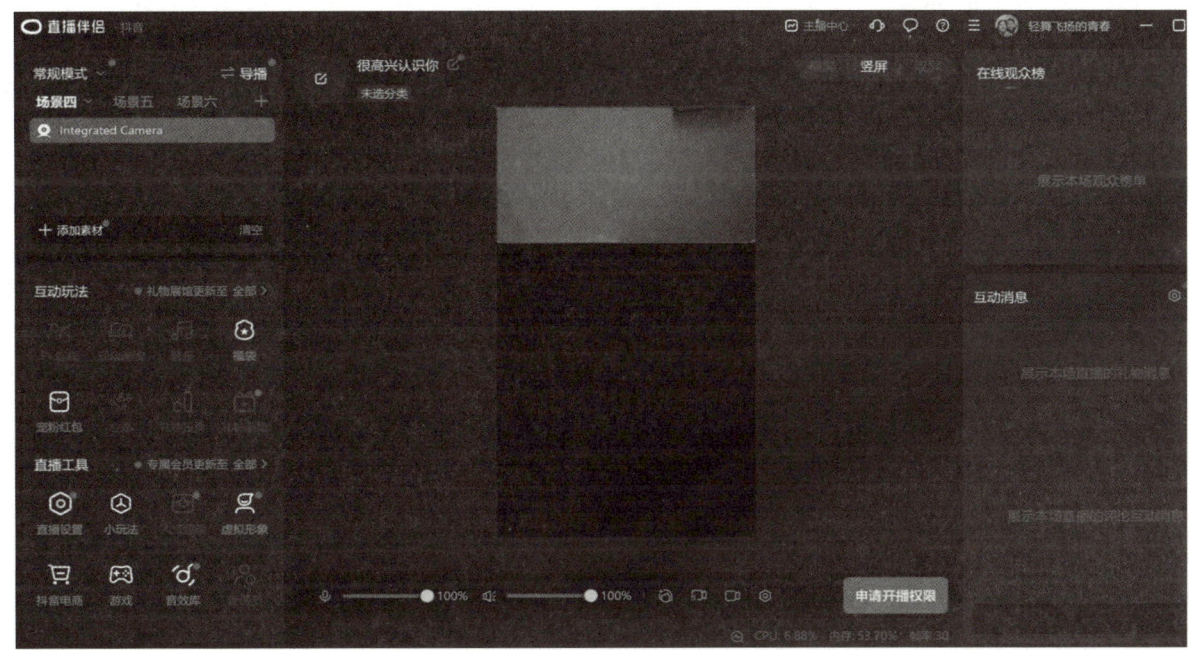

图1-60　成功连接摄像头显示拍摄画面

（7）调整视频画面大小

拖动视频画面四周的调节点放大，查看画面显示是否清晰稳定，如图1-61所示

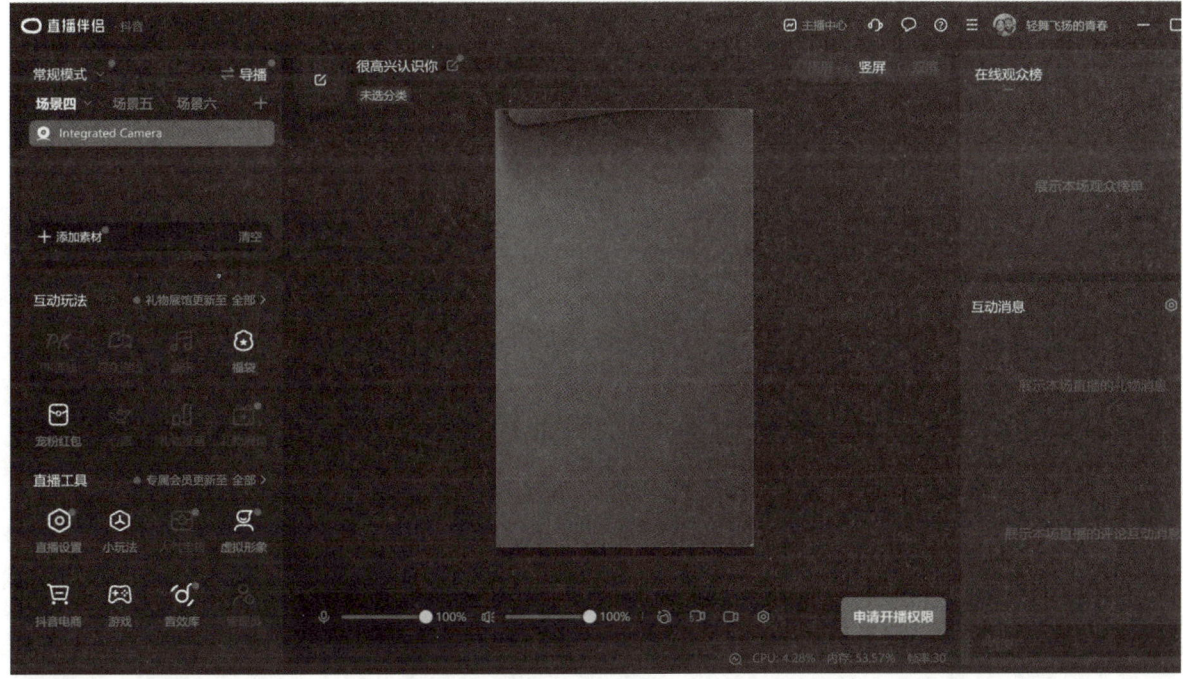

图1-61　调整视频画面大小

（8）测试话筒输出效果

将无线领夹话筒的接收器插入计算机的 USB 接口，打开话筒和接收器的电源开关，连接无线领夹话筒，测试声音输出效果是否清晰无噪声。测试完成后，点击下方的"开始直播"按钮，即可使用摄像头进行 PC 端直播。

任务四　搭建直播间

任务描述

任务背景	组建直播团队和筹备软硬件及物料的工作基本完成，接着是搭建直播间。直播团队需要搭建符合直播带货需求的直播间，并将其作为固定的直播场所
任务演练：食品带货直播间场景布置	为食品直播间选择与规划直播场地、为直播间布置灯光、为直播间设置虚拟背景

知识准备

由于直播使用的多数是竖屏，所以不需要太大的场地。个人直播的场地一般控制在 8~15 平方米，团队直播的场地控制在 20~40 平方米，美妆直播的场地控制在 8 平方米，穿搭、服装类直播的场地在 15 平方米以上。至于具体以什么地方作为直播场地比较好，这个要求不高，只要有足够的空间即可，直播间搭建的重点在直播间背景、灯光如何布置等方面。

一、直播间背景布置的类型

直播间布置的背景，应保证类型、风格与直播商品或主播的气质相契合。常见的直播间背景有以下 4 种类型：

1. 自然背景

自然背景通常是针对室外直播而言的，主要以自然环境为背景。以自然环境作为直播间背景不需要添加过多的装饰元素，重点在于选择与直播间定位、直播内容相契合的场景。例如，销售水果的室外直播可以在主播面前摆放水果展示桌，主播身后以果树为背景，给人真实、自然的感受。

2. 背景墙

背景墙是直播间的灵魂，尤其是对于需要展示商品的直播。纯色背景墙是最佳选择，不仅避免反光，还可以让商品更突出。如果墙壁是白色的，可以贴上墙纸或者使用纯色窗帘作为背景；如果是食品类、美妆类、服装类的直播间，或是目标用户为年轻用户的直播间，背景墙可采用明亮的暖色；如果是知识类的直播间，背景墙可采用明亮的黄色系或黑色、深灰色等；对于颜值类和才艺类直播，背景可以更有创意，文艺、可爱或温馨的风格都可以。但是，背景墙要时常更换，给用户新颖的感觉，否则长时间套用同一个场景会让人感觉厌倦。

3. 实物道具背景

除了精心打造背景墙以外，直播团队也可以在直播间的背景墙前面摆放书架、商品展架、沙发、衣物陈列架或置物架等实物道具。这类背景所选用的实物道具应与直播间定位、直播主题、商品相关联，避免直播间场景布置不协调。

4. 虚拟背景

除了为直播间布置实体背景外，直播团队还可以设置虚拟背影，其优势是便于直播团队随意更换。设置虚拟背景时，一般采用绿幕作为直播间实体背景。绿幕是影视剧中拍摄特技镜头的背景幕布，演员在绿幕前表演并由摄影机完成画面拍摄，经过计算机处理，抠除绿色背景并替换为其他虚拟背景。随着直播的兴起，这一技术被引入直播领域，直播团队在直播间正对摄像头的墙体或其他支撑物上挂起绿幕（见图1-62），然后通过绿幕抠图，可以用自己制作的图片或者视频作为背景图，如图1-63所示。

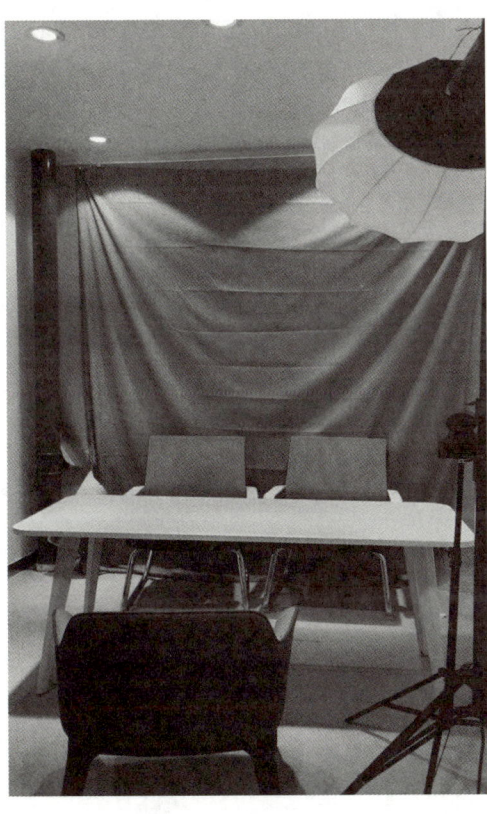
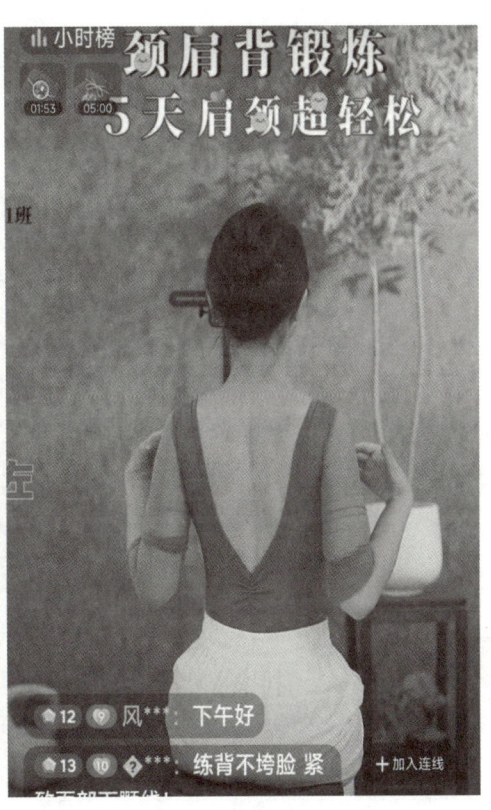

图1-62　搭建绿幕　　　　图1-63　虚拟背景效果图

思政小课堂

直播间的背景布置应符合法律法规和直播平台规则，背景上的文字、图片等元素不能出现色情、低俗用语或图案，也不能有违禁词或产生不良引导的用语。用低俗、猎奇的元素夺人眼球，提升直播间人气是本末倒置的做法，直播团队要坚决抵制。

二、直播间灯光布置的方法

室内直播场地一般较封闭，难以保证充足的自然光，因此需要借助补光灯补充光源，提升直播画面的视觉效果。根据补充光源的不同，直播间的补光灯可分为主灯和辅助灯，主灯提供主光光源，辅助灯提供补光光源，用于弥补主光的不足。布置直播间灯光时，可通过使用不同型号的灯或不同类型的灯光，摆放在不同的位置，调整不同的亮度，创造出不同的光线效果。此外，还可通过调整灯具的数量来打造不同的光线效果。直播间常见的灯光布置方案见表1-20。

表1-20 直播间常见的灯光布置方案

数量	类型	主灯/辅助灯	位置摆放	适用范围	优点
1盏	环形灯	主灯	距离主播1米左右的正前方，比主播高15厘米左右	适用于手机直播，仅主播入镜	操作简单，有瘦脸、美颜的效果
2盏	不限	同为主灯，或一盏为主灯，另一盏为辅助灯	靠近摄像头的两侧且距离相同。略高于镜头，光线投向主播	主播坐着进行直播带货	凸显主播脸部与直播商品
3盏	环形灯1盏、柔光箱2盏	环形灯为主灯，柔光箱为辅助灯	环形灯放在主播正前方，柔光箱放在主播两侧且距离相等	主流的灯光布置方案，适用于服装、美妆、珠宝类商品的直播，或人物专访且空间较小的直播场景	还原立体感和空间感
3盏	柔光球1盏、柔光箱2盏	柔光球为主灯，柔光箱为辅助灯	柔光球置于镜头上方且高于镜头和主播，柔光箱在主播两侧且距离相等		
4盏	环形灯1盏、柔光箱2盏、柔光球1盏	环形灯为主灯，其他灯为辅助灯	环形灯正对主播，柔光箱放在主播两侧且距离相等，柔光球位于主播头顶前上方	有助播或嘉宾参与的带货直播	照亮主播正面和直播间局部空间
5盏	柔光球1盏、柔光箱1盏、环形灯3盏	柔光球为主灯，其他灯为辅助灯	柔光球正对主播，柔光箱面对主播侧边的装饰物、背景墙等，两盏环形灯位于主播两侧且光线照向主播，另一盏环形灯位置低于主播脸部，光线可投向主播或商品	空间大，物品较多的直播间	照亮主播正面和直播空间，提升画面的质感

直播间的灯光布置是灵活多变的，其目的是保证直播画面清晰、真实地展现商品亮点。同样的灯光布置方案，灯具的类型或摆放位置并非一成不变，直播团队可多次调节灯具的位置、距离、角度、亮度，反复调试以保证直播画面呈现最优效果。如果直播间主播所在位置的顶部有灯具，也可以打开顶部灯具，作为顶灯使用，以充分照亮主播、直播商品和直播间。

三、不同品类直播间布置的方式

（一）母婴类商品直播间布置

母婴类商品直播间的布置方式如下：

①背景图要简洁大方，有明显的主题或标识。

②镜头要与直播间的空间匹配，如果空间较小，就要以近景为主。

③直播间要整洁，避免杂音，也不要有其他人员。直播结束后可以通过后台的剪辑功能将卡顿、乱入、设备调试或其他意外情况剪掉，保证在回放时更流畅。

④画面色系要与品牌的色系一致，饱和度要低。

⑤商品在货架上的摆放要兼顾美感和显眼。

⑥主播的着装要与直播间的色系和谐。

例如，母婴直播间在布置时可以铜绿和奶咖为主色调，避免直角设计，弧度要圆润。柔和的色彩搭配圆弧曲线会显得整体画面温馨、有亲和力。

抖音直播账号"Babycare 母婴用品旗舰店"直播间的主体色调采用的是与品牌账号一致的红色，背景墙上只有品牌 Logo 和活动宣传语，整体较为简洁，且该背景墙为虚拟图片，后台管理人员可以随时调整图片大小，以快速匹配直播间的整体效果。该直播间的商品摆放比较简单，主播在推荐某商品时会拿出简易型货架，让商品成为画面的焦点，以便用户观察商品的外观特征。

（二）美食类商品直播间布置

美食类商品直播间的布置方式如下：

①由于美食本身会给人一种温暖、治愈的感觉，所以在布光时要强化这样的观感，可以使用背景光在厨房的百叶窗边打出阳光照射的效果。这样，直播间里就会有阳光明媚的氛围感，与美食主题相符，且清新和治愈。

在布光时，要将主光放在主播的右前方稍高位置，搭配 LED 灯和深口抛物线柔光箱，使光线柔和均匀，输送距离更远，在主播面部形成自然的过渡和层次感，美化主播的容颜。辅光要布置在主播的左后侧，与主光相对，同样使用深口抛物线柔光箱模拟出阳光进入室内，并在室内墙壁漫反射后的柔和自然光线，使画面更干净、更通透，减少过重的用光痕迹。

②如果直播间的目标用户为年轻女性，美食种类为零食，则直播间可以走甜美风格，如使用粉色背景布或贴墙纸，准备色调对比鲜明的桌椅等。

③灯光色温要处于 4500～6000K，让食物看起来更加鲜艳，更有食欲，从而提高直播间的转化率。

④直播间可以使用虚拟背景，用特写画面来展示食物的配料、状态等，在主播讲解商品的同时展示商品的细节。虚拟背景也可以播放工厂生产、包装食品等视频素材。

例如东方甄选直播间背景布置，直播美食时，使用虚拟背景播放美食生产、包装视频，考虑到东方甄选用户群体是以"80 后""90 后"女性为主，所以直播间布置成温馨的室内厨房，整体设计选色明亮。直播时，主播还会拿着一个写字板，积极回答评论区的问题。同时，把大大的"东方甄选"四个字落在主播背后的背景布上，桌前摆放着错落有致的图书、水果及农产品。品牌调性浓厚，寓教于货。

（三）服饰类商品直播间布置

服饰类商品直播间的布置方式如下：

①服饰类商品直播宜选择面积为 20 平方米左右的直播间，要有换衣服和展示衣服的空间，以

及模特、助理、客服等的活动空间。为了增加画面的纵深感，让画面显得更有层次，直播区域可以设定在房间靠窗的一角，在角落取景。

②服饰类商品直播间必须有衣架或衣柜，且应挂满当天直播所要销售的服装，并用假人衣架放置主推商品。同时，在直播区域的周边也摆满衣服，在视觉上暗示用户直播间的款式非常多，制造吸引力。

③直播间地面可以选择浅色系地毯或木色地板，地毯风格要与所售衣服的风格匹配。放置地毯可以增加质感，提高直播间的环境档次，拉高商品的客单价。为了便于展示商品，可以搭建方台或圆台。

④墙面背景可根据商品类型搭配，目的是提高直播间的层次感，能够给用户带来舒适感。直播间应以浅色、纯色背景墙为主，营造出简洁、大方、明亮的环境氛围。使用简洁明亮的颜色，如冰蓝、浅灰、浅棕等，因为纯色和浅色在视觉上更精简，容易突出主播，也可以选择同色系拼接搭配，让直播间看起来既舒适，又不显得千篇一律。在背景墙前放置一些盆栽，可以增强直播间的氛围感。

背景墙的颜色不要太亮或太花哨，因为太亮极易导致画面出现反光，太花哨则可能导致镜头出现虚焦现象。另外，主播在直播时不要太靠近背景墙，要与背景墙至少保持1.5米的距离。

⑤在照明上要以明亮的灯光为主，灯光颜色不宜太复杂，因为复杂的灯光会影响商品展示，造成商品出现色差，最终导致售后问题，拉高退货率。

例如，抖音账号"艺诗缘服装商行"的直播间在主播身后有序地摆放了在直播中会被介绍到的服装；背景墙采用了白底竖条纹形状的贴纸，风格淡雅清新，与所售服装色调一致，符合直播间定位；光线整体较柔和、自然，较好地保证了主播与服装的出镜效果。

（四）美妆类商品直播间布置

美妆类商品直播间的布置要求商品摆放美观，使直播画面呈现层次感、具有纵深感，能够突出商品卖点，便于主播进行商品营销。

①一般情况下，美妆类商品直播间的面积在10平方米左右即可。

②背景墙应简洁干净，以浅色、纯色为主，也可以适当使用一些装饰品。当然，还可以根据主播形象或直播风格进行调整：如果主播的人设是可爱、活泼的，则直播背景墙或窗帘可以用暖色；如果主播的人设是成熟、稳重的，则宜以白色、灰色的背景墙为主。灰色是直播间的理想背景色，不会过度曝光，视觉上也比较舒适，有利于突出主播的妆容或商品的颜色。如果有奖杯或奖牌，则可以放在背景架上，能够增加用户的购买信心。

③在主播身后放置美妆展示柜，在展示柜里整齐有序地摆好要销售的商品。这样不仅让人感觉舒适，还有一定的吸引力。如果放置整面墙的护肤品或美妆产品，还可以增强视觉冲击力。

④准备足够大的直播桌，以便主播试用、测试、摆放备播商品。另外，考虑到美妆主播长时间直播的舒适度，宜为其选择一把低靠背座椅。

⑤如果直播间的面积较大，为了避免直播间显得过于空旷，可以适当放置一些既符合主播的人设，又与直播主题相契合的小盆栽、小玩偶之类的装饰品，能够起到丰富直播背景的作用。如果不想支付高昂的装修费用，商家可以选择虚拟背景直播。这样不仅可以节省设计成本，还可以给直播间提供更多的创意，帮助品牌商解锁多样化的直播场景。

⑥大品牌商家在布置直播间时，大多会在直播画面上方设置品牌滚动灯，将画面中间设置成品牌主视觉色调，在画面下方进行商品展示和陈列。直播间背景以品牌主视觉色调为主，同时突出关键信息，美妆桌陈列整洁美观，主播的妆容、服装精致大方，能从整体上提升商品推广销售的档次。

⑦美妆类商品直播间对光线的要求较高，光线要柔和、均匀，尤其是主播的面部，要避免出现阴影，光线不足很容易暴露主播皮肤上的缺陷。在灯光布置上，美妆类商品直播间常用的是3灯布光法，即在主播前方稍高的位置放置1盏主灯，可以用环形灯，并在主播前方两侧45°方向上各放置1盏带有深口抛物线柔光箱的辅助灯，这样就形成了大面积的柔光，可以照亮直播间的背景和主播，使整个画面通透明亮，与美妆品牌的高级色调匹配。

如果主播身后的背景墙或货架需要进行展示，一侧的1盏辅助灯应向背景墙移动15°左右，为背景补光，同时给主播布置轮廓光。商家要保证主播的面部光线均匀，避免出现阴阳脸。如果美妆商品是彩妆、护肤品类，灯光就要多用冷色系的白光，以保证美妆商品的最佳展示效果。

例如，抖音账号"谷雨官方旗舰店"的直播间以米白色和淡绿色为主色调，自然柔和，主播身前的美妆桌上陈列着待介绍的美妆商品。从整体上看，直播间的光线明亮，主播的面部清晰、有光彩，强化了美妆商品的使用效果。

任务实施

任务演练：食品带货直播间场景布置

【任务目标】

根据食品直播需求确定直播场地，并进行场地规划、布置灯光与背景，搭建符合食品直播带货需求的直播间，用作固定的直播场地。

【任务要求】

任务编号	任务名称	任务指导
1	场地选择与规划	根据食品直播带货需求，选择直播场地并规划直播间布局
2	灯光布置	制订灯光布置方案
3	设置虚拟背景	使用绿幕作为实体背景，通过抖音直播伴侣为直播间设置虚拟背景

【操作过程】

1. 场地选择与规划

目前有空置场地约18平方米，层高3米，屋顶有灯具，可以提供顶部灯光。明确直播场所后，需对场地进行规划布局。考虑到直播团队的配置，不仅将直播间场地划分出直播区和商品摆放区，还规划了后台工作区及其他区域，为其他工作人员留下足够的活动空间。室内直播间场地区域划分见表1-21。

表 1-21　室内直播间场地区域划分

区域	说明	面积大小
直播区	主播直播的区域，展示直播情景道具、推荐的商品等	预留约 5 平方米的场地，使主播有足够的活动与展示空间
商品摆放区	用于放置需要讲解的商品	预留约 3 平方米的场地，根据直播商品的体积和数量灵活调整
后台工作区	其他人员的工作区域	预留 5 平方米的场地，用作其他人员的工作区域和计算机等设备的摆放区域
其他区域	可作为主播的试衣间、化妆间等，或用于放置直播设备、道具等	预留 3~5 平方米的场地，可根据实际需要使用

2. 灯光布置

根据直播间的面积和场地，团队成员决定直播间的灯光布置通过 1 盏环形灯和 2 盏柔光球来打造。其中，环形灯作为主灯，放置于摄像头的左侧，在主播的右前方，给主播提供光源，借助其美颜效果，提升主播形象；2 盏柔光球放置在环形灯靠后的位置，一左一右，2 盏灯相互对照，扩大光线范围，发散到整个空间。同时，打开主播顶部的灯使直播间变得更加敞亮，主播形象更立体。图 1-64 所示为直播间 5 种灯光布置效果示意图。

图 1-64　直播间灯光布置示意图

3. 设置虚拟背景

在正对摄像头的墙体挂上绿幕，连接摄像头后，使用抖音直播伴侣抠除绿幕背景，插入所需图片作为虚拟背景，具体操作如下：

（1）启动抖音直播伴侣，连接摄像头

在抖音直播伴侣的"添加直播画面"面板中选择"摄像头"选项。打开"摄像头设置"对话框的"基础设置"选项卡，在"摄像头"下拉列表框中选择"外接的摄像头"选项，在中间的面板会显示摄像头拍摄的视频画面，调整好拍摄绿幕的角度等。

（2）抠除绿幕背景

在"基础设置"选项卡的"背景设置"栏中单击"绿幕抠图"选项，在弹出的设置页面中向右拖动"相似度"滑块。

（3）设置虚拟背景图片

打开"打开"对话框，选择需要的背景图，点击"添加"按钮，将图片添加到视频画面，调整图片大小和显示区域后，单击鼠标右键，在弹出的快捷菜单中选择"排序"—"移至底部"菜单命令，将图片设置为直播间的背景图。

任务五　直播选品

任务描述

任务背景	直播选品需要根据行业预测、市场趋势、粉丝需求、匹配人设、历史销售数据等维度进行综合评估。经验表明：直播间的商品单价低于50元的属于低价商品，50~100元的属于中价商品，100元以上的属于高价商品；高性价比的商品更容易激发用户的购物欲
任务演练1：直播间选品	根据抖音直播商品库数据，选择10款直播商品，要求所选商品均具有较高的用户口碑，其中40%以上的商品有促销优惠，低价、中价、高价商品合理分布，且价格适中的商品要占50%左右
任务演练2：直播商品类别规划	对选好的商品进行品类结构的划分

知识储备

一、直播选品的逻辑

直播选品是直播成败的关键因素之一，选什么产品直接决定直播间的销售量。直播选品的逻辑是什么？可以从5个方面综合考虑：直播形式，直播产品结构定位，主播定位、账号风格、顾客特征，直播主题和账号定位。

（一）直播形式

直播形式可分为专场和混场。专场又分为品牌专场和单类目专场：品牌专场指的是某个品牌的专场直播，比如李宁专场；单类目专场，如服装类中的男装、女装、儿童装类目专场，母婴类中的儿童服装、益智玩具、奶粉、尿不湿等类目专场。混场又分为多类目混场和单类目混场：多类目混场是指如"年货节"这样的多类目、多品牌直播；单类目混场是指针对某一单类目，不限品牌的商品组合。

（二）产品结构定位

在直播选品环节，直播团队还应规划好商品结构，即考虑直播中讲解商品的顺序。在一场直播中销售多款商品时，直播团队可安排印象款、引流款、利润款、活动款、品牌款5个类型的商品。不同类型的商品具有不同的作用，出现在直播间的时间节点也不同。

1. 印象款

印象款商品是指促成直播间用户购买的第一单商品，主播在直播中一般会先介绍印象款商品。印象款商品的购买体验决定着用户对直播带货的第一印象，好的印象款商品可以提高用户的复购率。印象款商品应具有较强的实用性，覆盖的目标用户范围要广。例如，在穿搭类直播中，可以选择打底衫作为印象款商品，因为打底衫的实用性较强；在美妆类直播中，可以选择卸妆水作为印象款商品，因为卸妆水覆盖的目标用户范围较广。

2. 引流款

引流款商品指的是给直播间带来流量并留住用户的产品，有热度的商品（在市场上声望较高、口碑较好的商品）、低价商品、品牌商品，都可以作为引流款商品。因此，直播团队在每一场直播中都应该选择一款或多款引流款商品，一般可以选择高性价比、低客单价的常规商品，如1元包邮、9.9元包邮的商品等。高性价比、低客单价的商品比较容易吸引用户观看，也能增加直播间的流量。另外，直播团队还可以选择具有独特卖点的商品作为引流款商品，通过展示其与其他同类商品的差异来提升直播间的人气。引流款商品可以放在直播开始阶段，直播团队推出优惠活动，营造紧张的购物氛围，减少用户做出购买决策的时间，这样能够快速提高商品转化率。直播团队也可以在直播间人气达到顶峰时推出引流款商品，这样能够将有购买意愿的消费者留在直播间。所以，引流款商品一般在直播开始的时候使用，同时在直播中也可以穿插使用。

3. 利润款

利润款商品是指高客单价的商品，是能够给直播间带来高利润的商品，是冲销售额的商品。卖1元钱的商品，假设利润率是50%，成交1000单，总利润就是500元；卖300元的商品，假设利润率是30%，成交10件，总利润就是900元。总利润等于各个单品的利润率乘以销售额之和。也可以选择利润较低但是高客单价的商品，提升直播间的销售额，进而提升总利润。利润款商品的选择应当注意两个条件：产品质量合格和价格合理。购买利润款商品的消费者，往往是对商家支持、信赖的粉丝群体，这批用户的流失是直播间的巨大损失。

直播团队在准备商品时，要搭配利润款商品。利润款商品的数量应在所有商品中占比较高，以实现盈利。用引流款商品让直播间人气达到一定程度后，主播便可以"趁热打铁"推出利润款商品。利润款商品可以分为两种：一种是单品利润款，另一种是组合利润款。单品利润款是指主推一款商品时，也可以附赠一些小商品，常以"69元买1送1""169元买1发3"等形式出现。组合利润款是指将几款商品组合推荐，如护肤品套装、厨具套装等。利润款商品的盈利模式是将主推商品与其他低价商品组合，通过主推商品实现盈利。

4. 活动款

活动款商品就是用来做活动的商品。活动款商品一般是面向直播间粉丝发放的福利，即直播间的用户只有在关注主播或加入主播的粉丝团以后，才有机会购买活动款商品。所以，活动款商品也被称作"宠粉款"商品，用于增强粉丝黏性。主播既可以将活动款商品作为活动奖品赠送给粉丝，也可以将某款商品设置为低价款，以此激发粉丝的购买热情。活动款商品一般被安排在利润款商品之后，以回馈粉丝。

活动款商品一般具有一定的特殊性，如销售时间不同，价格也不同。活动款商品一般选择差价比较大的商品，如拿出部分库存做福利，原价159元的裤子，直播间半价出售。

活动款商品可以作为引流商品，也可以作为直播间用户交互、粉丝互动的商品，用来增强用户黏性和树立商家形象。例如，某主播在直播间做9.9元抢商品的活动，给用户的印象是这个直播间的优惠力度很大、实力很强，进而使用户愿意信赖和购买更多商品。如同消费者去超市购物，发现某展区的商品非常便宜，原来15元一条的纸巾现在只需要4.9元，就会在超市不停地逛，甚至会买300元的商品。适当的高福利会为用户带来良好的第一印象。比如，这个直播间优惠力度很大、直播的产品质量非常好、直播间的主播值得信赖，这些第一印象都是有利于直播营销的。

5. 品牌款

商家应根据品牌的特点设置一定比例的品牌款商品。品牌赋能商品可产生一定的品牌效应，品牌背后是消费群体、消费力、消费品质、消费偏好度的差别。在信息时代，用户会优先选择品牌款商品，且品牌具备市场先导地位。商家可以通过品牌款商品来提升直播间的选品品质，比如直播间卖华为手机，对其他商品就有背书效应；反之，若直播间卖的都是不知名的商品，那么整体的产品背书、商家的信用背书在直播时就会显得有些乏力。如果主播没有强大的实力，主播的信用背书不够，那么这个直播就很难实现理想的销量。

选品应按照表1-22所示类别进行商品配置。

表1-22 选品配置

选品类型	作用	内容介绍
引流款	获取流量和信任	开场及不定期上架，可用作预热引流商品，以维护直播间人气和热度，如9.9包邮
主推品	测品，获取利润	在人气最高的时候上架，且会占用最多的时间讲解（包括介绍商品价值、价格、研发背景、用户口碑等），以吸引用户购买
畅销品	解决需求，承接流量	固定时间上架，有节奏地穿插着分批推，作为主要利润款商品
特色品	增强用户黏性	体现为直播独家定制或品牌定制，具有一定的稀缺性，是用于增加好感度、提高粉丝黏性的产品，进而提高直播和商家利润率。比如组合式套装，或者赠送一些周边等，可以独立于原有的价格体系，对已有的SKU和定价重新排列组合，即便优惠力度稍有加大，但由于产品是独立于常规产品体系的，加之在直播时才有，用户感知也不会特别明显
清仓品/炮灰款	衬托主推款商品	根据实时数据做清仓品的货品调整，也可以在直播间搭配一些"炮灰款"，款式与主推款类似但价格更高，用来衬托利润款/主推款产品

（三）主播定位、账号风格、顾客特征

1. 根据主播的级别选品

初级主播应该在直播间增加大量大众、平价品牌的商品，以此赋能主播，同时降低直播难度。中级主播可以选择相对高价的品牌商品。主播相对成熟后就有了议价权，可以争取折扣力度较大的品牌商品。

2. 根据账号数据分析选品

根据价格设置一定比例的高客单价、中客单价、低客单价的商品，或者根据直播历史的用户画像调整商品分布的价格取向。在直播过程中，可以根据消费者的成交记录，不断调整直播中各个价位的商品数量。

3. 根据用户的性别比例选品

商品有购买者和使用者之分，有些商品并不是男性用户专用，但是以男性用户购买居多；有些商品不是女性用户专用，但是以女性用户购买居多。对这部分商品就应考虑实际的购买人群是否符合直播间的粉丝画像。如果要对直播间进行流量投放，对于男女比例、用户偏好等粉丝画像等就要时刻关注，分析流量和用户如何匹配。

4. 根据用户年龄层次、消费能力、消费偏好等选品

根据粉丝的主要特征调整直播商品，根据用户在互动环节中提到的相关问题，以及希望获得的商品来开发商品。针对性越强，开发的效果就越好。直播和实体店经营的思路是一样的，要根据自己店铺客户的情况不断调整商品的种类，这样直播效果才会更好。

（四）直播主题

根据活动、节日等主题选品，如春节期间需要准备大量的家庭必需品和年货。中国人都有备年货的习惯，喜欢在过年的时候提前采购吃穿用品。年货一般具有货品丰富度高、货品组合空间大、用户接受度高等特点。

直播一定要设定主题。例如，如果有人问这是一个什么样的直播间，可以回答这是一个最适合女性的美妆好物推荐平台，这就是直播简介。主题就是根据直播简介提炼出的带有信息标准的传播语言，让用户第一眼看到直播间就知道这是什么样的直播间。在直播主题下，用户可以找到符合主题的商品，如果因某种主题被引流而来的用户发现直播内容不是该主题的商品，这个用户就会快速流失，这样不利于提升直播间的转化率。

（五）账号定位

例如，美食直播账号一般做美食方向的垂直类商品，美妆账号就做美妆类目的商品推介。用户和达人的关系或强或弱，账号就是连接用户和达人之间关系的枢纽。用户沉淀需要账号的达人形象或者商家形象，尤其是以短视频为主的账号，以达人为主导的直播需要根据达人属性、粉丝画像选品。

二、直播选品的原则

选品在很大程度上决定了直播间的销量，因此选品需要有严格的标准和复杂的筛选流程。一般只有符合耐销品、市场渗透率高、有价格优势、便于演示、使用体验好 5 个特点的商品，才能进入选品池。

（一）耐销品

耐销品是指可以一直销售的商品，销售周期长，不会因为季节变化、市场变化、产品热度下降而不容易销售、产生积压库存的商品。比如，全季销售的商品、全域销售的商品、大众商品、市场接受程度较高的商品。因此，那些昙花一现的网红商品不具有耐销性。对于初创的直播团队来说，需要考虑选品的销售风险、货品的库存风险、对应类目的直播工作开展时人力和时间上的风险。

（二）市场渗透率高

市场渗透率是对市场上当前需求和潜在需求的一种比较。选择市场渗透率高的商品，就是选择

用户认知度和需求度相对高的商品。

（三）有价格优势

价格优势是促使用户产生购买决策的重要因素。用户因为低价而购买，其本质是用户享受了价格优惠，从而省了钱，产生购买决策。价格优势一般存在于有较大价差的商品及低价商品中。

（四）便于演示

直播是视听语言、社交电商行为，选品要符合视听呈现优势，侧重互动直播的电商场景。比如，有的商品需要反复讲解，用户才能明白其优势和功效，这样的商品在理论上就不适合在直播间即时互动的销售场景中营销。如果商品优势传递不出去，或者直播间现有的设备条件、场地布景不能呈现该商品的亮点，这样的商品就不应该出现在直播间。

在直播展示过程中，有足够的空间和机会来全面、细致地展示商品的特点、功能、优势等信息，以提高直播间产品介绍的完整性、趣味性和营销性。以智能玩具为例，主播可以在直播中现场操作玩具，展示其各种玩法，同时根据观众的提问进行针对性的演示，让观众更好地了解玩具的特点及其适合哪个年龄段的孩子。直播要让卖点信息可视化，亮点功能可视化。卖点信息可视化是让消费者更清晰地认识和记住你的商品不同于竞品的特点，也是促使用户购买的推手。

（五）使用体验好

商品介绍是引发用户共鸣的过程。消费者喜欢主播往往是因为他们的语言可以很好地调动用户对于某种商品的需求、使用体验和消费场景的共鸣。然而在生活中，消费者每天都在感受和体验大量的服务和商品，他们对这些服务和商品的体验感往往是迟钝的，因为消费者对其已经司空见惯。作为直播人员，需要持续强化和调动消费者对商品的感受和体验。使用体验好的产品在营销呈现、售后服务、产品复购、产品口碑、品牌口碑，以及粉丝积累等方面都可以保持持续发展的形势。

三、直播选品的方法

（一）选择直播电商的热销产品

当前直播间粉丝的兴趣主要集中在快消品上，粉丝更加追求直播带货的性价比。

从平台看，淘宝直播涉及的带货品类较为完善，主要是服装、美妆、母婴、美食、珠宝等；抖音、快手直播主要集中在性价比高的实用型产品上，比如时尚美妆、居家日用、女装、食品饮料、3C数码等。其中，抖音直播中"美妆+服装百货"占比较高，产品价格多为0～200元、有一定知名度的品牌；快手直播高性价比的、无知名度的商品较多，所在产业带货直播比重较大。

从广义上说，目前直播已经覆盖了全部行业，体验性强、毛利率高、客单价低、退货率低、复购率高的相关非标品更为受益。总体来说，美妆、服饰、快消品为直播强势品类。从经济效益来看，美妆具有高毛利和高成交量的特点，使其成为最受欢迎的直播带货商品；服饰受退货率影响次之。这两者是电商平台最主要的直播带货商品。从专业化程度来看，快消品由于品牌间差异程度较小，购买决策更多由品牌效应驱动，对带货主播的专业化要求较低，因而成为热门带货品类之一。

对于专业需求较强的商品品类，如珠宝、汽车、3C数码等，主播需要与顾客进行专业化的双向交流来推动购买决策。靠近产品产业链上游的主播往往更加具备说服力。

直播类目及其发展趋势见表1-23。

表1–23　直播类目及其发展趋势

项目	服装鞋包	美妆护肤	生鲜食品	家电数码	图书音像	汽车	家居家装	日常生活
体验感	高	高	中	较高	较低	较低	较高	低
毛利率（%）	≥50	≥50	≥15	≥20	≥20	≥15	≥30	≥10
客单价	较低	较低	低	较高	较低	高	高	中
退货率	高	较低	较低	较高	较高	较低	较低	中
直播渗透率（%）	35.6	7.6	7.4	4.6	未知	0.1	3.6	0.1

（二）根据粉丝属性及达人内容垂直度选择商品

1. 粉丝属性

利用内容创作服务平台（如抖音创作者后台），或者利用其他短视频直播数据分析工具，了解账号粉丝的基础画像。比如，从粉丝来源、性别、年龄阶段等，看看粉丝用什么牌子的手机。大数据显示，用华为手机的用户其消费能力要稍微强一些。相对来说，用VIVO、OPPO手机的用户要下沉一些。如果下沉用户居多，就不能卖很贵的商品。仔细分析每个数据，能给直播运营者提供一些新的思路或启发。

2. 达人内容垂直度

如果创业者是内容垂直达人，那么可以先做与账号定位相关的垂直领域的商品，熟练之后再去拓展其他类目的商品。比如，美食类垂直达人选择的直播带货产品，可以是与美食相关的调料、厨具、特产等。产品测评账号可以塑造真实有信任感的人设，选品主要围绕与健康、安全相关的产品，比如去甲醛产品、婴幼儿产品、美妆产品等。如果是非专业领域的泛娱乐达人，可以先选择达人擅长或喜欢的类目来匹配直播间推荐的产品。如果是无明显电商属性的达人，可依照粉丝画像选品。如果女性粉丝多，可以选择美妆、服饰、居家用品、美食等产品；如果男性粉丝多，可以选择数码科技、游戏用品、汽车用品等产品。

（三）直播带货选品的货品来源

1. 分销平台

淘宝联盟、京东、苏宁易购、考拉、唯品会等电商平台分销商家的产品，赚取分销佣金，适合零基础想快速启动带货的直播达人，基本上没有产品成本，只需要提前购买产品试用并在直播间推荐即可。目前，抖音上大部分主播带货的产品都来自分销平台。

2. 自营品牌/联名

自营品牌适合自己有产品和供应链的主播，可以开通抖音小店，卖自营品牌或者特产之类的产品。联名基本上就是招商，适合头部大主播，利润较高，售后有保障。不过这种方式也有缺点，就是对供应链、货品更新、仓库存储要求非常高，基本上只有头部主播才有自己的供应链。

3. 合作商

这种方式一般都是主播被动接受，主播团队不主动筛选商品或开发合作方，而是通过私信、商务联系，或者对外招商等渠道承接外部资源。商家通过直播间私信/主页邮箱等开放入口自主提交合作提案，主播团队仅作被动筛选，如某零食品牌连续3天私信发送样品信息。或者MCN机构统一接收商务合作邀约，经内部评估后向主播推荐合作清单，这种常见于机构签约达人，合作决策权在运营端。

这种方式的优点是直播的产品一般都是品牌货，产品质量有保障，转化率高；缺点是品牌货给的佣金一般比较低，但如果是头部主播则另当别论。

4. 供应链

直播电商可以自己拓展供应链，其优点是利润较高，缺点是需要资金链。

思政小课堂

2021年3月18日，中国广告协会发布的《网络直播营销选品规范》第三条明确规定："主播和机构不得推销法律、行政法规禁止生产、销售的商品。其推销的商品应符合法律法规对商品质量和使用安全的要求，符合使用性能、宣称采用标准、允诺等保障人身与财产安全的要求。"第五条明确规定："主播和机构应认真核对商品资质，属于市场准入审批的商品或者服务，需查验相应的市场准入类批准证书。鼓励主播与机构选择信誉良好的品牌商品。"因此，直播运营团队在选品时，应当遵守上述规范，优先选择资质健全、质量有保证的品牌商品，严禁推销法规禁售的商品。

【知识拓展】

3000亿元直播带货背后的选品策略

Ouest Mobile报告显示，移动互联网购物的主要核心群体是"90后"和"00后"，其比例超过四成。他们的购物欲望特别强，比较容易被诱导，并且喜于追星和接受新事物。在观察多场带货销售额过亿元的直播间后，总结出以下4个选品策略：

1. 低价、高频、刚需产品

高频、刚需类快消品销路好。现在网红直播选的产品大多以女性彩妆、护肤品、服装、生活日用品类的实用快消品为主。这类产品的平均客单价一般都不会超过200元，属于高频、刚需产品，成本也相对透明，便于囤货。又如卫生纸，属于用户生活类日用刚需产品，甚至都是线上线下比过价的。其利润率非常低，线上直播卖得更便宜，用户的决策成本非常低。

2. 展示性强的产品

展示性强的产品也就是有利于直播间现场"表演"的产品，方便主播直接演示讲解，例如家居用品，厨房、卫生间、客厅、卧室里的生活日用品，也包含一些服装品类。

3. 标准化产品

以服饰类产品为例，为什么睡衣比个性化服装好讲解、好卖？为什么女性丝袜比花色的棉袜销量更好？为什么买纯色T恤几乎不用任何思考？其根本原因就是标准化服饰对消费者的覆盖层面更广，能满足大多数人的需求，市场空间更大，更为重要的一点是，它的退货率远低于设计复杂的品类。

4. 引起"共情"的产品

美国交互设计协会主席乔恩·科尔科（Jon Kolko）在其《好产品拼的是共情力》一书中提到

"共情"一词,又被称为"同理心"。大量产品沦为同质化产品,其根本原因就是产品设计人没有找到与用户"共情"的方法。直播带货能引起"共情"的方式包含两类:产品共情和身份共情。

任务实施

任务演练1:直播间选品

【任务目标】

公司准备直播经营方便速食、营养保健、饮料饮品、休闲食品等产品为主的店铺,请为这家公司直播选品。

【任务要求】

任务编号	任务名称	任务指导
1	在抖音直播平台选品	根据数据分析,选择10款直播商品,要求所选商品均具有较高的用户口碑,其中40%以上的商品有促销优惠,低价、中价、高价商品合理分布,且适中价格的商品要占50%左右
2	添加与上架直播带货商品	在直播中控界面增加商品橱窗,并上架到直播间购物车

【操作过程】

1. 抖音直播选品的操作步骤和关键点

步骤一:分析并筛选商品。

打开抖音App,点击"我"选项,然后点击右上角的"≡"按钮,打开侧边栏,点击"抖音创作者中心",如图1-65所示。

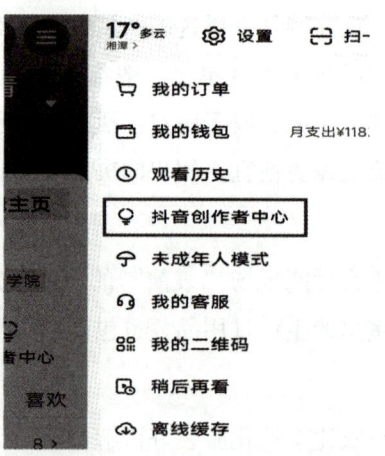

图1-65 打开"抖音创作者中心"

在"抖音创作者中心"中点击"全部",找到"电商带货",点击进入,接着点击"数据分析",找到"市场行业",选择行业类目"食品饮料"下的"零食/坚果/特产",查看该类目下的商品数据,并按照高热度、高性价比的要求选择10款商品。如图1-66所示。

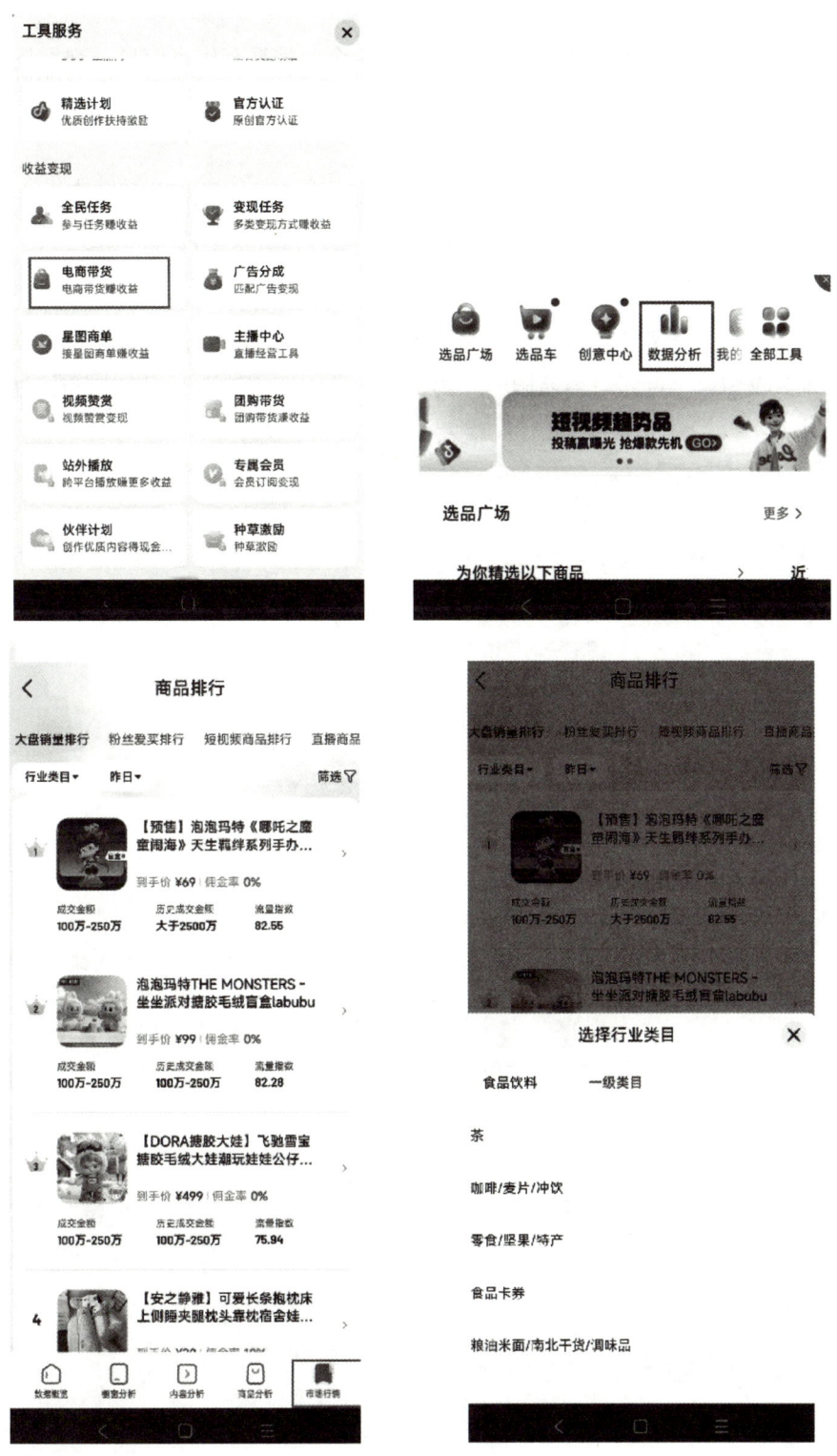

图1-66 抖音操作页面

步骤二：确定商品的用户口碑。

任务中要求所选商品均具有较高的用户口碑，判断所选商品是否满足该要求；如果不满足，删掉不满足的商品，重新选择符合要求的商品。

步骤三：确定商品促销优惠比例。

任务中要求40%以上的商品有促销优惠，即至少4个商品具有优惠信息。判别是否满足；如果不满足，重新选择符合要求的商品。

步骤四：调整商品价格分布比例。

任务中要求低价、中价、高价商品合理分布，且适中价格商品要占比50%左右，即50~100元的商品至少有5个。判别是否满足；如果不满足，重新选择符合要求的商品。

2. 添加与上架直播带货商品

在电商带货下点击"选品广场"，如图1-67所示，在"选品广场"里面选择需要添加的商品至橱窗，商品加入橱窗后，返回"商品橱窗"界面，点击"橱窗管理"，可以查看添加的商品。

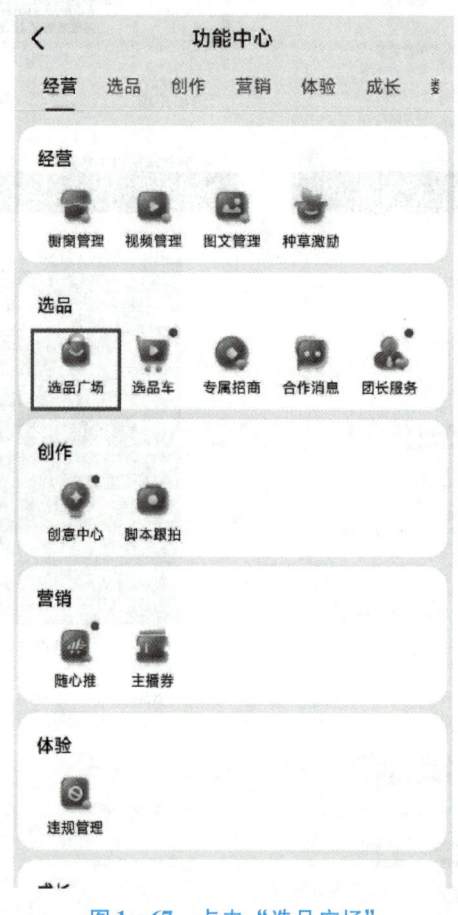

图1-67　点击"选品广场"

任务演练2：直播商品类别规划

【任务目标】

商品类别主要有引流款、利润款和形象款。引流款商品被用来吸粉，应选择高性价比的产品；利润款商品是为了赚钱，所占比例最多，应选择有特点且质优的产品；形象款商品可以提升店铺形象，增加粉丝黏性，应选择高品质、高客单价的极小众产品，数量无须太多。

对挑选的10款直播商品进行品类结构的划分。

【任务要求】

任务编号	任务名称	任务指导
1	规划商品结构	1. 为吸引粉丝，至少选择两款价低质优的商品作为引流款商品 2. 为确保直播利润，60%的商品需划分为利润款商品 3. 至少选择一款能够提升店铺整体品质的形象款商品
2	调整商品价格分布比例	按照商品类别调整商品价格分布比例

【操作过程】

商品类别划分的操作步骤和关键点如下：

步骤1：确定引流款商品。根据引流款商品的特点（低客单价）和任务要求（价低质优），选择至少2个符合要求的商品。

步骤2：确定利润款商品。任务中要求60%的商品需划分为利润款商品。根据利润款商品特点，结合利润款商品数量要求（至少是6个），选择符合要求的商品（质优价格适中）划分为利润款。

步骤3：确定形象款商品。任务中要求至少有1个形象款商品。根据形象款商品特点，即高品质、高格调、高客单价的小众商品，选择1个高客单价且质量较好的商品划分为形象款。

步骤4：调整商品价格分布比例。可查看商品的类别划分及占比，结合任务要求，价格为50元以下的属于低价商品，50～100元的属于中价商品，100元以上的属于高价商品，这3种价格的商品都需要有，其中50～100元的商品占比30%，调整各种类型的商品数量。

任务六 直播违禁词学习

任务描述

任务背景	美食店铺的主播晓丽需要在直播前熟悉直播违禁词，避免直播时出现违规，还需要根据直播平台类目规则和平台推广内容发布规范完成宣传物料合规性的审核
任务演练：直播违禁词学习	1. 熟悉直播违禁词内容 2. 查看话术脚本是否存在违法违规的语句，识别违法违规类型，进行内容优化

知识准备

互联网信息发布应遵守的法律法规要求包括：要注意发布内容的真实性，不可随意造谣、编造；不可散布虚假信息造成公民恐慌等；不能散播国家规定的禁止公布的内容等。

直播宣传引流用物料不但要遵守国家的政策法规和行业规定，如国家广播电视总局下发的《关于加强网络秀场直播和电商直播管理的通知》，国家互联网信息办公室发布的《网络信息内容生态治理规定》，国家互联网信息办公室、公安部、商务部、文化和旅游部、国家税务总局、国家市场监督管理总局、国家广播电视总局 7 部门联合发布的《网络直播营销管理办法（试行）》，以及中国广告协会制定的《网络直播营销行为规范》《网络直播营销选品规范》，同时还要遵守各网络直播平台的规范，不得售卖平台禁售类目产品，如药品、危险品、单证卡券、虚拟商品、特许商品等，不得进行夸大或不实宣传等。

表 1-24 列举了一些直播中常见的违禁词，包括极限用语、时限用语、权威性用语、刺激消费用语和迷信用语等。

表 1-24 直播中常见的违禁词

类型	内容
极限用语	国家级、世界级、最高级、第一（No.1/Top1）、唯一、首个、首选、顶级、国家级产品、填补国内空白、独家、首家、最新、最先进、第一品牌、金牌、名牌、优秀、顶级、独家、全网销量第一、全球首发、全国首家、全网首发、世界领先、顶级工艺、王牌、销量冠军、极致、永久、王牌、掌门人、领袖品牌、独一无二、绝无仅有、史无前例、万能等
	最高、最低、最、最具、最便宜、最新、最先进、最大程度、最新技术、最先进科学、最佳、最大、最好、最新科学、最先进加工工艺、最时尚、最受欢迎、最先等含义相同或近似的绝对化用语
	绝对值、绝对、大牌、精确、超赚、领导品牌、领先上市、巨星、奢侈、世界/全国×大品牌之一等无法考证的词语
	100%、国际品质、高档、正品等虚假或无法判断真伪的夸张性表述词语
时限用语	限时必须有具体时限，所有团购须标明具体活动日期，严禁使用随时结束、仅此一次、随时涨价、马上降价、最后一波等无法确定时限的词语
权威性用语	国家×××领导人推荐、国家××机关推荐、国家××机关专供、特供等借国家、国家机关工作人员名称进行宣传的用语
	质量免检、无须国家质量检测、免抽检等宣称质量无须检测的用语
	人民币图样（中央银行批准的除外）
	老字号、中国驰名商标、特供、专供等词语（品牌专供除外）
"点击××"词语	疑似欺骗消费者的词语，例如"恭喜获奖""全民免单""点击有惊喜""点击获取""点击试穿""领取奖品""非转基因更安全"等文案元素
刺激消费用语	激发消费者抢购心理的词语，如"秒杀""抢爆""再不抢就没了""不会再便宜了""错过就没机会了""万人疯抢""抢疯了"等词语
迷信用语	带来好运气、增强第六感、化解小人、增加事业运、招财进宝、健康富贵、提升运气、有助事业、护身、平衡正负能量、消除精神压力、调和气压、逢凶化吉、时来运转、万事亨通、旺人、旺财、助吉避凶、转富招福等用语

《网络直播营销管理办法（试行）》第七条第三款规定："直播营销平台应当制定直播营销商品和服务负面目录，列明法律法规规定的禁止生产销售、禁止网络交易、禁止商业推销宣传以及不适宜以直播形式营销的商品和服务类别。"表 1-25 列举了腾讯直播禁售商品类目，包括仿真枪、军警用品、危险武器类等 13 个类目。

表 1-25　腾讯直播禁售商品类目

序号	类目
1	仿真枪、军警用品、危险武器类
2	易燃易爆、有毒化学品、毒品类
3	反动等破坏性信息类
4	色情低俗、催情用品类
5	涉及隐私、人身安全类
6	药品、医疗器材、保健品类
7	非法服务、票证类
8	动植物、动植物器官及动物捕杀工具类
9	涉及盗取等非法所得及非法用途软件、工具或设备类
10	未经允许、违反国家行政法规或不适合交易的商品，如伪造变造的货币及印制设备
11	虚拟类，如游戏点卡、货币、比特币、莱特币、高利贷、私人贷款等
12	舆情重点监控类，如违禁工艺品、收藏类品
13	不符合腾讯直播平台风格的产品，如"三无"产品、个人代购类产品

思政小课堂

广宁县×智电子商务有限公司发布虚假食品广告案

当事人在拼多多平台上开设网店"小爱优选商店"，并在网店上架销售一款"芋荷干"产品。该产品网页详情页面的标注信息中"是否为有机食品"处勾选为"是"，宣传"芋荷干"产品为有机食品。但当事人无法提供证明"芋荷干"为有机食品的证据材料，其发布了描述"芋荷干"的质量情况与实际不符的广告内容。当事人的行为违反了《中华人民共和国广告法》第二十八条第二款的规定，构成了发布商品质量与实际不符的虚假广告行为。根据《中华人民共和国广告法》第五十五条第一款规定，广宁县市场监督管理局给予行政处罚：责令停止发布违法广告，消除影响，罚款 6000 元。

资料来源：中国质量新闻网，2024-10-11.

任务实施

任务演练：直播违禁词学习

【任务目标】

为了确保直播内容的合规性，维护良好的直播环境，并提升主播及直播团队的专业素养和法律意识。了解什么是直播违禁词及违禁词使用的后果，能够在直播过程中识别并避免使用违禁词。

【任务要求】

任务编号	任务名称	任务指导
1	直播违禁词学习	1. 熟悉直播违禁词内容 2. 查看话术脚本是否存在违法违规的语句，识别违法违规类型，进行内容优化

【操作过程】

违法违规信息排查的操作步骤和关键点如下：

步骤1：学习直播违禁词内容。不同的直播平台可能有不同的违禁词规定，掌握常见违禁词可以在直播中避免使用。

步骤2：分析话术脚本内容存在哪些违法违规信息。利用违禁词检测软件，如句无忧，检测并判断存在哪些违法违规信息，并提出内容优化建议。

项目二

直播间引流

学习目标

【知识目标】

掌握直播引流的渠道与方法。

【技能目标】

能够根据直播活动规划,选择合适的引流渠道并进行引流操作。

【素养目标】

(1) 遵守互联网传播与推广的规范,严守法律法规底线。
(2) 具备互联网传播社会主义核心价值观。

任务一 直播预热文案引流

任务描述

任务背景	直播引流可以为直播间吸引人气,有直播预热文案引流、短视频推广引流和付费推广引流等方法。有数据表明,符合直播平台规则的标题和封面最多能为直播间带来38%的流量。 邓慧是美食店铺的运营专员,她需要参考人气封面和高频标题,结合内容规范和标题文案技巧,完成直播标题和封面的策划
任务演练: 标题和封面 策划	1. 根据人气封面的特点和封面内容规范,设置开播时间并选择恰当的封面图 2. 根据高频标题的特点和标题内容规范,以"CEO空降直播间带来福利"这一事件为素材,选择"制造悬念"标题文案技巧完成标题策划。要求标题具有吸引力,简介清晰直观,标签恰当,商品至少要有6款,且与标签关联

知识准备

引流是指吸引流量，即吸引更多的用户。直播电商引流可以让更多的用户知晓直播间，甚至进入直播间，更好地增加主播、直播间及其商品的曝光率，促进商品的销售。

一、直播电商引流概述

直播电商引流是指利用多种方法吸引、引导用户进入直播间，增加直播间的观看人数。直播电商引流按照引流时间的不同，可以分为直播前引流、直播中引流和直播后引流3种形式。

（1）直播前引流。直播前引流也就是直播电商活动开展前的预热和推广。一般来说，直播团队会通过多种渠道预告直播内容，吸引用户进入直播间。对于直播电商而言，直播前的引流工作非常重要，因为会对直播间的销售额、人气等产生直接的影响。

（2）直播中引流。直播中引流是在直播过程中开展引流工作，如利用红包、优惠券、抽奖活动、促销活动等引导用户分享直播间，引导新进直播间的用户关注直播间等。直播中引流在很大程度上能解决直播间人气不足或流量降低的问题。

（3）直播后引流。直播后引流是在直播结束后开展的引流工作，如剪辑直播中的精彩片段，并制作成短视频发布到各平台，从而让更多的用户关注直播间，激发用户的观看兴趣，为直播间和下一次直播活动带来更多的流量。

二、直播电商引流的模式

根据流量来源的不同，直播电商引流模式可以分为公域流量模式和私域流量模式两种。

1. 公域流量模式

公域流量也叫平台流量，是指所有直播团队都可以获取的流量，因此公域流量模式主要吸引的是平台内的流量。直播团队可以通过搜索优化、参加活动、付费推广，以及开展促销活动等方式获得流量。总的来说，公域流量模式的优劣势如下：

（1）优势。受众面比较广，直播团队可以将直播信息快速发送给更多的潜在目标用户，有助于加深主播、直播间及商品在用户心中的印象。

（2）劣势。直播团队不享有流量支配权，需要依靠平台获取流量。另外，直播团队如果想要获取更多的流量，需要付费推广，因此要付出比较高的成本。

2. 私域流量模式

私域流量不同于公域流量，是直播团队自主经营管理的流量，如个人直播间的流量、个人微信号的流量、自建微信公众号的流量、社群的流量、自建App的流量等。私域流量的主要特征是流量可控、直达用户，其优劣势如下：

（1）优势。私域流量模式的引流成本比公域流量模式的低，并且可以将直播信息直接发送给目标用户群体。另外，直播团队可以更便捷地采取措施拉近与用户之间的距离，与用户建立情感联系。

（2）劣势。当用户或粉丝的数量较多时，可能出现不便管理的情况，因此私域流量模式对直播团队运营能力的要求会比较高。

直播团队可以根据公域流量模式和私域流量模式的优劣势选择合适的引流模式，大多数直播团队会组合使用两种模式。

三、引流内容的策划

> **课堂讨论**
> 什么样的直播预告标题会吸引你观看直播？你会在什么情况下准时进入直播间？

很多直播间在直播前会详细策划直播引流内容，通过巧妙的文案引起用户的好奇心和期待感。总的来说，直播团队要策划的引流内容包括直播预告、直播预告短视频、微信引流文案、微博引流文案等。

1. 直播预告

直播预告主要是让用户提前知晓直播内容，包括标题、内容简介及封面图3个部分。

（1）标题

直播预告标题的核心作用有：一是给用户看，吸引用户观看直播；二是给平台看，以获得更多的精准流量推荐。为了吸引用户的眼球、获得平台的更多推荐，在写直播预告标题时，可以采用以下技巧：

①借助名人效应。名人效应是指因名人的出现所达成的引人注意、强化事物、扩大影响的效应，或人们模仿名人的心理现象的统称。名人是用户普遍关注的对象，很多广告都是借助名人效应进行宣传。直播预告标题也可以借助名人效应，如名人同款、名人直播首秀、名人直播带货专场、名人嘉宾等。

②数字化。将直播的重要信息用数字体现出来，以吸引用户注意，能够让用户瞬间抓住直播的关键信息。如图2-1所示为数字化的标题。

③制造紧迫感。直播预告标题中可以添加"手慢无""库存不多"等字样，以制造一种紧迫感，促使用户立刻采取行动。

④利益化。直播预告标题可以"以利诱人"，直接指明直播的利益点，以此吸引用户观看，如图2-2所示。

⑤借助热门事件。热门事件更容易引起用户的广泛关注，如世界杯、奥运会、节日等。直播团队可以基于热门事件设计直播预告标题，借助热门事件的热度吸引用户观看直播。如图2-3所示为借助国庆节的热度策划的直播预告标题。

图2-1 数字化的标题

图2-2 利益化的标题

图2-3 借助国庆节的热度策划的直播预告标题

直播预告标题的设置建议简洁、易懂、有重点，也可借助文案技巧实现更佳的推广效果。标题文案策划有八大技巧，即借势热点、戳痛点、反向表达、直接阐明价值、制造悬念、营造紧迫感、直接发福利、特定品牌+利益，见表2-1。

表2-1 标题文案技巧说明

文案技巧	特点	适用场景	示例
借势热点	借势热门事件、热门节日、热门影视剧	热点与直播商品或福利有关联	"双11"攻略来了
戳痛点	以用户核心烦恼为中心，结合需求痛点	适用功能型产品，如遮瑕产品、显瘦衣服等	痘肌"救"星，减少反复

续表

文案技巧	特点	适用场景	示例
反向表达	采用逆向表达、制造反差	反向表达的设计能够让用户产生新鲜感	别点，点就省钱
直接阐明价值	直接告诉用户观看直播能解决什么问题	适合直播中有知识或教程传授的内容，如教穿衣搭配	手把手教你画美妆
制造悬念	用未知的惊喜或福利引发用户的好奇心	适合惊喜或福利远远高于平常的直播	咦？听说今晚有惊喜？
营造紧迫感	用限时限量向用户传递紧迫感	适合直播中有限时限量的优惠或活动	品牌现货，限时一折
直播发福利	用纯利益型的直播预告标题（如发红包、送福利）	有较多的预算可以发红包或送福利	关注发红包
特定品牌＋利益	以"×××（品牌）专场"的直播预告标题吸引对品牌有需求的用户	适用品牌产品且有较大的优惠力度	TDD专柜上新一折抢

（2）内容简介

内容简介是对直播预告标题的解释或对直播内容的概括。一般来说，直播预告的内容简介要简洁、不拖沓，可以与直播嘉宾、直播优惠价格、直播活动、特色场景、主播介绍、主打商品故事等有关。如图2-4所示为某电商平台中直播预告的内容简介，详细介绍了该场直播的优惠和福利等，以吸引用户进入直播间观看直播。

图2-4 直播预告的内容简介

（3）封面图

直播预告的封面图比标题更加直观，清晰直观的封面图具有十分明显的引流效果。当前主流的直播封面图有两种设计方式，即围绕人物或商品进行设计。围绕人物设计的封面图以主播、品牌代言人为主（见图2-5），但是主播或品牌代言人要有一定的知名度；围绕商品设计的封面图以直播主推商品为主（见图2-6），应注意商品展示要直观立体，要让用户直接观察到商品的细节和特点。另外，部分直播间的封面图还会在展示人物形象时融入商品。

图2-5　围绕人物设计的封面图

图2-6　围绕商品设计的封面图

直播封面图作为用户接触直播的第一环节，可以起到建立直播间特色、吸引用户点击的作用，其要求主要有主题明确、图片美观、人格化。封面图设计技巧见表2-2。

表2-2　封面图设计技巧说明

直播平台	封面尺寸	封面图设计技巧	制作工具
抖音	抖音的视频形式主要是竖屏，比例是9∶16，对应的是1080×1920的尺寸，但在封面展示上，仅展示1080×1464的尺寸。需要注意的是，抖音直播间的主图尺寸建议为750×750像素，图片大小不超过5M	1. 选择高清图片，图片要醒目，吸引人 2. 封面图片要与直播内容相关，如果是借助热点，则热点要与直播商品或福利有关联 3. 突出主播特点 4. 封面图片可以添加一些简单的文字，比如直播主题、主播名字等，这样能够让观众更加清晰地了解直播内容和主播信息。封面的文字一定要大，最好不小于24号字体，不要超过30个字，居中，使用固定风格，可以加深用户印象 5. 颜色要突出，不要采用大面积的白色背景，因为不够吸引人	1. 创客贴 2. 稿定设计 3. BeFunky 4. PicMonkey 5. 图怪兽 6. 美图秀秀 7. Canva可画 8. Fotor懒设计
淘宝	750×750像素，这个尺寸确保了图片的视觉效果最佳，同时封面图片的最小尺寸不应小于500×500像素。此外，封面图还有另一个尺寸，用于手淘首页的长方形展示图片，这个展示图的长宽比为16∶9		
快手	720×1280像素，比例为9∶16		

2. 直播预告短视频

短视频时长短、更新快的特点迎合了用户碎片化的信息接收习惯，在这一背景下，短视频成为直播团队为直播预热、吸引用户进入直播间的常用手段。对于直播预告短视频而言，其形式主要分为以下两种：

（1）纯直播预告

纯直播预告式的短视频内容比较简单，以直播预告为主，一般采用主播真人出镜的方式，向用户通知具体的开播时间和直播主题，如图2-7所示。另外，短视频还可以对直播中的福利活动进行预告，吸引用户观看直播。对于纯直播预告的短视频而言，内容应当包括开播时间、直播亮点、直播优惠等。

图2-7 纯直播预告式的短视频

资料来源：抖音App的截图。

（2）剧情植入式直播预告

剧情植入式的直播预告短视频一般是在短视频的前半段输出与账号风格相同的垂直内容，吸引用户观看，然后在后半段预告直播时间，如图2-8所示。剧情植入式的直播预告短视频比较适合有一定用户基础的账号，并且其前半段的剧情比较重要，一般要根据账号的定位和需要设计，后半段则以预告海报定格作为结尾，让用户更清楚地了解直播的开播时间和优惠福利。

3. 微信引流文案

微信是人们日常频繁使用的社交媒体工具，其拥有大量的活跃用户，在信息传播方面具有得天独厚的优势。因此，很多直播团队会将微信作为扩散直播信息的重要渠道之一。直播团队可以通过微信发布朋友圈文案和公众号文案，吸引用户进入直播间。

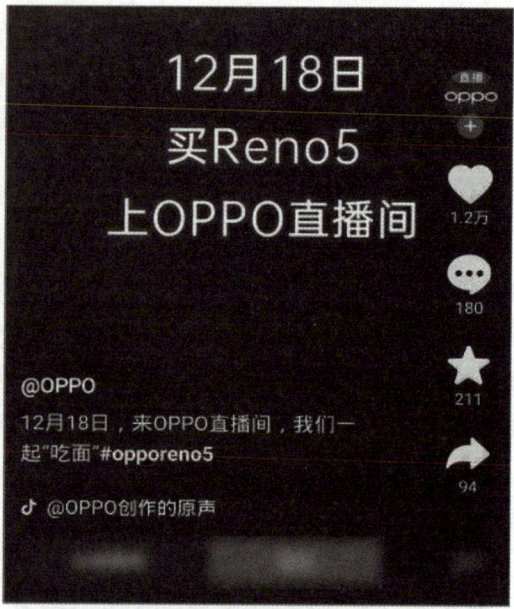

图2-8 剧情植入式的直播预告短视频

资料来源：抖音App的截图。

（1）朋友圈文案

朋友圈是微信的主要功能之一，可用于分享各种个性化的内容。但是，朋友圈比较私人化，在其中发布引流文案要注意策略，不能随意刷屏，以免引起用户的反感。直播团队可以运用以下策略编写引流式的朋友圈文案：

①分享生活。在编写引流式的朋友圈文案时，不要一味地推销直播间的商品，应该在分享日常生活时融入直播预告信息，不要太过生硬，自然而然地融入即可，让用户在真实生活中了解和感受商品，加深对商品的印象，提高购买兴趣。引流式的朋友圈文案也可以在分享旅行的同时自然地植入直播预告内容，如图2-9所示。

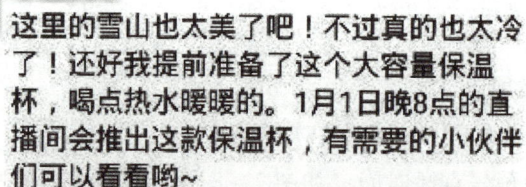

图2-9 分享生活

②分享消费评价。在编写引流式的朋友圈文案时，可以分享一些用户在直播间购买商品的反馈图或使用反馈信息，建立直播间及其商品的口碑，如某主播在朋友圈中分享用户的消费评价。这种用户对直播间商品品质正面的消费评价，可以增加朋友圈中其他用户对直播间及其商品的好感，从而促进商品的销售。

> **课堂讨论**
>
> 在你的朋友圈中，哪种类型的内容会让你选择屏蔽？假如你需要写作引流式的朋友圈文案，如何避免被微信好友屏蔽？

③分享专业知识。编写专业知识类的朋友圈引流文案，如使用方法、使用技巧或商品功能等，有助于树立直播团队的专业形象，并加深用户对商品的印象和信任感。对于喜欢了解新知识的用户来说，这些内容还有助于满足其求知欲和学习欲。

④话题互动。互动有助于增强用户黏性，直播团队可以直接在朋友圈中发表一些互动性比较强的话题，让用户参与讨论。互动的话题最好与直播间、品牌或商品相关，有一定的宣传力度与实用价值，并可以适当地诱之以利，提升用户的参与积极性。

（2）公众号文案

公众号是个人或商家在微信公众平台上申请的应用账号，包括服务号、订阅号、小程序和企业微信4种类型。与朋友圈文案相比，公众号文案的内容更多，主要由封面图、标题、摘要、正文4个部分组成。

①封面图。封面图是对文案内容的简要说明和体现，以快速吸引用户的注意，并引起用户的浏览兴趣。引流式公众号文案的封面图可以使用主播个人照片或与直播内容、商品相关的图片。

②标题。标题要能够引起用户的浏览兴趣，其写作可参考直播预告标题的方法。除此之外，为了使标题更具有辨识度，可在标题前使用竖线"｜"或方头括号"【】"，将关键词或不同类型的文案分隔开，进一步加深用户对品牌或商品的印象，如图2-10所示。

图2-10　标题

③摘要。摘要是封面图下面的引导性文字，可以让用户快速了解文案的主要内容，或提出具有吸引力的问题，以吸引用户阅读文案，增加文案的阅读量。摘要的字数要控制在50字以内，不宜太多，内容要根据标题拟定，要想吸引更多的用户进入直播间，还可以将直播优惠或福利写入。

④正文。公众号文案在利用封面图、标题、摘要等引起用户的浏览兴趣后，还需要用优质的正文内容打动用户。正文内容想要吸引用户的关注，增加其浏览兴趣，要讲究一定的写作技巧，直播团队通常可以从内容、图片和排版3个方面入手。

●内容。要想依靠正文的内容吸引用户进入直播间，就应当从用户需求入手，进行内容的策划与定位，从不同角度挑选出合适的选题，如行业热门消息、有深度的"干货"、名人视角、群众视角、有内涵的企业文化、生活实用技巧、生活感悟、商品福利活动等，使用户主动分享和传播，为直播间带来人气和流量。

●图片。在公众号文案正文中，图片与文字相辅相成，缺一不可。在正文中配图可以增强内容的表达效果，缓解用户的阅读压力，提高阅读体验，使传达的信息更加直观、丰富。在为文字配图时要注意3点：一是尽量使用分辨率高、美观的图片；二是图片要与文字内容相关；三是图片要适量，且不能打乱内容的连贯性。

●排版。美观的公众号正文排版，可以提升用户的阅读体验。正文排版可以从配色和版式两方面入手：就配色来说，最好选择与商品或品牌相关的颜色，且文字的字体颜色最好不超过3种；就版式而言，应当遵循对齐（左对齐、右对齐或居中对齐）、对比（标题与正文的对比、重点内容与普通内容的对比）和统一（字体样式统一、行距统一、风格统一等）的原则。

4. 微博引流文案

微博是基于社交关系获取、分享与传播信息的社交媒体平台，其每天产生的信息数量非常庞大，但用户一般只会关注自己感兴趣的信息。要在微博上发布直播引流文案，向用户传递直播信息，吸引用户进入直播间，可以采用以下3个策略：

（1）利用话题

微博中的热门话题往往是一段时间内大多数用户关注的焦点，所以借助话题的高关注度来编写微博引流文案，可以让直播间快速吸引到用户的注意。除了利用已有的热门话题外，直播团队还可以自己发起话题。在微博中，"#×× #"代表着某个话题，在文案中添加话题，可以让文案自动与话题链接，让文案被更多用户搜索到，扩大微博引流文案的传播范围。如图2-11所示为某品牌发布的微博引流文案，文案中的"#国庆节快乐#"是热门话题榜中的热门话题，"#新东方#""#东方甄选#"则是围绕品牌名称和直播间创建的话题。

图2-11 某品牌发布的微博引流文案

资料来源：东方甄选微博视频号截图。

(2) 解答疑难

选取与用户工作、生活息息相关或普遍面临的问题、难题，也可以引起用户的关注。若能针对这些问题在微博引流文案中给予良好的解决方案，就可以得到用户的认可。例如，针对部分妈妈的"孩子不肯入睡"问题，微博引流文案进行了解答，然后引入直播信息，如图2-12所示。这样的微博引流文案不仅能够增加用户对该账号的好感度，为其积累粉丝，还能为直播间带来更多的流量。

图 2-12 解答疑难

(3) 借势

借势也就是围绕热点编写微博引流文案，热门事件、热门人物、节气、节日等都是可以借助的"势"。借助节气、节日编写微博引流文案是常用的写作策略。节气是指我国的二十四节气，即立春、雨水、惊蛰、春分、清明、谷雨、立夏、小满、芒种、夏至等，每一个节气都有其不同的习俗及文化，如立春有迎春的活动，清明有祭祖的传统等；节日包括元旦节、春节、元宵节、清明节、端午节、中秋节和国庆节等。

一般来说，用户对微信、微博等平台中的点赞有奖、转发有奖活动等很感兴趣，因此在为直播编写引流文案时，还可以借助这些有奖活动，利用用户对奖品或活动的兴趣，引导其关注直播信息。但是，带有奖品活动的引流文案应当保证真实、公平、公正，不能凭个人喜好将奖品发放给认识的人，活动结束后要及时公布获奖者名单。只有做到诚实守信、公平公正，才会给用户留下好的印象。

思政小课堂

引流文案的策划与写作一定要合法合规，不要涉及违法宣传。另外，标题不要过分夸张，不要出现"独家""极佳""独一无二""全国销量冠军"等违禁词。在准备封面图和标题时，不要为了吸引用户而"挂羊头卖狗肉",欺骗用户。在借助热门话题编写引流文案时还要避免敏感、低俗的信息。

> **学有所思**
>
> 假如某服装品牌打算在国庆节开展一场秋装上新直播,应当如何策划引流内容?直播预告、直播预告短视频、微信引流文案、微博引流文案分别如何策划?

任务实施

任务演练:标题和封面策划

【任务目标】

邓慧是美食店铺的运营专员,她需要参考人气封面和高频标题,结合内容规范和标题文案技巧,完成标题和封面的策划。

【任务要求】

任务编号	任务指导
1	根据人气封面的特点和封面内容规范,设置开播时间并选择恰当的封面图
2	根据高频标题的特点和标题内容规范,以"CEO空降直播间带来福利"这一事件为素材,选择"制造悬念"标题文案技巧完成标题策划,要求标题具有吸引力,简介清晰直观,标签恰当,商品至少要有6个,且与标签关联

【操作过程】

标题和封面策划的操作步骤和关键点如下:

步骤1:根据人气封面制作合适的封面图。收集不同频道的人气封面图,结合直播封面内容规范的要求,总结符合平台要求且能带来更多流量的封面图所具备的要素,并根据系统要求制作恰当的封面图。

步骤2:选择合适的文案技巧。根据标题文案技巧说明表(表2-1)里罗列的8种典型的标题文案技巧特点、适用场景及示例选择合适的文案标题,根据不同频道的高频标题,结合直播标题内容规范的要求,总结符合平台要求且能带来更多流量的标题具有哪些特点,并选择合适的文案。

步骤3:设置开播内容。根据任务要求和所选择的文案技巧,设计直播标题及简介,选择直播标签和直播商品。

【任务思考】

除了封面、标题的内容设置能够为直播引流外,还有哪些直播信息的设置也能起到预热引流的作用?

任务二　短视频付费引流

任务描述

任务背景	开播前发布短视频预热是基础的直播预热操作。如果直播账号上有曝光度比较高的短视频，则可以付费投放 DOU＋（网站）进一步获取曝光，然后在投放 DOU＋的时间段开始直播。经验表明：一般完播率较高的视频都在 15～30 秒；发布 1 小时后，点赞率能达到 5%～10%，转发率和评论率能达到 1%。 邓慧是美食店铺的运营专员，她计划挑选合适的短视频在 DOU＋投放
任务演练：拍摄短视频并在 DOU＋投放	选择好拍摄短视频的类型和展现形式； 准备拍摄短视频的器材和道具，编写短视频拍摄脚本； 拍摄短视频及后期剪辑； 通过"DOU＋"工具付费推广直播预告短视频，扩散直播预告信息，吸引用户准时进入直播间

知识准备

一、短视频的类型

目前短视频的内容十分丰富，类型多种多样，可以满足各类用户的娱乐或学习需求。短视频的类型主要分为以下几种：

（一）搞笑类

很多人看短视频的目的是娱乐消遣、缓解压力、舒缓心情，因此搞笑类的内容在短视频中占有很大的比重。搞笑类短视频一般有两种，即情景剧和脱口秀。情景剧往往有一定的故事情节，内容贴近生活，通常由两人以上出演，注重情节反转。脱口秀主要是"吐槽"实事热点话题，注重形成个人风格，打造专属频道。"吐槽"指的是在他人话语或某个事件中找到一个切入点进行调侃。由于"吐槽"往往能够为观众带来极大的乐趣，所以许多短视频创作者都采用这种内容方式。

（二）访谈类

访谈类短视频一般是街头采访视频。街头采访视频主要以一个话题开始，让路人就相关话题进行回答，亮点在于路人的反应，其中很多"梗"（即笑点）是可以重复使用的。由于话题性很强，这类短视频的流量往往会很大，如 2022 年爆火的"别闹了美越"，因巧妙选择用英语采访中国街头的行人，通过两种语言之间的碰撞引发奇妙的化学反应，以 189 万的增粉量登上了抖音 1 月涨粉榜 TOP12。

（三）电影解说类

这类短视频是从哔哩哔哩平台火起来的。创作这类短视频时，要求创作者的声音具有辨识度，且善于挖掘电影素材，一般选自热门电影或经典电影，或者创作者解说影片内容和对电影进行盘点。

（四）时尚美妆类

这类短视频主要面向追求和向往美丽、时尚、潮流的女性群体，其选择观看短视频是为了从中学习一些化妆技巧等，帮助自己变美并跟上时代的潮流。现在各大短视频平台上涌现出大量的时尚美妆"博主"，她们通过发布自己的化妆短视频，逐渐积累固定的粉丝群体，吸引美妆品牌商与其合作，这已经成为时尚美妆行业营销的重要推广方式之一。

（五）文艺清新类

这类短视频主要针对"文艺青年"，内容大多涉及生活、文化、习俗、风景等，风格类似纪录片、微电影，画面文艺、优美，色调清新、淡雅。但这类短视频的选题非常难，受众范围较小，所以相对其他类型的短视频来说播量较低，也有非常成功的自媒体，如一条、二更等。这类短视频虽然播放量低，但粉丝黏性很高，变现能力强。

（六）才艺展示类

这类短视频的内容包括唱歌、跳舞、演奏乐器、健身、厨艺展示等，其在抖音平台十分常见，而且经常占据热播榜单，这是因为抖音对这类短视频给予了大量的流量扶持。

（七）实用技能类

这类短视频又可以细分为多种类型，包括PPT类短视频、讲解类短视频、动作演示类短视频和动画类短视频等。

（1）PPT类短视频又称清单式短视频，其制作非常简单，只需一些图片、文字，再配上音乐即可，短的几分钟就可以被制作出来，如"最烧脑的十部电影""在失恋时必听的十首歌"等。

（2）讲解类短视频，主要是传播"干货"知识，制作起来也非常简单，创作者只需把手机架好，然后对着镜头讲解即可，在后期编辑时可以添加一些字幕，以便用户理解。

（3）动作演示类短视频，通常以生活小窍门为切入点，如"可乐的5种脑洞用法""勺子的8种逆天用法"等。这类短视频的剪辑风格清晰，节奏较快，一般情况下一项技能在1~2分钟内就可以被讲清楚。

（4）动画类短视频，风格幽默风趣，不管是学习"干货"知识的人，还是纯粹想娱乐休闲的人，都会对这类短视频产生深刻的印象，手工教学、减肥教学等短视频都可以采用这种形式。

（八）正能量类

正能量类短视频的形式多样，有脱口秀、情景短剧、生活中的抓拍等。不管什么时候，正能量都会受到人们的欢迎，所以发布正能量的短视频容易激发用户的共鸣，而且短视频平台也会采用流量扶持的方式引导创作者发布与正能量有关的内容。

二、短视频的展现形式

不同风格的短视频展现形式也不同，短视频的展现形式定位决定了用户会通过什么方式记住短视频的内容及账号。一般来说，比较热门的短视频展现形式主要有图文展示、知识分享、解说、情景短剧、视频博客等。

（一）图文展示形式

图文展示形式一般是在一张底图上加一些要表达的文字，有的也会出现与内容有关的人物。这种展现形式最为简单，基本上不需要视频拍摄和后期制作。不过，这种展示形式的短视频相当于内容搬运，变现能力比较差。

（二）知识分享形式

知识分享形式的短视频变现能力很强，要想做好这类短视频，最关键的是内容要有"干货"，要能打破用户的认知，为用户提供价值，这样才能赢得用户的信任，并让其持续关注。例如，某短视频账号专注向用户讲解有用的知识，传递正能量。而这些知识大多是短视频创作者通过阅读获得的，用户持续关注该账号以后，可能对其社群产品感兴趣，这就有利于短视频的后期变现。

（三）解说形式

解说形式的短视频一般为短视频创作者对影视作品的解说。在制作这类短视频时，其创作者不用自己拍摄视频，只要提前找好解说的视频素材，厘清解说思路，再将剧情片段与解说内容完美对应，并添加字幕即可。虽然这类短视频很受用户欢迎，但目前这类账号的数量激增，如果都是简单的内容搬运，就很容易造成内容同质化，风格千篇一律，用户的互动意愿会明显降低。因此，要想从众多的竞争账号中脱颖而出，短视频创作者就要想办法让用户形成差别性记忆，从表达方式、视觉呈现方式、语言方式、内容素材选择等方面入手，探索出自己的独特风格。同时，建立解说者的"人设"，赋予账号内容之外的温度和情感，使用户在欣赏有价值的内容的同时，对特定账号形成记忆，增加与短视频创作者的互动。

（四）情景短剧形式

情景短剧形式的短视频是通过视频中人物的表演把中心思想传达给用户，其成本相对较高，因为会对剧情主题和情节有着较高的要求，所以短视频创作者要提前准备文案脚本。这种形式的短视频在拍摄时，通常要由2个以上的人表演，并且反复拍摄很多次，后期制作也比其他短视频形式复杂得多。不过，这种形式的短视频往往对用户的吸引力比较大，其情节和结果如果能够让用户产生情感共鸣，"吸粉"效果就会很强。例如，某短视频账号主要播放由某位著名小品演员担任主演的情景短剧，该系列短剧以"内暖"和"外暖"定位，从生活本身出发，为用户创作了很多有趣的正能量短视频。

（五）视频博客形式

视频博客即Vlog（Video Blog），又称视频网络日志，是创作者（Vlogger）以影像代替文字或照片，创作个人日志，并上传到短视频平台给网友分享。这种形式的短视频重在记录生活，但不能拍成流水账，一定要有主题，主次分明，突出重点，并注重拍摄效果。视频博客的拍摄要注重脚本思维，创作者要提前构建好重要的镜头，做好开场和转场，在后期剪辑时一定要保证叙事流畅。

三、短视频拍摄工具

（一）拍摄设备

短视频的拍摄设备主要有专业摄像机、单反相机、手机等。

1. 专业摄像机

如果创作者想拍出更加专业的短视频，那么专业摄像机是必不可少的设备，如索尼FS5、佳能

C300 Mark Ⅱ等。这些设备通常具有更高的分辨率、更多的操作选项和更强的适应能力。

2. 单反相机

相对专业摄像机，单反相机的优势在于价格更加亲民，便于携带，如佳能 EOS 5D Mark Ⅳ、尼康 D850 等。相机的画质、成像效果、拍摄稳定性等都比手机好，因此适合拍摄高质量的短视频。

3. 手机

使用手机是拍摄短视频最为方便的方式，因为它轻便易携带，且几乎人手一部。市面上有众多拍照效果好的手机，如 iPhone、华为 P 系列、小米等。

（二）其他设备

1. 声音采集设备

声音在短视频制作中同样非常重要。不同的拍摄环境下，利用不同的声音采集设备，例如话筒、声卡等，可以获得更加优质的音效。

2. 灯光设备

在拍摄中，适当的灯光可以让画面显得更加生动有致。如果拍摄场地没有良好的自然光源，需要准备灯光设备进行辅助。

3. 三脚架是拍摄的稳定支架。因为用手拍摄会抖动，画面会晃来晃去、不稳定，所以很有必要有一台三脚架。

4. 稳定器可以选择性购买。稳定器的作用是安稳且有跟拍、运动追寻、横竖屏一键切换等功能，非常适合外出拍摄。

5. 麦克风被用于提高短视频的音频质量。根据需求，可以选择拍摄设备自动录音频或者使用录音机等。

6. 无人机是在特定场景中需要使用航拍无人机进行拍摄，比如从高空俯拍一些广阔的场景。

四、短视频脚本制作

短视频脚本可以被理解为短视频的拍摄大纲和要点规划，用来指导整个短视频的拍摄方向和后期剪辑，起着统领全局的作用。分镜头脚本既是前期拍摄的脚本，也是后期制作的依据，还可以作为视频长度和经费预算的参考。分镜头时长一般为 3~10 秒，要根据具体的情节决定。分镜头脚本要求十分细致，每一个画面都要求在掌控中，包括每一个镜头的长短和细节，虽然耗时耗力，却是较多短视频大号非常重视的部分。

镜头景别可以分为远景、全景、中景、近景和特写。画面景别的大小有两个决定性因素：一个是拍摄设备与被拍摄物体之间的实际距离，另一个是拍摄设备镜头的焦距长短。下面简要介绍各种景别的设计与运用方法。

1. 远景

远景一般被用来表现远离拍摄设备的环境全貌，展示人物及其周围广阔的空间环境、自然景色和群众活动场面。这种景别相当于人从较远的距离观看景物和人物，视野深远且宽阔，能够包容广阔的空间，人物在画面中所占的面积较小，甚至是点状，而背景占主要位置。画面给人以整体感，细节不突出，如图 2-13 所示。

图 2-13 远景

由于人们在观看短视频时大多使用手机，其屏幕较小，远景的表现力会在手机屏幕上被削弱，因此拍摄者在处理远景画面时要删繁就简，使画面长度足够充分，而且拍摄时不要将设备移动得太快，以免使本来就不易看清的细节变得模糊。

2. 全景

全景被用来表现人物全身形象或某一具体场景的全貌，往往制约着该场面切换中的光线、影调、人物运动及位置等，可以进一步表现人物与环境的关系，也被称为交代镜头，如图 2-14 所示。与远景相比，全景有着明显的内容中心和结构主体，重视特定范围内某一具体对象的视觉轮廓形状和视觉中心地位。

图 2-14 全景

全景画面能够完整地表现人物的形体动作，进而反映人物的内心情感和心理状态。全景将被拍摄主体及其所处的环境空间在同一个画面中展现，可以通过典型环境和特定场景来表现特定人物。需要注意的是，在全景画面中，人物的头顶以上与脚底以下要有适当的留白，切不可"顶天立地"，以免让人产生堵塞感，但也不要将空间留得过大，会造成人物形象不清楚，降低画面的利用率。

3. 中景

中景主要被用来表现人物膝盖以上部分或者场景的局部画面。与全景相比，中景画面中的人物整体形象和环境空间不再是重点表现对象，而是更注重表现具体动作、结构和情节，如图 2－15 所示。

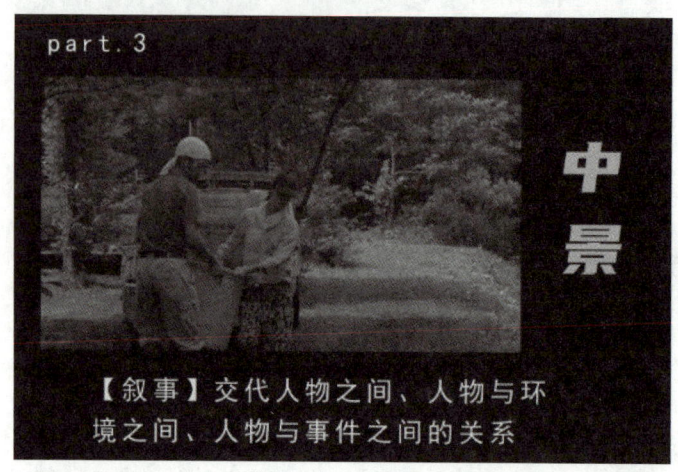

图 2－15　中景

中景画面削弱了被拍摄主体的外部轮廓线，加强并突出了物体内部结构线的表现因素。例如，在拍摄一棵参天大树时，画面由全景推向中景，大树的外部轮廓线就会被排挤出画面，而重点表现树木苍劲挺拔的枝干。中景画面是叙事性的景别，在有情节的画面中，中景既给人物以形体动作和情绪交流的活动空间，又与周围氛围、环境保持一致，可以揭示人物的情绪、身份、相互关系及动作目的等。

4. 近景

近景主要被用来表现人物胸部以上的部分或者物体的局部。与中景相比，近景画面表现的空间范围更小，画面内容也更单一，环境和背景的作用被进一步降低，吸引观众注意力的主要是画面中占主导地位的被拍摄主体，如图 2－16 所示。

图 2－16　近景

由于大多数观众观看短视频时使用的是手机，手机屏幕小，因此在拍摄近景画面时，拍摄者要注意画面中细节的质量，保证人物形象的真实性、生动性和情节的客观性、科学性。拍摄者不妨多拍摄一些画面，可以在后期剪辑时挑选。

背景在近景画面中的作用被大大降低,所以近景画面一般力求简洁、色调统一,拍摄者尤其要避免背景中出现容易分散观众注意力的物体,要让被拍摄主体一直处于画面结构的主导位置。

5. 特写

特写被用来表现人物肩部以上的部分或者某些被拍摄主体细节的画面。由于特写画面的内容比较单一,可以起到放大形象、强化内容、突出细节等作用,如图2-17所示。

图2-17 特写

在特写画面中,被拍摄主体几乎充满画面,与观众的距离更近。在人物特写画面中,观众可以很清晰地看到人物的面部表情,这有利于刻画人物,描绘人物的内心活动。在有情节的叙事性短视频中,人物面部表情和眼神的变化在表现某些特殊画面时有着无限的可能性,是形成画面语言的戏剧性因素。例如,画面人物眨一下眼睛代表某个事件将要发生,皱了皱眉头说明其正在面对意外的出现等。

同时,观众对被拍摄主体的认识会有所深化,达到透视事物深层内涵、揭示事物本质的目的。例如,当一只紧攥成拳头的手充满整个画面时,它就不再是一只手,而象征了一种力量。

由于特写分割了被拍摄主体与周围环境的空间联系,画面的空间表现不明确,空间方位也不明确,所以常被用作转场镜头。在场景转换时,由特写画面转入新场景,观众不会觉得突兀和跳跃。

其实,每个短视频都是由不同景别的画面组合而成的。下面将介绍不同景别在画面中停留的时间、所占的比例,以及组合景别的方法。

1. 不同景别在画面中停留的时间

短视频不能由单一景别的画面构成,否则会显得过于单调,无法吸引观众,那么在一个短视频中,不同景别在画面中分别停留多长时间合适呢?由于远景画面中的元素比较多,为了让观众看清楚,时间一般停留较长,常为3~5秒,全景画面一般停留2~3秒,中景画面一般停留2秒,近景画面一般停留1~2秒,特写画面一般停留1秒。如果需要渲染情绪,则任何景别都应适当多停留一些时间,以使观众更好地产生代入感。

2. 景别所占比例

一般来说,在短视频中近景、特写画面加在一起所占比重为3/5,远景和全景画面占1/5,中景画面占1/5。

3. 组合景别的方法

一般可以按照以下方法拍摄 20 秒以内的短视频：

（1）正递进式。远景—全景—中景—近景—特写，层层递进，将所要展现的事物越来越清晰地呈现出来。

（2）逆递进式。特写—近景—中景—全景—远景，层层拉远，逐渐表达清楚人物在做什么，这样可以勾起观众的好奇心。

（3）总分总式。远景+全景—中景+近景—远景+全景，开头先用远景和全景画面交代环境，再用中景和近景画面交代故事的发展，最后用远景和全景画面结束视频。

（4）跳跃式。所谓跳跃式，其实就是"不按常理出牌"，景别之间没有固定的搭配方式，而是完全根据视频内容的逻辑来组合景别，这样做可以让观众时刻保持视觉上的新鲜感。

五、短视频的后期编辑

短视频的前期拍摄工作固然很重要，但如果不经过后期编辑处理，则很难给观众带来强烈的视觉冲击力，吸引观众的眼球。下面介绍常用的短视频后期编辑工具、短视频画面转场的设计、短视频背景音乐的选择、短视频的配音，以及为短视频添加字幕。

（一）常用的短视频后期编辑工具

短视频的后期编辑处理要用到后期编辑工具，利用它们可以对拍摄的短视频进行剪辑，添加转场、字幕、特效等，凸显其专业性和艺术性。下面介绍几种常用的短视频后期编辑工具。

1. Premiere

Premiere 作为一款流行的 PC 端非线性视频编辑处理工具，在影视后期、广告制作、电视节目制作等领域有着广泛的应用，在短视频编辑与制作领域也是非常重要的工具。Premiere 拥有强大的视频编辑功能，易学且高效，可以发挥用户的创造能力和创作自由度。

2. Audition

Audition 是一款专业级别的 PC 端音频处理工具，提供先进的音频混合、编辑、控制和效果处理等功能，支持 128 条音轨、多种音频特效和多种音频格式。用户使用它可以很方便地对音频文件进行修改与合并，以及创建、混合和设计各种音效。

3. 爱剪辑

爱剪辑是一款简单实用、功能强大的视频剪辑软件，用户利用它可自由地拼接和剪辑视频。其创新的人性化界面是根据用户的使用习惯、功能需求与审美特点进行设计的。爱剪辑具有为视频添加字幕、调色、添加相框等较全的剪辑功能，且具有诸多创新功能和影院级特效。

4. 巧影

巧影作为一款功能全面的短视频处理 App，适用于安卓系统、谷歌 ChromeOS 系统、iOS 系统，支持多个视频、图片、音频、文字、效果等视/音频同时进行精准编辑、一键抠图、多层视频、多层混音、潮流素材、关键帧多倍变速、多种屏幕尺寸、超高分辨率输出等，用户使用起来十分简便。

5. 剪映

剪映是抖音官方推出的一款移动端视频编辑 App，具有强大的视频剪辑功能，支持视频变速与倒放，用户利用它可以在视频中添加音频、识别字幕、贴纸、应用滤镜、使用美颜等，它还提供了非常丰富的曲库和贴纸资源等。即使是视频制作的初学者，也能利用这款工具制作出心仪的视频作品。

6. 快剪辑

快剪辑是 360 旗下一款功能齐全、操作简单、可以边看边编辑的视频剪辑工具，既有 PC 端快剪辑，也有移动端快剪辑。快剪辑是抖音、快手、哔哩哔哩、微信等平台用户强烈推荐的一款视频剪辑软件，无论是刚入门的新手还是视频剪辑专家，快剪辑都能帮助用户快速制作出爆款的短视频作品。

7. VUE

VUE 是 iOS 和 Android 平台上的一款 Vlog 社区与编辑工具，允许用户通过简单的操作实现 Vlog 的拍摄、剪辑、细调和发布，记录与分享生活。用户还可以在社区直接浏览他人发布的 Vlog，与 Vloggers 互动。

（二）短视频画面转场的设计

在短视频后期编辑中，转场技巧的运用无疑为作品增添了丰富的层次感和动态美感。转场不仅是连接两个不同场景或镜头的桥梁，更是展现编辑师创意和技巧的重要工具。下面我们将深入探讨视频编辑中几种常见的转场方式，以及它们各自的特点和应用场景。

1. 直接切换转场

直接切换也称为硬切，是最简单、最直接的转场方式。它无须任何过渡效果，直接将两个镜头进行连接。这种转场方式适用于节奏紧凑、快速切换的场景，如新闻播报、纪录片等。

2. 溶解转场

溶解转场是一种让上一个镜头逐渐消失，同时下一个镜头逐渐显现的过渡效果。它给人一种柔和、梦幻的感觉，适用于表现情感、回忆等场景。在溶解转场中，可以通过调整溶解的速度和方式，来营造出不同的氛围和效果。

3. 淡入淡出转场

淡入淡出转场是指画面从全黑逐渐显现（淡入）或画面逐渐消失（淡出）的过程。这种转场方式常用于引导观众进入或离开某个场景，营造出一种渐进式的氛围。无论是风景视频还是人物特写，淡入淡出都能让画面过渡得更加自然。使用时，只需将两个视频片段的起始和结束部分稍微重叠，然后选择淡入淡出特效即可。

4. 滑动转场

滑动转场是通过将上一个镜头的边缘部分向一侧移动，同时展现下一个镜头的边缘部分，从而完成两个镜头之间的过渡。滑动转场具有一种平滑、流畅的感觉，适用于表现场景之间的连续性和关联性。常见的滑动转场方式有左右滑动、上下滑动等。

5. 旋转转场

旋转转场是通过将镜头进行旋转运动，从而完成两个镜头之间的过渡。这种转场方式具有强烈的视觉冲击力，能够迅速吸引观众的注意力。旋转转场常用于表现快速切换的场景，如广告、宣传片等。

6. 缩放转场

缩放转场是通过改变镜头的缩放比例，从而完成两个镜头之间的过渡。这种转场方式可以营造出一种空间感，使画面更加立体和生动。缩放转场常用于表现从一个场景到另一个场景的转换，如从城市风光到室内环境的过渡。

7. 翻页转场

翻页转场是模拟书本翻页的效果，将上一个镜头像翻书一样翻过去，同时展现下一个镜头。这种转场方式具有一种简洁、明了的感觉，适用于表现时间流逝、故事发展等场景。翻页转场可以通过调整翻页的速度和方式，来营造出不同的氛围和效果。

8. 遮罩转场

遮罩转场是利用某种形状或图案的遮罩，将上一个镜头逐渐遮挡住，同时展现下一个镜头的部分内容。遮罩转场常用于表现特定的主题或情感，如节日氛围、爱情主题等。

在实际操作中，转场技巧的运用并非孤立的，而是需要与其他剪辑元素相结合，共同营造出作品的氛围和节奏。同时，转场技巧的运用也需要根据作品的主题和情感进行选择和调整，以达到最佳的视觉效果和观众体验。

（三）短视频背景音乐的选择

在为短视频选择背景音乐时，要遵循以下原则：

1. 根据短视频的情感基调选择

短视频创作者在拍摄短视频时，要清楚短视频所要表达的主题和想要传达的情绪，确定短视频的情感基调，并以此作为依据选择背景音乐。例如，美食类短视频应让观众体会到美食带给人轻松自在、心情舒畅的感受，所以要选择欢快、愉悦的背景音乐，如爵士音乐和流行音乐等。这些类型的音乐与短视频内容相互融合后，不仅会吸引观众观看，还会让其跟随背景音乐捕捉到更多的生活细节。

时尚、美妆类短视频主要面向喜欢潮流和时尚的年轻人，在选择背景音乐时，可以挑选一些节奏紧凑的音乐，如流行音乐、电子乐、摇滚音乐等。

对于旅行类短视频，短视频创作者可以根据景色的特点选择相应的背景音乐，如果景色壮阔，就选择气势恢宏的音乐，或者节奏鲜明的爵士音乐和流行音乐；而对于古朴典雅的景色或建筑，可以选择古典音乐；对于文化底蕴较深的景色，可选择轻柔的音乐渲染气氛，以增强观众的代入感。

搞笑类短视频以剧情为主，恰当地使用背景音乐不仅可以推动剧情发展，还能增强喜剧效果。对于这类短视频，短视频创作者大多选用搞怪类别的音乐或者与剧情差异较大的音乐，以突出剧情反转的"笑"果。

2. 背景音乐要配合视频的整体节奏

很多短视频的节奏是由背景音乐带动的，为了使背景音乐与短视频内容更加契合，后期剪辑时最好先按照拍摄的时间顺序对视频进行简单的剪辑，然后分析短视频的节奏，再根据整体的节奏寻找合适的背景音乐。从整体上讲，短视频的节奏和音乐的匹配度越高，短视频就越吸引人。

3. 背景音乐不能喧宾夺主

背景音乐在短视频中起到衬托作用，其最高境界是让观众感觉不到它的存在，所以背景音乐一定不能喧宾夺主。如果背景音乐过于嘈杂，或者对观众的感染力已经超过短视频本身，就会影响观众对短视频内容的注意。

4. 选择热门音乐

在遵循以上原则的基础上，要想让短视频获得更多平台的推荐，最好选择热门音乐作为背景音乐。以抖音平台为例，在发布短视频时，点击"选择音乐"，进入"歌单搜索"界面，再点击"热歌榜"或"飙升榜"就能看到当下较受欢迎的各类音乐，找到自己想要的音乐，点击"使用"按钮。

（四）短视频的配音

1. 短视频创作者自己配音

短视频创作者自己为短视频配音时，需要注意以下问题：

尽量使用支架固定话筒，因为手持话筒时难免出现颤动，这样可能产生噪声，尤其在说话时，随着人的情绪变化和表达的需要，手持话筒的动作幅度较大时会影响配音效果。

要将话筒置于与人脸呈 30°角以内的位置，并为话筒套一个防风罩，以防在说某个词的音量过重时被录入爆破音。

消除环境噪声。在配音时不要打开会发出声响的电器，手机要调成静音模式，旁边有人时不要发出与配音内容无关的声响。

把握好配音内容的基本感情色彩，恰当地停顿和连接，不能让配音内容支离破碎。

2. 请专业团队配音

对很多人来说，配音是一件比较有挑战性的工作，可能会存在很多问题，如普通话不标准，声音不好听，说话时紧张、忘词、卡顿等，这样就无法达到理想的配音效果。如果短期内无法克服这些困难，可以考虑请专业团队进行配音，其收费一般根据配音的难度和时长确定。

3. 使用配音软件

使用配音软件可以很好地规避短视频创作者自己配音的局限性，成本较低，既简单又方便，如剪映、掌上配音、讯飞快读和讯飞配音就是几款出色的短视频配音工具。

剪映是抖音推出的视频剪辑软件，具备基础的视频剪辑功能，并内置多种声音供选择。用户可以在视频编辑界面中输入视频台词文本，利用"朗读"功能生成配音。

掌上配音是一款免费的专业配音软件，内含 200 多位专业智能 AI 主播，提供多种声音选择，包括磁性成熟、温暖阳光的男声，亲和活泼、知性沉稳的女声等，还支持多种方言。

讯飞快读是一款方便、高效、成本低廉的配音小程序，进入该小程序后即可看到 4 种文字输入方式。选择一种方式后输入文字,选择适合短视频内容的背景音,点击"保存为 MP3",即可将保存好的音频文件导入视频编辑工具进行合成。

讯飞配音也是一款文字转语音的语音合成配音工具,同时提供真人配音服务,适用于企业宣传片配音、商场店铺广告促销配音、课件 PPT 和微信公众号配音、有声朗读、影视配音、自媒体配音等多种场景,支持多种语言。

(五)为短视频添加字幕

为短视频添加字幕能够方便观众了解短视频内容,而且带有字幕的短视频成为爆款的概率更高。几乎所有的短视频制作工具都支持添加字幕,在为短视频添加字幕时,要注意以下几点:

①字幕的颜色一般采用白色,但要避免字幕颜色与背景颜色相冲突,可以为白色字幕添加对比明显的边框,但边框不要太大,以免影响美观度。

②字幕最好不要遮挡短视频画面的主要内容,一般放在短视频画面的正下方。

③除了要达到幽默搞笑效果的特殊情况外,字幕中不要出现错别字。

④字幕内容要通顺、流畅,与短视频中人物所说的话要保持一致。

任务实施

任务演练:拍摄短视频并在 DOU + 投放

【任务目标】

开播前发布短视频预告是主播基础的直播预热操作。如果直播账号上有曝光比较高的短视频,可以付费投放 DOU + 以进一步获取更多曝光,然后在投放 DOU + 的时间段开始直播。经验表明:一般完播率较高的视频都在 15~30 秒;发布 1 小时后,点赞率能达到 5%~10%,转发率和评论率达到 1%。邓慧是美食店铺的运营专员,她计划拍摄合适的短视频并在 DOU + 投放。

【任务要求】

任务编号	任务名称	任务指导
1	短视频内容策划	直播团队讨论分析,首先确定短视频账号的定位,其次确定内容的展现形式和选题,最后撰写短视频拍摄大纲和脚本
2	短视频拍摄与剪辑	在拍摄过程中灵活选择景别、构图方式、拍摄角度、运镜方式等。对拍摄的短视频进行剪辑,使其节奏流畅、生动有趣,成为一个完整的短视频作品
3	在 DOU + 投放短视频	1. 根据短视频的时长、播放量和互动数据,选择合适的短视频进行付费推广,并设置推广目标和预算 2. 完成付费推广的投放设置,要求选择最有效的推荐方式,在预算范围内投放

【操作过程】

(一)短视频内容策划

直播团队讨论分析,首先确定短视频账号的定位,其次确定内容的展现形式和选题,最后撰写短视频拍摄大纲和脚本。

具体操作步骤如下：

步骤1：沟通、讨论并确定账号定位。

步骤2：确定短视频的展现形式和主题。短视频展现形式是横屏还是竖屏？一般情况下，剧情、搞笑等视频（有故事情节）适合竖屏，但这类视频所需要的时间较长。如果要做这类视频，就必须保证自己的故事足够亮眼，尽量能在前几秒留住用户。提交短视频拍摄大纲，见表2-3。

步骤3：撰写短视频脚本，见表2-4。

表2-3 短视频拍摄大纲

步骤	具体阐述
选题	
展现形式	
类型	
风格	
内容结构	场景一： 场景二： 场景三： 场景四：
音乐	
道具	

表2-4 短视频脚本

序号	景别	角度	运镜	画面内容	角色	对话文案	时长（秒）
1	中景	侧面	固定机位	橙子递简历	橙子与面试官	橙子：这是我的简历	2
2	近景	正面	固定机位	看了一眼简历，说话	面试官	面试官：大专生呀	1
3	近景	正面	固定机位	尴尬地回答	橙子	橙子：额……对	1
4	近景	正面	固定机位	边看简历，边说话	面试官	面试官：嗯，我看你是电商专业呀	2
5	近景	正面	固定机位	抬头，看着橙子说	面试官	面试官：平台运营数据分析会吗	3
6	特写	正面	固定机位	橙子眼神飘忽不定	橙子	橙子：平台运营不就是发发产品，还有没事看看首页吗？这还不简单	8
7	近景	侧面	固定机位	橙子自信开口，带一点面试官的镜头	橙子与面试官	橙子：数据分析很简单，我都会的	3
8	近景	正面	固定机位	点点头继续问	面试官	面试官：看你简历上写了店铺运营，你的这个能力怎么样	3
9	特写	正面	固定机位	眼神迷茫	橙子	橙子：店铺运营，好像上网课的时候讲到了一点	4
10	特写	正面	固定机位	挠挠头	橙子	橙子：虽然说没有实操过，但起码听过网课呀	4
11	近景	正面	固定机位	橙子自信开口，带一点面试官的镜头	橙子与面试官	橙子：我们在学校里学的就是店铺运营，还有过具体实操，所以非常的熟练	6
12	特写	正面	固定机位	窃窃私语	面试官	无	3
13	近景	正面	固定机位	面试官点点头继续问	橙子与面试官	面试官：还有店铺装修呢	3

续表

序号	景别	角度	运镜	画面内容	角色	对话文案	时长（秒）
14	特写	正面	固定机位	咬牙摸下巴	橙子	橙子：店铺装修？好像上课的时候讲到过一点	3
15	特写	正面	固定机位	挠头发	橙子	橙子：当时好像学的还不认真，我去，完了完了	3
16	近景	正面	固定机位	自信开口，加手势点赞	橙子	橙子：能熟练使用PS完成详情页和广告图的制作	3
17	近景	正面	固定机位	一个面试官想同意，但是另一个面试官拦住	面试官	面试官：是这样的，我们公司是造价咨询公司	3
18	近景	正面	固定机位	给一点橙子的镜头，然后拍面试官正脸	橙子与面试官	面试官：考虑到你前期不能给公司创造收益	3
19	特写	正面	固定机位	面部特写和表情	橙子	面试官：公司需要花时间培养你，所以你的实习工资会比较低，到手只有1000元左右	8

（二）短视频拍摄与剪辑

直播团队在拍摄短视频过程中应灵活选择景别、构图方式、拍摄角度、运镜方式等。对拍摄的短视频进行剪辑，使其节奏流畅、生动有趣，成为一个完整的短视频作品。

具体操作任务步骤如下：

步骤1：准备短视频拍摄设备。需要准备手机、稳定设备、录音设备、补光设备等，在拍摄之前要将拍摄设备准备齐全。

步骤2：选择拍摄画面景别。在拍摄短视频时，要根据具体的内容和场景从特写、近景、中景、全景、远景等景别中选择恰当的景别。

步骤3：选择画面构图方式。为了突出商品的特色，要合理选择画面构图方式，如对角线构图、对称构图、九宫格构图等。

步骤4：选择拍摄角度。可以从拍摄视角、拍摄方向、拍摄高度等方面选择合适的拍摄角度，以突出商品特色为目的，吸引用户的目光，刺激用户的购买欲望。

步骤5：选择运镜方式。要根据视频的类型、环境等因素确定拍摄画面的节奏，以此为依据选择合适的运镜方式。

步骤6：粗剪视频。为视频添加音频、转场效果、动画效果、画面特效、文字等，并为视频调色。

（三）在DOU+投放短视频

1. 任务分析

在开播前提前3个小时发布短视频预告是提升直播间人气的重要方法。短视频在发布后2小时内，如果数据表现得很不错，为了进一步加强推广效果，可尝试投放付费广告。使用DOU+推广时，如果想要获得高投放效果，就需明确投放目的，是侧重互动质量，还是更看重涨粉数据，应根据目标精准投放。

2. 任务步骤

短视频付费推广的操作步骤和关键点如下：

步骤1：设置基本信息。首先，视频付费投放的时间点的选择很关键，一般在发布之初就需要投放；其次，在看到视频有爆火的苗头时，发布视频1小时后再用DOU+助推一把；最后，一定要将优质视频投放抖音DOU+，使推广效果更佳。

根据短视频发布2小时内的数据表现，选择值得付费推广的短视频，操作界面如图2-18所示。

打开抖音App，点击"我"—"创业者中心"—"上热门"—"选择目标"，其中期望提升主要有两个维度："点赞评论量"（侧重互动质量）和"粉丝量"（侧重粉丝增量）。

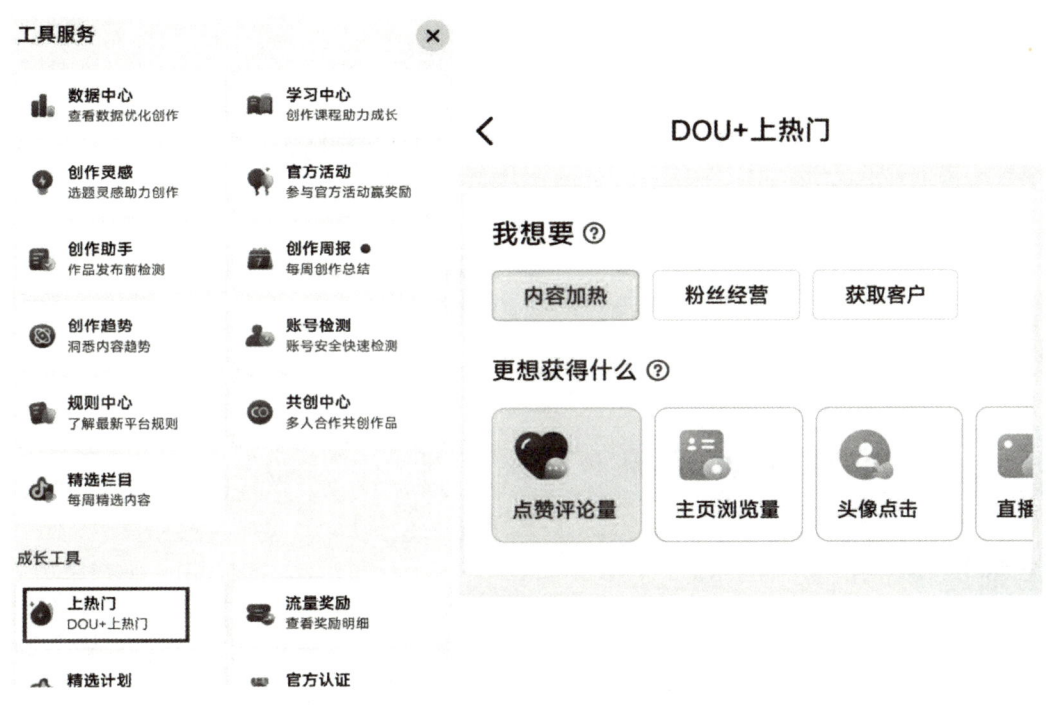

图2-18 付费推广操作界面

步骤2：设置投放内容。选择合适的短视频后，可进一步设置投放时长，500元以上的订单建议投放6小时以上。

系统提供"系统智能推荐""自定义定向推荐"两种推荐方式，结合任务要求选择合适的推荐方式。其中，"系统智能推荐"是指系统会智能选择可能对该视频感兴趣的用户或潜在粉丝。"自定义定向推荐"是指客户自主选择想要其看到视频的用户类型（有性别、年龄、地域、兴趣标签等维度），系统会根据客户选择的投放对象投放给相应的人群，或者投放给该达人的粉丝或与其达人粉丝相似的群体。如果目标受众不明确，则可尝试"系统智能推荐"；如果对目标受众的画像理解得非常深刻，则可自定义选择性别、年龄、地域、兴趣标签等内容进行推荐。每30元预计播放量提升1500次以上，如图2-19所示，投放金额不同，预计的播放量也不同。根据推广目标和预算，设置投放金额。

图 2-19　设置投放金额

任务三　直播间付费推广引流

任务描述

任务背景	直播间付费引流是通过对直播平台的推广渠道付费，为直播间吸引人气。如果直播间和店铺有比较高的投入产出比，则可以试试付费推广渠道；反之，可以选择性价比更高的推广方式 邓慧是美食店铺的运营专员，为精准吸引目标人群，她计划在抖音直播平台进行 DOU＋引流推广
任务演练：直播间付费推广引流	1. 选择需要推广引流的短视频 2. 在抖音平台进行 DOU＋引流操作 3. 分析引流后的数据

知识准备

　　直播团队如果想快速提升直播间的人气，则可以在即将开播或刚刚开播时，通过付费引流的方式为直播间引流。每个直播平台都有自己的付费推广方式，见表 2-5。

表 2-5 平台内付费推广方式说明

平台	付费推广方式
淘宝直播	超级推荐（"猜你喜欢""微淘""直播广场"）资源位、超级直播（竞价推广和加油包）
抖音直播	DOU+"上热门"
快手直播	小火苗直播推广（CPC，按点击付费）

一、抖音的付费引流

抖音直播平台常用的付费引流方式是 DOU+。使用 DOU+，既可以选择通过视频加热直播间，也可以直接加热直播间。直播团队可以在直播前使用 DOU+ 预先进行投放设置，也可以在直播中进行，利用 DOU+ 付费引流，具体操作如下：

步骤 1：进入抖音 App 主界面，点击底部的"+"按钮，然后点击"开直播"选项，在打开的界面中点击"DOU+上热门"按钮，如图 2-20 所示。

步骤 2：打开"DOU+上热门"界面，在"我想要"栏中根据引流目的选择对应的选项，在"我想选择的加热方式"选择栏中点击"直接加热直播间"选项，可直接增加直播间的流量；点击"视频加热直播间"选项，则可添加预热视频，通过预热视频吸引潜在用户，使其进入直播间，如图 2-21 所示。

图 2-20 点击"DOU+上热门"按钮

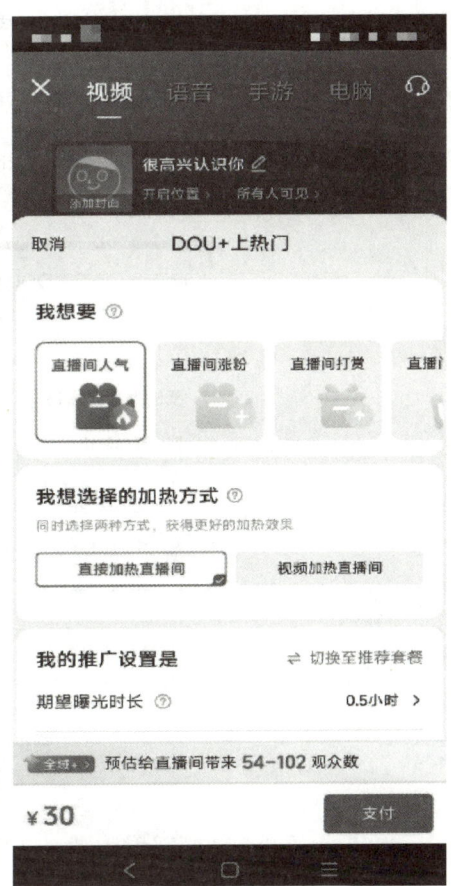

图 2-21 设置引流目的和加热方式

步骤3：在"投放给哪些用户"栏中进行设置。点击"系统智能推荐"选项，将由系统自动向用户推荐；点击"自定义定向投放"选项，可自定义设置用户的性别、年龄等进行直播推荐，如图2-22所示。设置完成后点击"确认"按钮。

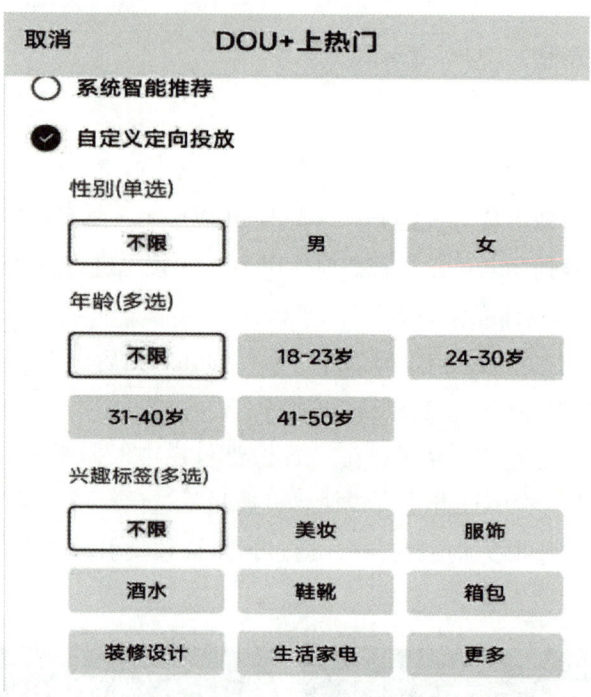

图2-22　自定义定向投放

步骤4：设置期望曝光时长。在"期望曝光时长"栏中设置曝光时长，如图2-23所示。点击"支付"按钮完成付款后开始付费引流。

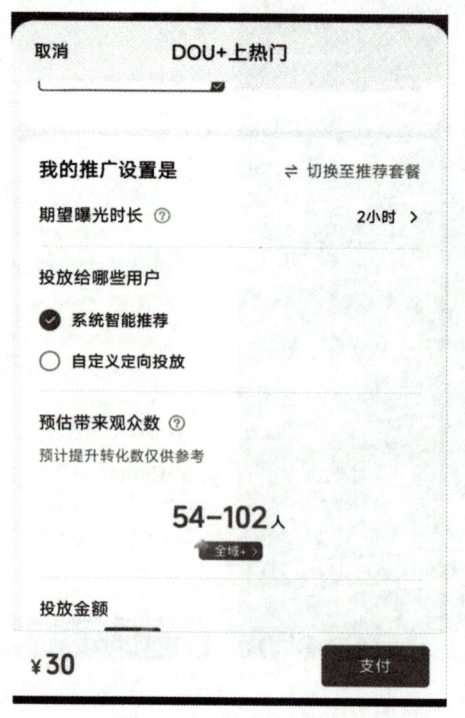

图2-23　设置期望曝光时长

二、快手的付费引流

在快手平台直播时，直播团队可以使用快手的"上热门"工具增加直播间的流量。快手付费引流的设置与抖音的操作方法相似，也可以在开播前或直播过程中进行设置。在开播前设置付费引流的具体操作如下：

步骤1：进入快手App主界面，点击底部的"+"按钮，然后点击"直播"选项，在打开的界面中点击"上热门"按钮，如图2-24所示。

步骤2：打开"直播推广"界面，在推广模式栏目中选择"快速推广"还是"自定义推广"，如图2-25所示。

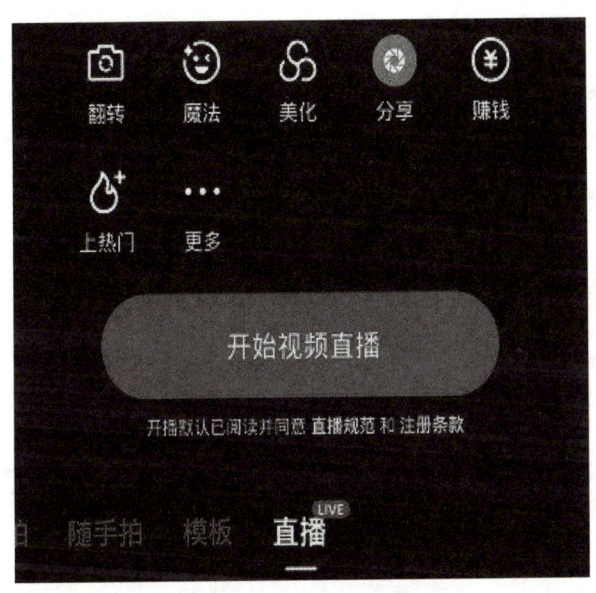

图2-24　点击"上热门"按钮　　　　图2-25　推广模式界面

步骤3：如果选择"自定义推广"，在"希望提升"栏中根据引流目的选择对应选项。其中，"观看数"用于吸引用户观看直播；"组件点击数"用于直接推广直播间，吸引更多观众进入您的直播间进行观看，提高直播间人气和转化率；"涨粉数"用于提升主播粉丝数；"互动数"用于提升观众评论数。在"投入金额"栏中选择投入金额，点击"自定义"按钮可以自定义下单金额，如图2-26所示，最高下单金额为200000元。

步骤4：出价方式如果选择自定义出价，需要在"每直播观看推广费（元）"栏中设置推广费。推广费按照点击进入直播间的用户数扣费，但每位用户多次点击时只扣除1次费用。每位用户推广费最低为0.5元，推广费越高，直播间引入用户的速度就越快，所以在直播高峰期时可以适当调高推广费，快速提升直播间的人气。但推广费高，下单金额却不变时，预计带来直播观看数反而会减少。如图2-27所示为不同推广费、相同下单金额预计带来的直播观看数量对比。因此，当推广费较高时，要达到一定的预计带来直播观看数，就要提高下单金额。

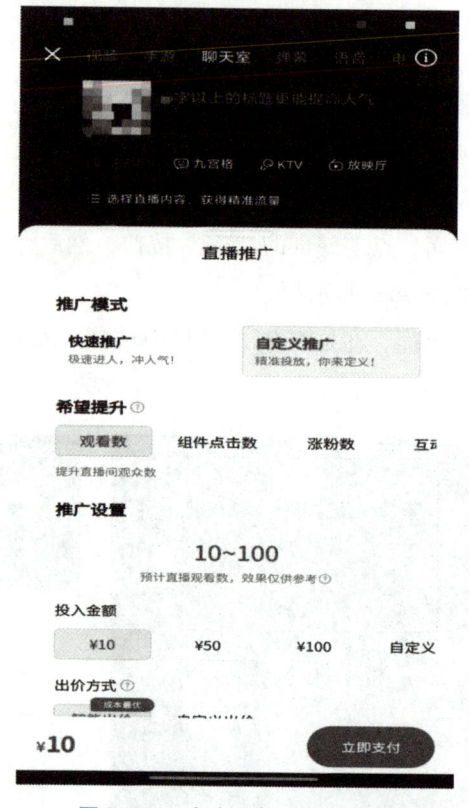

图 2-26　自定义推广下单金额

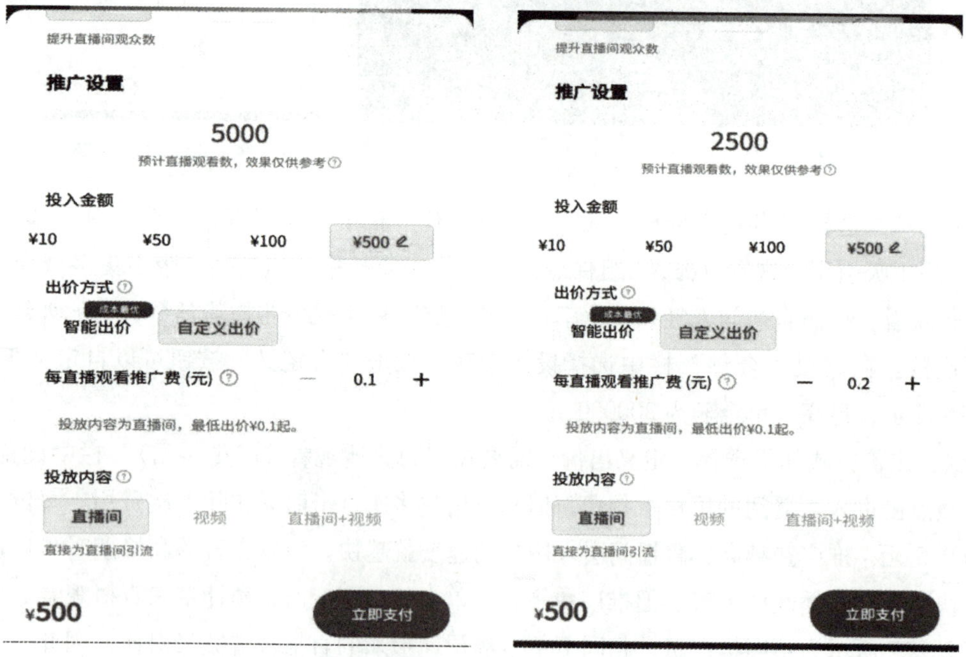

图 2-27　不同推广费、相同下单金额预计带来的直播观看数对比

步骤5：在"投放内容"栏中设置投放方式。点击"直播间"选项，可以直接增加直播间的流量，提升直播间的人气；点击"视频"选项，可以添加预热视频，通过预热视频吸引潜在用户；点击"直播间+视频"选项，可以添加预热视频，并通过增加直播间流量和预热视频两种方式预热。

步骤6：在"推广给谁"栏中设置投放人群，默认选中"智能优选"单选项，如图2-28所示。如果点击"自定义人群"选项，在其中可设置投放人群的性别、年龄和地域，同时可实时查看该自定义设置下预计引入的用户人数。另外，在"推广给谁"栏中点击"达人相似粉丝"选项，可将直播间或预热视频投放给与指定的达人主播粉丝群相似的用户群。

步骤7：在"推广多久"栏中点击"快速投放"选项，在打开的"选择投放时长"面板中点击"2小时"选项，然后点击完成按钮，如图2-28所示。

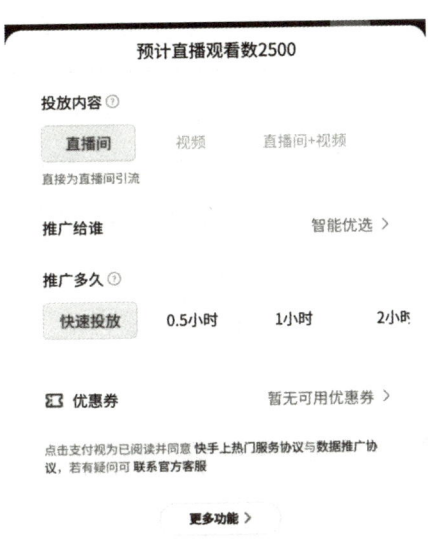

图2-28　设置"推广给谁"和"推广多久"

步骤8：返回"直播推广"界面，在"立即支付"栏中默认选择"快币"选项，点击按钮，进行充值操作；或者点击"微信"选项，完成付费引流操作，如图2-29所示。

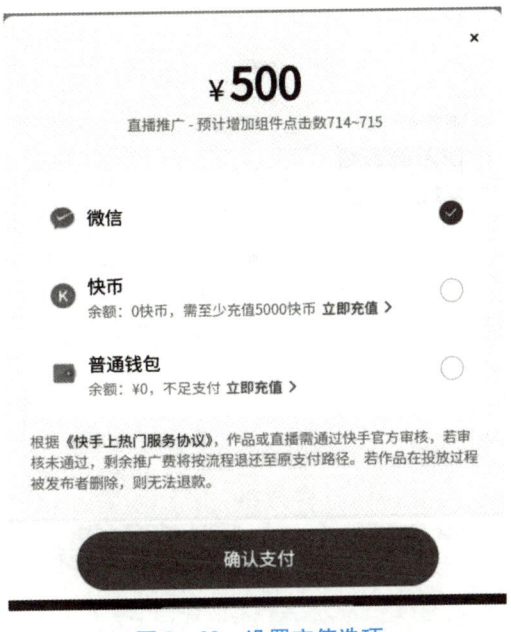

图2-29　设置充值选项

三、点淘的付费引流

与抖音、快手直接在平台付费引流不同，点淘的付费引流方式主要通过超级直播进行。超级直播是一款为淘宝主播和商家提供的可以快速提升直播间流量、增加互动，进而提升转化率的直播付费引流工具。超级直播的设置入口包括淘宝主播 App、淘宝直播 PC 端中控台、千牛小程序等。在点淘 App 中设置超级直播，为点淘直播间付费引流，其具体操作如下：

步骤1：进入点淘 App 主界面，点击左上角"+"，按钮，在打开的界面中点击"直播"按钮，如图 2-30 所示。

步骤2：打开"直播"界面，在"推广"栏中点击"直播推广"按钮。

步骤3：打开"超级直播"界面，根据引流目的设置推广类型。点击"自定义推广"，设置推广目标、推广方式，设置日预算，设置投放日期、投放时段，如图 2-31 所示。

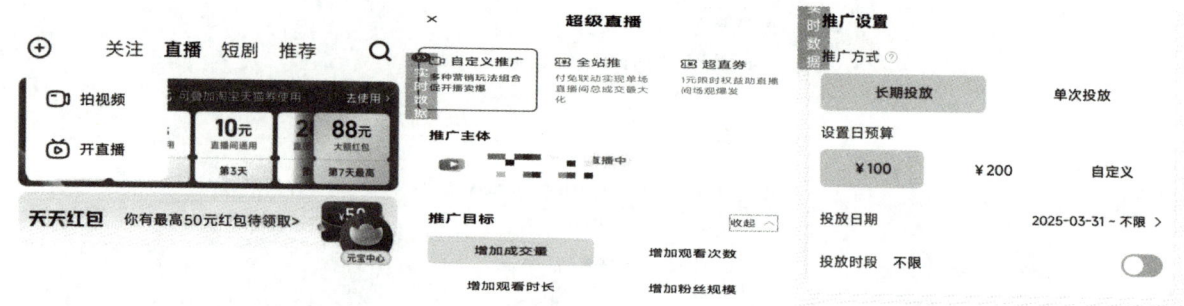

图 2-30　点击"直播"按钮　　　　　　　图 2-31　点击"自定义推广"按钮

步骤4：返回"超级直播"界面，在底部点击"确认创建"按钮，在打开的面板中点击"立即充值"按钮。

步骤5：打开"充值"界面，选择充值金额，点击"立即充值"按钮，如图 2-32 所示。支付费用后即完成超级直播的付费引流操作。

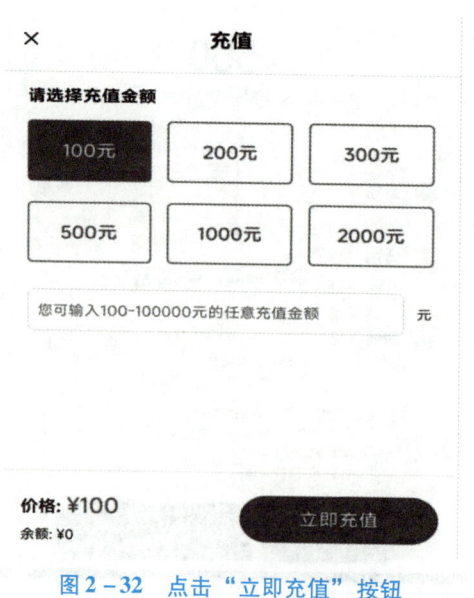

图 2-32　点击"立即充值"按钮

> **学有所思**
> 直播付费引流有什么优势？是否开启了付费引流，直播带货的效果就一定会很好？

任务实施

任务演练：直播间付费推广引流

【任务目标】

通过直播间付费推广引流操作，掌握直播付费推广引流方法。

【任务要求】

任务指导

选择需要推广引流的短视频，在抖音平台进行 DOU＋引流操作，然后分析引流后的数据

【操作过程】

直播间付费推广的操作步骤和关键点如下：

步骤1：选择需要 DOU＋引流的短视频。抖音的 DOU＋是一款强大的视频加热工具，可以帮助用户提升视频的播放量与互动量，关注者数量达到 700～1000 且浏览量超过 100 的视频，可以考虑投放 DOU＋。需要注意的是，包含其他平台水印、内容完整性差、有广告信息等的视频无法投放 DOU＋；如果视频内容违规，如露腹肌等有身体暴露性内容或带有诱导性的内容等，也无法投放 DOU＋。

步骤2：DOU＋引流操作。将选择好的视频进行投放时，可以选择系统智能投放方式，也可以选择自定义投放方式。DOU＋的推流时长最长不超过 48 小时，视频每展示给一位用户，系统就会自动扣除一部分金额，直到购买金额被扣除完毕或订单投放终止。

步骤3：数据分析。引流后，观察后台的展现量和播放量。展现量为视频展现的次数，即视频被用户看到的次数；播放量为视频播放总次数，其中包含了重复播放次数。DOU＋订单数据仅为投放 DOU＋带来的展现量、播放量及互动量，不包含自然量的统计。

项目三 直播方案策划

学习目标

【知识目标】

（1）掌握策划直播营销活动的方法。
（2）掌握整场直播脚本与单品直播脚本的设计要点。

【技能目标】

（1）能够根据直播活动规划，策划直播营销活动。
（2）能够根据直播活动的任务背景，策划直播脚本。

【素养目标】

（1）能够在内容策划和脚本策划中坚持社会主义核心价值观。
（2）在直播内容策划中，注重合理引导消费，不设计明显利用消费者的促销组合。

任务一 直播营销活动策划

任务描述

任务背景	赛群公司将在5月6日开展一次清仓直播活动，活动预算资金5000元，直播团队将在直播间开展不同类型的营销活动，配合商品折扣优惠，刺激用户的购买欲望
任务演练：创建直播营销活动	根据直播需求，确定在此次直播中设计几种直播营销活动，包括：新建红包，一种是整点红包，另一种是普通倒计时红包；创建超级福袋；设置抽奖活动；设置直播福利任务

知识准备

一、直播营销活动流程

（一）分析活动要点

分析活动要点是策划直播电商活动的第一步，首先最重要的是分析活动的目的，即是销售产品、推广品牌，还是其他的目的。确定好活动目的，后面的工作均围绕活动目的展开。比如，活动的形式是怎样的，是抽奖还是红包，不一样的形式有不一样的方案。活动的宣传方式是怎样的，是海报还是H5、是否需要网红、由哪些渠道推广等一系列的问题。

（二）策划和直播准备

1. 主播筛选

开展直播营销首先要有主播，好的主播能很好地控制局面，与粉丝之间互动活跃，并影响粉丝后期对产品的态度。

2. 直播预热

直播开始前必须有预热推广，不断地预热能增强用户的记忆，可以让其通过预热活动入口直接预约活动，这样活动开始后能提醒粉丝前来观看。预热渠道最好是全网覆盖，形式可以多样，如商家针对活动的预热推广素材需重点突出活动福利，包括高价值礼品、秒杀资格、超低价产品等。

3. 直播平台账号的选择

直播最好使用自己商店的账号，这样用户关注的就是自己的商店，流量全部掌握在自己的手中。

4. 直播准备

直播前的准备工作是指要有良好的时间控制，哪个时间段做什么事情一定要清晰，一旦时间没控制好，后面的流程就会被打乱，所以主播事先要熟悉当天的直播内容和产品。另外，还有一些直播设备如打光灯、三脚架等都需要考虑，直播现场也不能只有主播一人，还要有场控等幕后人员的辅助。

（三）实时跟进直播过程

做好直播前的一系列筹备工作后，就开始正式进行直播活动。直播活动的开展可以进一步拆解为直播开场、直播过程和直播收尾3个环节。

直播开始后，要迅速将直播链接分发给各个渠道，让粉丝能快速进来，并且每条渠道的链接一定要能正常进入直播间。直播过程中有时会出现许多问题，所以要实时跟进直播间的状况，做好直播间的维护工作，带动粉丝，活跃气氛。一旦直播的节奏不对，就要马上协助主播或者为粉丝解决问题，提升直播体验。直播活动结束后，要及时跟进中奖者，确保用户的消费感受。

（四）复盘整个直播活动

整个直播活动结束后，要对直播活动进行复盘，主要包括数据分析和直播经验总结两个部分。

其中，数据分析主要利用直播中形成的客观数据对直播进行复盘，体现的是直播的客观效果；直播经验总结主要从主观层面对直播过程进行分析和总结。同时，梳理直播的整个流程，明确是否达到了预期的效果，出现什么问题，哪些问题不应该出现、哪些问题是突发性的，仔细了解每一个人员的反馈，为下次活动提供经验。此外，还要撰写活动总结报告，记录整个活动，优化直播活动过程。

二、直播营销活动方式

（一）红包活动

红包活动是最常见的直播营销活动。派发红包是主播与用户互动、提升直播间人气、延长用户在直播间停留时长及提高直播间权重的有效方法之一。无论红包金额大小，派发红包往往都能激发用户的参与感。

不同直播平台的红包类型和玩法不同，以抖音直播为例，其红包类型主要有普通倒计时红包、整点红包、裂变红包和口令红包等。

1. 普通倒计时红包

在直播间投放普通倒计时红包后，红包会以倒计时的形式挂在直播间左上角，待倒计时归零后，用户点击红包就可领取红包。普通倒计时红包可用于直播间购物抵现。

2. 整点红包

整点红包是一种整点自动投放的倒计时红包，可以强化用户的整点记忆，延长用户在直播间的停留时长。整点红包还有在设置的整点时间召回用户的作用。例如，直播时间为19：00—23：00，主播可分别在20：00、21：00和22：00这3个整点时间投放整点红包，吸引用户在整点时间前进入直播间，等待倒计时结束后领取红包。

3. 裂变红包

裂变红包主要用于增加直播间人数，加强直播间引流效率。主播在直播间投放裂变红包后，用户需实时分享直播间领取红包，以吸引更多用户进入直播间，提升直播间人气和转化效率。

4. 口令红包

用户在领取口令红包时，需要输入主播创建口令红包时设置的口令（数字或汉字）。主播在直播间投放口令红包时，可将口令红包的链接分享至站外私域渠道。主播通过口令红包将站外私域用户吸引至直播间内，可以提升站外用户转化效率，增强用户黏性。

（二）发放优惠券

在直播间发放优惠券可用于支持用户购买商品满减或直减的场景（即用户在直播间领取优惠券后可用于购物抵现），有助于提高商品转化效率。抖音直播的优惠券主要是店铺券和主播券两种：店铺券由商家在抖音小店创建后提供给主播，主播券由主播在达人直播模式下创建（商家直播时不可为自有商品添加主播券）。主播创建主播券时，需填写主播券信息、添加参与优惠的商品。主播券信息包括主播券类型（满减或直减）、优惠面额等。添加的优惠商品需要获得商家授权后，主播才可对该商品投放主播券，用户点击左上角的图标即可领取优惠券并使用。

（三）抽奖活动

观看直播的用户一方面想要购买实惠的商品，另一方面也想体验直播的乐趣。抽奖这种互动方式充满未知的惊喜，是调动用户互动积极性的有效方式之一。在直播过程中，主播可以重复提醒用户将要开启的直播抽奖环节，并说明抽奖时间节点和抽奖规则等，以延长用户在直播间的停留时长。准备抽奖时，主播可以让用户关注直播账号并回复指定的关键词，即用户在关注直播并回复正确的关键词后才可以参与抽奖。这样不仅有利于增加直播间的粉丝数量，还可以调动用户的情绪，营造积极的直播氛围。在抽奖时，主播可以通过截图的方式现场播报中奖名单，以保证抽奖活动的公正性；抽奖完成后，主播还可以告知用户下一次抽奖的时间节点，引起用户的期待。

在抖音直播中，主播还可以通过超级福袋功能设置抽奖活动，用户点击左上角的图标，打开"超级福袋"的面板，可以查看奖品和参与任务，完成任务后即可参与抽奖。

> **提 示**
> 主播设置抽奖活动需遵守平台规则，如抖音禁止采用截图抽奖的方式（主播通过手机截图功能截取直播画面，截图中显示的用户即为中奖者）设计抽奖活动。

（四）设置直播福利任务

在抖音直播中，主播可设置直播福利任务（包括在购物车浏览商品达到一定时限、在直播间观看直播达到一定时限、发表一定数量的评论及累计购物满一定金额等），用户持续参与互动并完成任务，即可获得红包奖励，红包可用于直播间购物抵现。用户点击右上角的图标，在打开的面板中可查看福利任务。

任务实施

任务演练：创建直播营销活动

【任务目标】

根据5000元的预算金额，通过巨量百应——达人工作台为直播创建营销活动，与用户形成良好互动，提升直播间人气，促进商品销售。

【任务要求】

任务编号	任务名称	任务指导
1	创建超级福袋	在巨量百应——达人工作台，通过超级福袋功能设置抽奖活动，奖品为购物红包奖品，单价为50元/个，设置中奖人数为10人，总费用为500元

【操作过程】

创建超级福袋，设置抽奖活动，具体操作如下：

步骤1：创建活动。在巨量百应——达人工作台首页上方的导航栏中鼠标左键点击"营销"选项卡，打开"营销"页面，在"营销"页面左侧的"营销工具"栏中单击"超级福袋"选项卡，单击"新建活动"按钮,如图3-1所示。

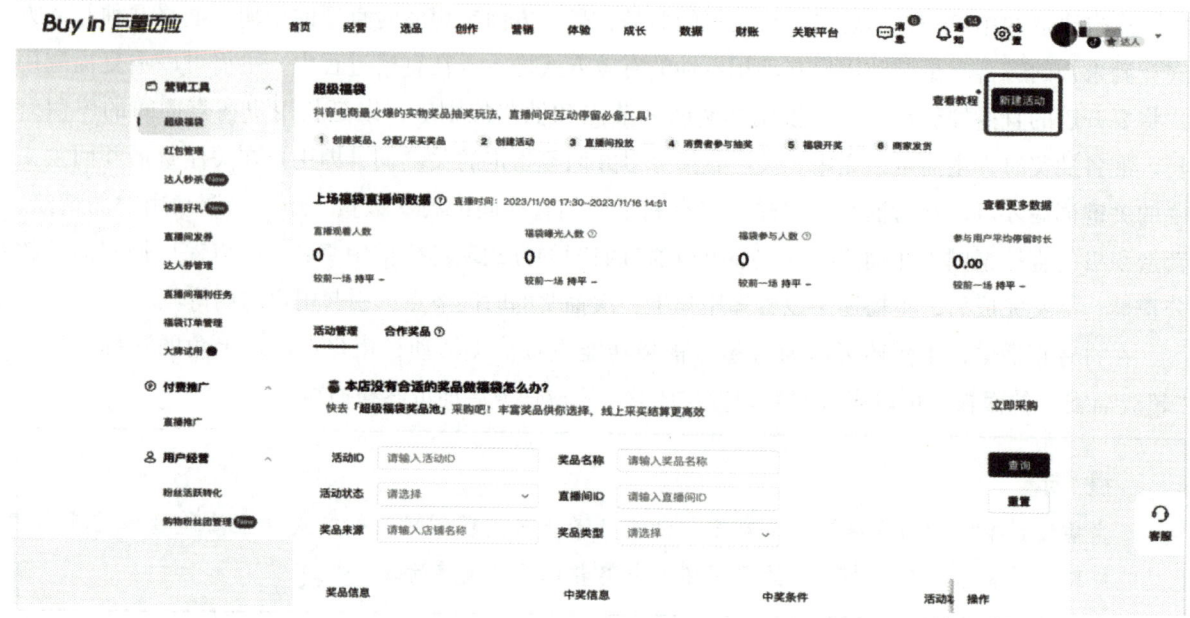

图3-1 鼠标单击"新建活动"按钮

步骤2:设置抽奖信息和开奖时间。打开"创建福袋活动"对话框,在"设置任务"栏中单击鼠标左键依次选中"所有用户"和"有任务"单选项,"看播时长"和"评论任务"复选框,并将看播时长设置为"5分钟",输入评论任务为"新人来领取见面礼",在"开奖时间"栏中单击鼠标左键选中"活动开始"单选项,并设置开奖时间为活动开始20分钟后,如图3-2所示。

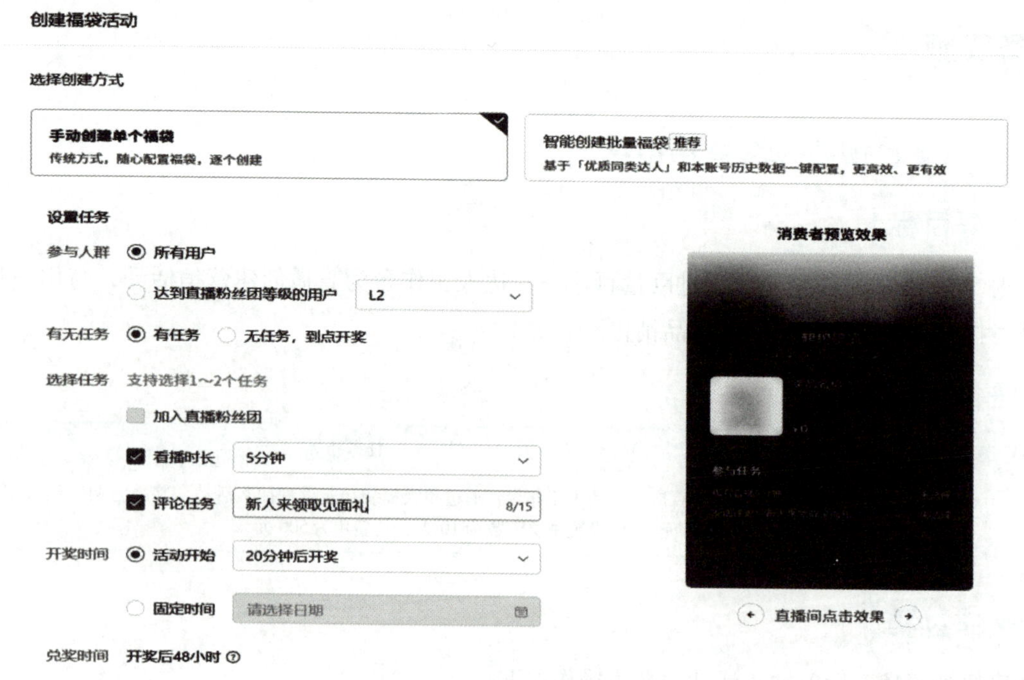

图3-2 设置抽奖信息和开奖时间

步骤3：添加奖品。在"抽奖活动奖品"栏中鼠标左键单击"购物红包奖品"按钮。

步骤4：设置中奖限制。成功添加奖品后，在"中奖限制"栏的"中奖用户数"数值框中输入"10"，在"每位中奖用户获奖数"数值框中输入"50"。单击鼠标左键选中"我已阅读并同意"复选框，单击"提交"按钮，完成超级福袋的创建。

任务二 直播脚本策划

任务描述

任务背景	赛群公司将开展时长为2个小时的直播活动，直播团队包括主播1人、助理1人、场控1人，设定目标销售额为10万元。策划人员已提前策划好2个直播活动：一是直播间福利任务活动，二是超级福袋抽奖活动
任务演练：直播脚本策划	根据商品数量、直播时长划分直播环节，明确各环节的工作内容和时长，确定直播营销活动的时间节点，并安排人员分工，策划出此次直播活动的整场脚本；根据给出的商品信息，按照品牌介绍、利益点强调、引导转化、直播间注意点等撰写单品脚本，并模拟直播场景进行讲解

知识准备

一、直播脚本的作用

（一）梳理直播流程

做直播最忌讳的是开播前才考虑直播的内容和活动，特别是有的店铺直播时直接将店铺的活动扔给主播。此外，主播在直播之前如果没有预习当天的直播内容和产品，那么这个直播最终呈现出来的效果就是不停地尬播、尬聊。所以，编写脚本首先能解决的是梳理直播流程问题，让直播的内容有条不紊。

（二）管理主播话术

有了脚本就可以非常方便地为主播每一分钟的动作行为做出指导，让主播清楚地知道在某个时间该做什么、还有什么没做。此外，还可以借助主播传达出更多的内容。

（三）便于总结

总结会是每个主播下播后要面对的一项重要工作，而且这项工作需要后台管理人员不断地总结数据，这就涉及团队的配合。所以，直播卖货既要有主播也要有运营，不是主播开播了，运营就没有事情了。

二、直播脚本写作要点

（一）一周一脚本

建议以一个星期为单位编写直播脚本，这样的节奏能对工作做出比较好的时间切割，减少运营策划的工作量，提高直播的工作衔接效率，同时也方便进行阶段性总结。

（二）周期性活动

电商直播和泛娱乐直播最大的区别是电商直播不能过度展示个人才艺，比如唱歌、跳舞。什么才算活动呢？每周二的"9.9秒杀"，每周五、周六的新品五折，一周一次的拍卖。让消费者记住直播间，比让他们认同直播间的产品要更容易一些，如图3-3所示。

×××旗舰店直播间			
时间	基础活动	活动说明	通用活动
星期一 8点 9点 10点	满199减100 抽奖	全场或指定×× 20元优惠券	关注有礼×××说明…… 进群活动×××说明……
星期二	买二送一 ……	活动说明……	
……			

图3-3　直播脚本——周期性活动

（三）产品要点

对于产品的要点提炼应该整理成册，而且是可以不断补充的，这样便于主播快速了解产品，这需要团队协作，且主播最好也能参与，如图3-4所示。

×××旗舰店直播间						
时间	基础活动	活动说明	通用活动	周期活动	产品安排	产品详情
星期一 8点 9点 10点	满199减100 抽奖	全场或指定×× 20元优惠券……	关注有礼×××说明 进群活动×××说明	每周一秒杀	8点到9点讲解A/B/C/D款，每款×分钟	附件一……
星期二	买二送一……	活动说明……		周二拍卖	9点到10点讲解……	
……				周三免费送		

图3-4　直播脚本——产品要点

三、直播脚本类型

在直播的对接过程当中，可能会存在各种各样的问题，需要直播团队以脚本的方式进行对接。脚本分为两类：一类是整场脚本，另一类是单品脚本。

（一）整场脚本策划

整场直播的脚本通常以表格的形式呈现，其基本格式见表 3-1，主要包含直播主题、直播目标、直播时间、时间段、时长、流程规划、人员分工和话术等。

表 3-1 整场直播脚本基本格式示例

直播主题	××美妆夏季上新，缤纷好礼，超值优惠			
直播目标	吸引 1 万人进入直播间，涨粉 1000 人			
直播时间	2024 年 1 月 1 日（元旦），20：00—24：00			
时间段	时长	流程规划	人员分工	话术
20：00—20：10	10 分钟	开场预热	主播自我介绍，向进入直播间的用户问好，强调开播时间，引导用户关注直播间……	欢迎大家来到我的直播间，我是直播新人，希望大家多多支持、多多捧场哦
20：10—20：15	5 分钟	商品推荐	主播讲解、展示或演示第一款商品……	……
……				

1. 直播主题

主题就是直播的核心，整场直播的内容都需要围绕中心主题，如配合品牌上新、店庆活动，或是回馈客户等。

如果内容与主题不符，比如是做店庆抽免单的主题，结果用户进来后发现主播在讲解省钱技巧，迟迟不抽奖，那么人马上就走了。再比如主推的产品是美妆，对其他产品讲解太多、太细，就很容易本末倒置，忽略主题，导致内容宽泛，让用户不知道直播的核心内容是什么，这样很容易流失一些观众。

2. 直播目标

无论是直播方案，还是整场直播脚本都要明确直播目标。本场直播的目标是什么，需要数据化的具体要求，如观看量、点赞量、进店率、转化率、销售额等。

3. 直播时间

确定好直播时间，并严格执行。建议直播时间段固定一些，并能够准时开播，如此能够促进粉丝形成按时观看直播的习惯。直播结束时间到后，注意不要"恋战"，即使还没介绍完产品，也要放到下一场直播，这也是一种预留悬念的营销方式。及时预告下次的直播内容，让粉丝持续关注下一场直播，在促进粉丝观看习惯养成的同时，还能让粉丝对主播保持新鲜感。

4. 时间段与时长

策划人员在编写直播脚本时，需将直播从开播到结束的时间划分为若干时间段，每个时间段可视作直播活动的最小单元，用以细致规划直播流程。一般情况下，各时间段的时长需根据直播的整体时长和商品数量来规划。策划人员在规划各时间段的时长时应注意，由于直播间的用户平均停留时长在 10 分钟以内，所以每个时间段的时长应尽量控制在 10 分钟以内，最长不超过 15 分钟。这样可以使用户在该时间段内清楚地了解直播间传递的相关信息，以延长用户在直播间的停留时间，进而促使其产生购买行为。

5. 流程规划

整场直播脚本中的流程规划是对每个时间段的直播内容进行说明。直播带货流程大体分为直播开场、商品推荐、直播结束 3 个阶段，每个阶段根据直播方案规划和商品数量可以划分出更具体的环节。例如，直播开场阶段可分为开场预热和活动剧透，商品推荐阶段可设置各种营销活动，以提升直播间人气、促进商品销售等。

6. 人员分工

人员分工用以说明直播团队各成员在每个时间段内的工作内容。比如，主播负责引导观众、介绍产品、解释活动规则；助理负责现场互动、回复问题、发送优惠信息等；后台客服负责修改产品价格、与粉丝沟通、转化订单等。

7. 话术

直播话术是指直播中主播的说话技巧。在不同的直播场景、直播时间段，主播需采用不同的话术，一般可归纳为开场、引关注、促留存、促转化、下播等。主播的话术表达是否恰当、有吸引力，会对直播效果产生巨大影响。

不仅要制定一份清晰、详细、可执行的直播脚本（Plan A），还要有应对各种突发状况的另一套方案（Plan B），这是确保直播顺畅并取得最佳效果的有力保障。

需要注意的是，脚本不是一成不变的，而是需要不断优化。一场直播在按脚本执行的时候，可以分时间段记录下各种数据和问题，结束后进行复盘分析，对不同时间段的优点和缺点进行优化和改进，不断地调整脚本，这样直播久了，心中自然会有制定直播脚本的策略和方法，对于直播脚本的高效运用也就更加得心应手了。

（二）单品脚本策划

单品脚本建议大家以表格的形式记录下来，这样能把直播间的卖点和利益点非常清晰地体现在表格上，在对接的过程中就不会产生疑惑和不清楚的地方。品牌介绍、利益点强调、引导转化、直播间注意事项都是表格里应该有的，见表 3-2。

表 3-2 单品脚本表

商品宣传点		具体内容
品牌介绍		
商品卖点	卖点分类 1	
	卖点分类 2	
	卖点分类 3	
直播利益点		
直播时的注意事项		

四、使用 AI 生成直播脚本

AI 写作工具是指利用人工智能技术辅助人们写作的软件，它拥有一定的智能，能够实现自动化写作。可用于自动化写作的 AI 写作工具有很多，下面介绍常见的几种。

1. ChatGPT

人工智能研究公司 OpenAI 推出的 ChatGPT 是近年最引人注目的 AI 产品之一。ChatGPT 是一款基于自然语言处理（Natural Language Processing，NLP）技术的聊天机器人，它可以理解人类语言，这种能力使其可以与用户进行日常对话，且对话内容具有极高的自然度和智能性。ChatGPT 的文本生成能力非常强大，它能够在给定的关键词、主题或者文本段落的基础上完成自动化写作，且文本质量较高。同时，ChatGPT 具有多种语言处理能力，可用于包括中文、英文、法文、德文、西班牙文等多种语言的对话和文本生成，这使得全球用户可以方便地使用其生成写作素材、拓展写作思路等。

2. NewBing

NewBing 是微软公司将 Bing 搜索引擎与 OpenAI 的大型语言模型（语言模型是自然语言处理的重要组成部分，是一种用于预测和生成自然语言文本的统计模型）相融合后推出的聊天机器人。NewBing 结合了 Bing 搜索引擎的功能和类似 ChatGPT 的功能，既可以根据用户输入的关键词搜索互联网上的网页、新闻、图片和视频等内容，又可以与用户对话，回答用户的问题，根据用户的指示信息自动生成文本。NewBing 不只能够生成文本，还能够生成图像、视频、音频等。

3. Notion AI

Notion AI 是在线协作平台 Notion 中的 AI 功能，是 Notion 的辅助工具，它完全嵌入 Notion 文档内部，既可以帮助用户整理文档，进行智能排序和管理，也可以根据用户输入的关键词和主题自动生成文档，并根据需要进行字体、段落的格式化和排版，还可以将用户输入的数据自动转化为表格、图表等，让用户更方便地进行数据分析。

4. Copy AI

Copy AI 是一款商业化的 AI 文本生成工具。Copy AI 不仅可以根据用户的需求，快速生成各种类型的文本内容，如营销文案、博客文章、电子邮件等，其还内置了文档编辑器，可以进行剪切、复制、粘贴和修改文本等操作，方便用户直接编辑和优化输出结果。

5. 通义千问

通义千问是阿里云推出的一个超大规模的语言模型，其功能包括多轮对话、文案创作、逻辑推理、多理解、多语言支持等。2023 年 4 月，通义千问正式对外开放测试，主要定向邀请企业用户进行测试，用户可通过官方网站申请，符合条件的即可参与体验。2023 年 4 月 18 日，智能办公平台"钉钉"正式接入通义千问，用户在钉钉输入"/"即可唤起智能服务，撰写文案、设计海报等。

6. 文心一言

文心一言是百度在 2023 年 3 月正式推出的知识增强大语言模型，其能够与人对话互动、回答问题、协助创作，可高效便捷地帮助人们获取信息、知识和灵感。

7. 笔灵 AI

笔灵 AI 是针对中文写作的在线 AI 写作工具，其覆盖多种写作场景，可实现工作总结、计划方案、新闻稿、演讲稿、论文、营销文案等文本的自动化写作。此外，笔灵 AI 还可以帮助作者续写、修改、扩展和润色已有的文档。

8. 小鱼 AI

与笔灵 AI 类似，小鱼 AI 也是一款专门针对中文写作的在线 AI 写作工具，用户只需要输入写作要求，如主题、关键词等，小鱼 AI 就可以实现自动化写作。图 3-5 为小鱼 AI 在线写作工具的主页面。小鱼 AI 拥有大量的智能写作模板，内容创作覆盖多种类型，包括短视频脚本、直播脚本、电商产品描述、海报文案、品牌介绍、公司介绍、广告口号、办公文档、影视解说、小说等，可满足不同场景、人群的 AI 创作需求。

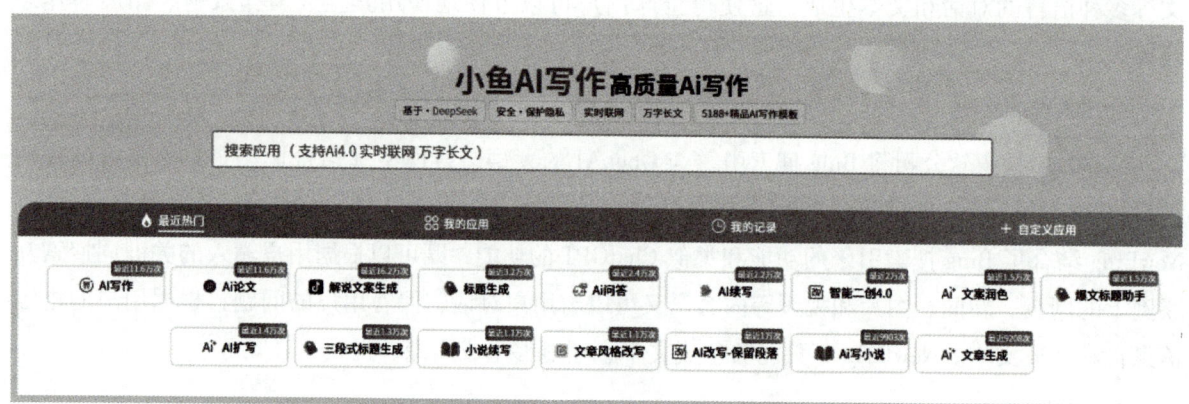

图 3-5　小鱼 AI 在线写作工具主页面

任务实施

任务演练：直播脚本策划

【任务目标】

为直播活动策划直播脚本，包括整场直播脚本和主推商品的单品脚本，以保证直播活动的有序开展，达到预期的销售效果。

【任务要求】

任务编号	任务名称	任务指导
1	直播整场脚本策划	明确整场直播主题、直播目标、直播时间、时间段、时长、流程规划、人员分工和话术等，参考表 3-1
2	直播单品脚本策划	根据给出的商品信息按照品牌介绍、利益点强调、引导转化、直播间注意事项等撰写单品脚本，参考表 3-2，并模拟直播场景对其进行讲解

【操作过程】

1. 直播整场脚本策划

本次直播共 2 小时,根据直播时长明确不同直播阶段的工作内容和时长。确定直播开场阶段的开场预热和活动剧透两个环节的时长各 10 分钟,共 20 分钟;确定直播结束阶段的商品返场和直播预告两个环节的时长各 10 分钟,共 20 分钟;确定在直播中安排 4 个营销活动,并将每个营销活动的时长设定为 5 分钟,共 20 分钟;剩余 60 分钟用于推荐商品,设定 12 款商品,每款商品的推荐时长为 5 分钟(若商品的数量增加,可缩短每款商品的推荐时长)。针对 4 个营销活动,直播团队可将直播间的福利任务活动安排在直播开场阶段之后,以吸引用户观看直播,提升直播间人气,促进商品销售;整点红包活动安排在 21:00 之前,可提前告知用户活动时间;超级福袋抽奖活动安排在整场直播的中场阶段,可根据预算多次发布超级福袋抽奖活动,吸引用户参与,活跃直播间氛围;倒计时红包活动安排在商品返场环节之前,用于直播结束前再次冲击商品销量。

最终,根据直播主题、直播目标、直播时间、人员分工及各工作流程的时间规划等,制定如表 3-3 所示的整场直播脚本。

表3-3 整场直播脚本

直播主题	××童装清仓直播活动,秋冬款热销商品低于5折出售				
直播目标	通过2小时的直播,实现销售额10万元				
直播时间	4月10日 20:00—22:00				

时间段	时长	流程规划	人员分工			话术参考
			主播	助理	场控	
20:00—20:10	10分钟	开场预热	自我介绍,向进入直播间的用户问好,强调直播时间,引导用户关注直播间	回答用户的问题,活跃直播间气氛	向各平台分享开播链接	大家晚上好!搞笑主播又来啦,喜欢我的朋友们请动动你们的小手,点击我的头像关注直播间,这样就可以第一时间知晓主播直播的消息啦
20:10—20:20	10分钟	活动剧透	简单介绍本场直播的所有商品,说明直播间的优惠情况和活动内容	商品配套展示,补充主播遗漏的内容	向各平台推送直播动态信息	不知道有没有人喜欢购买反季节的衣服,特别是小朋友穿的衣服!有时候花大价钱购买的当季衣服,没穿多久就因为小朋友长得快,衣服不合适又得重新买,花费在小朋友衣服上的费用也是一笔不小的开销。今天我们直播间清仓大甩卖运了,××童装开展清仓活动,直播间的衣服通通低于5折出售,还有很多福利活动等着大家,希望大家多多关注
20:20—20:25	5分钟	直播间福利任务活动	引导用户关注直播间,调动用户完成直播间任务,活跃直播间氛围	引导用户关注直播间,调动用户完成直播间任务,活跃直播间氛围	引导用户关注直播间,调动用户完成直播间任务,活跃直播间氛围	直播间已经来了很多朋友了,还没关注直播间的动动手指点点关注。哇!点赞破1万了,现在主播送福利了,宝宝们可以点击左上角的"红包"图标,做完相应的任务就可以获得红包奖励,任务做得越多,获得的奖励也越多,赶快行动起来吧
20:25—20:30	5分钟	商品推荐	讲解第一款商品,全方位展示商品外观,详细介绍商品特点,回复用户问题,引导用户下单	与主播完成画外音互动,协助主播回复用户问题	上架讲解商品,收集在线人数和转化数据	见单品脚本
20:30—20:35	5分钟	商品推荐	讲解第二款商品,全方位展示商品外观,详细介绍商品特点,回复用户问题,引导用户下单	与主播完成画外音互动,协助主播回复用户问题	上架讲解商品,收集在线人数和转化数据	见单品脚本

续表

时间段	时长	流程规划	人员分工			话术参考
			主播	助理	场控	
20:35—20:40	5分钟	红包活动（整点红包）	发起红包活动，与用户互动，提醒用户参与红包互动活动	提示发送红包的时间节点，介绍红包活动的规则	发送红包，收集红包领取信息	点赞数量过2万了，谢谢大家！希望大家继续关注直播间！21点大家还可以参与超级福袋福袋抽奖活动，21点、21点、21点，重要的事情说三遍，大家记得准时参与
20:40—20:45	5分钟	商品推荐	讲解第三款商品，全方位展示商品外观，详细介绍商品特点，回复用户问题，引导用户下单	与主播完成画外音互动，协助主播回复用户问题	上架讲解商品，收集在线人数和转化数据	见单品脚本
20:45—20:50	5分钟	商品推荐	讲解第四款商品，全方位展示商品外观，详细介绍商品特点，回复用户问题，引导用户下单	与主播完成画外音互动，协助主播回复用户问题	上架讲解商品，收集在线人数和转化数据	见单品脚本
20:50—20:55	5分钟	商品推荐	讲解第五款商品，全方位展示商品外观，详细介绍商品特点，回复用户问题，引导用户下单	与主播完成画外音互动，协助主播回复用户问题	上架讲解商品，收集在线人数和转化数据	见单品脚本
20:55—21:00	5分钟	商品推荐	讲解第六款商品，全方位展示商品外观，详细介绍商品特点，回复用户问题，引导用户下单	与主播完成画外音互动，协助主播回复用户问题	上架讲解商品，收集在线人数和转化数据	见单品脚本
21:00—21:05	5分钟	超级福袋抽奖活动	与用户互动，提醒用户参与超级福袋抽奖活动	提示开展抽奖活动的时间节点，介绍抽奖规则	发布超级福袋抽奖活动，收集互动信息	直播时间过了一半了，还有这么多朋友陪着我，谢谢大家！点击左上角的"福袋"图标参与抽奖，奖品是一个儿童包包，很时尚，相信你家的宝贝一定会喜欢
21:05—21:10	5分钟	商品推荐	讲解第七款商品，全方位展示商品外观，详细介绍商品特点，回复用户问题，引导用户下单	与主播完成画外音互动，协助主播回复用户问题	上架讲解商品，收集在线人数和转化数据	见单品脚本

续表

时间段	时长	流程规划	人员分工			话术参考
			主播	助理	场控	
21:10—21:15	5分钟	商品推荐	讲解第八款商品，全方位展示商品外观，详细介绍商品特点，回复用户问题，引导用户下单	与主播完成画外音互动，协助主播回复用户问题	上架讲解商品，收集在线人数和转化数据	见单品脚本
21:15—21:20	5分钟	商品推荐	讲解第九款商品，全方位展示商品外观，详细介绍商品特点，回复用户问题，引导用户下单	与主播完成画外音互动，协助主播回复用户问题	上架讲解商品，收集在线人数和转化数据	见单品脚本
21:20—21:25	5分钟	商品推荐	讲解第十款商品，全方位展示商品外观，详细介绍商品特点，回复用户问题，引导用户下单	与主播完成画外音互动，协助主播回复用户问题	上架讲解商品，收集在线人数和转化数据	见单品脚本
21:25—21:30	5分钟	商品推荐	讲解第十一款商品，全方位展示商品外观，详细介绍商品特点，回复用户问题，引导用户下单	与主播完成画外音互动，协助主播回复用户问题	上架讲解商品，收集在线人数和转化数据	见单品脚本
21:30—21:35	5分钟	商品推荐	讲解第十二款商品，全方位展示商品外观，详细介绍商品特点，回复用户问题，引导用户下单	与主播完成画外音互动，协助主播回复用户问题	上架讲解商品，收集在线人数和转化数据	见单品脚本
21:35—21:40	5分钟	红包活动（倒计时红包）	与用户互动，提醒用户参与红包活动	提示发送红包的时间节点，介绍红包活动的规则	发送红包，收集领取信息	不知不觉直播这么长时间了，感谢大家的陪伴！现在主播要送大礼了，大家可以动动手指点击左上角的"红包"图标，领取红包，最大金额有50元哦，机会不可错过哦
21:40—21:50	10分钟	商品返场	对销售情况较好的商品进行返场讲解	协助场控向主播提示返场商品，协助主播回复用户问题	收集、分析每款商品的在线人数和转化数据，向助理和主播提示返场商品	这款××既然大家喜欢，我们也不能辜负大家的期望。这款×××，主播再给大家上100件好不好？大家准备好3，2，1，上架
21:50—22:00	10分钟	直播预告	简单介绍下次直播的商品，引导用户关注直播间，强调开播时间和福利	协助主播引导用户关注直播间	收集在线人数和转化数据	要下播了，再一次感谢大家的陪伴。主播明天同一时间还会在这里和大家见面，希望大家多多捧场。明天同样有好礼相送，没抢到红包的朋友不要难过，关注主播，关注直播间，明天继续送好礼，一定不让你失望……

146

2. 直播单品脚本策划

下面是某款女士小白鞋的商品简介，请为其写作一份单品直播脚本，并模拟直播场景对其进行讲解。

①鞋头。圆形鞋头，经典不挤脚；增加双股缝线，可有效避免因折压变形；有透气孔，更加舒适、透气。

②鞋带。棉质鞋带，编织饱满不易勾丝起球，抗拉伸不易变形。

③鞋面。鞋面为超纤材质，柔软度好，不用担心日常的折压使它掉皮，性价比较高。

④鞋底。鞋底是柔软的 PVC 材质，凹凸底面减震，轻软舒适；厚约 3 厘米，穿上显高。

⑤颜色。米蓝色、白色。

⑥尺码。35、36、37、38、39、40。

⑦洗涤说明。严禁机洗、避免暴晒和长时间浸水，建议使用常规的清洗方式即可；工具使用软毛刷清洗；清洁剂可使用小苏打、中性洗衣液、牙膏等清洗。

⑧优惠。天猫旗舰店 89 元一双，直播间领取 10 元优惠券后 79 元一双，再送 2 双全棉袜子。

综合实训

实训题目：女装直播脚本策划。

实训目的：掌握直播脚本的策划思路与方法。

实训要求：根据表 3-4、表 3-5 所示的直播活动介绍、商品信息，按照表 3-6 所示的格式撰写直播脚本。

表 3-4 直播活动介绍

直播背景	××女装计划在 2024 年 10 月 1 日 20：00，采用自播模式在抖音开展两个半小时的直播带货活动。直播商品为 9 款秋冬款热销女装，直播主题为"国庆节来了！××女装工厂直供，全场大促低价购"，预期实现销售额 5 万元，新增粉丝 2000 人
团队配置	主播、助理、场控、客服
流程规划	共设置开场预热—主题介绍—开场福利—第一轮商品介绍—商品催付—第二轮商品介绍—粉丝福利—商品返场—商品催付—直播结束 10 个环节。其中，开场预热与主题介绍两个环节的内容主要是欢迎用户，与用户互动，介绍主题、优惠力度、福利信息等。开场福利环节用于吸引用户互动，提升直播间人气。商品催付环节主要强调商品的利益点，促成用户下单。商品介绍环节是整场直播的重要环节，时长占比较大，主要是讲解、试穿（用）商品，回答用户问题。商品返场环节是将直播间受欢迎程度较高的商品再次上架。直播结束环节是感谢用户、预告下一场直播等
营销活动	一是在开场福利环节开展超级福袋抽奖活动，所有用户都可参与，奖品为价值 2000 元的手机一部，中奖人数 1 人；二是点赞满 5000，修改卡通文艺打底衫的价格为 9.9 元，上架 50 件，同时提醒用户 21：00 可领取整点红包；三是在第一轮商品介绍环节发送价值 10 元的店铺优惠券，同时告知用户购买任意商品都会送围巾一条，数量共 100 条；四是在粉丝福利环节开展超级福袋抽奖活动，仅限已加入主播粉丝团的用户参与，奖品为价值 300 元的豆浆机，中奖人数 3 人，每人限领一份

表 3-5 商品信息

商品	基本信息
连帽长款防风羽绒服	宽松、时尚款,白鸭绒填充,含绒量 80%。日常价 1299 元,直播间满 1000 元直减 200 元后,再以 3 折出售,最终直播价为 329.7 元
连帽印花卫衣	宽松型印花卫衣,袖口处有绿色印花。日常价 449 元,直播间以 3 折出售再直减 20 元,最终直播价为 114.7 元
过膝中长款羽绒服	过膝、加厚、大码女款羽绒服,白鸭绒填充,含绒量 74%。日常价 1099 元,直播间满 1000 元直减 200 元后,再以 3 折出售,最终直播价为 269.7 元
卡通文艺打底衫	宽松长袖 T 恤,全棉面料,每种颜色都有不同样式的卡通小印花。日常价 99 元,直播间直减 60 元,最终直播价为 39 元
翻领长袖针织连衣裙	中长款翻领宽松长袖针织连衣裙,直筒裙摆。日常价 299 元,直播间直减 200 元,最终直播价为 99 元
圆领毛衣	粗条纹,羊毛材质圆领毛衣。日常价 339 元,直播间直减 240 元,最终直播价为 99 元
圆领卫衣	短款卫衣,全棉面料,休闲运动风格。日常价 698 元,直播间以 3 折出售,最终直播价为 209.4 元
长袖连帽卫衣	颜色简洁,袖子有字母刺绣,采用撞色(对比搭配)。日常价 99 元,直播间直减 60 元,最终直播价为 39 元
雪纺衫	波浪绣线双层领时尚衬衣,下摆有不规则条纹,雪纺面料。日常价 545 元,直播间直减 445 元,最终直播价为 100 元

表 3-6 整场直播脚本模板

直播主题						
直播目标						
直播时间						
时间段	时长	流程规划	人员分工			话术参考
			主播	助理	场控	
……						

实训思路:根据直播活动介绍,提炼规划出直播主题、直播目标、直播时间、人员分工等内容,并细化整场直播中各流程的工作内容。首先,确定较为固定的直播开场环节,设定开场预热环节时长为 10 分钟、主题介绍环节时长为 10 分钟、开场福利环节时长为 10 分钟,为直播引流拉新;设定第一轮商品介绍时长为 60 分钟,根据需要合理分配商品介绍、演示购买路径等内容的时间;第一轮商品介绍后,进行第一次商品催付,设定时长为 5 分钟。其次,进行第二轮商品介绍,设定时长为 25 分钟;进入粉丝福利环节,以回馈用户、激发用户热情,设定时长为 5 分钟;设定商品返场时长为 15 分钟,将受欢迎的商品再次上架并讲解,冲击商品销售量。再次,进行商品催付,临近下播时刺激用户下单,设定时长为 5 分钟。最后,在直播结束环节预告下一场直播并对用户表示感谢,设定时长为 5 分钟。完成整场直播脚本的策划后,根据商品信息撰写单品脚本。

实训结果:整场直播脚本见表 3-7,单品直播脚本见表 3-8。

表 3-7 整场直播脚本

直播主题	国庆节来了！××女装工厂直供，全场大促低价购			
直播目标	提升店铺销量，销售额目标5万元，涨粉2000人			
人员分工	1. 主播负责推荐商品，与用户互动，介绍活动规则，引导用户下单 2. 助理协助主播介绍商品、补充活动规则，递送主播介绍的商品 3. 场控负责直播中控台的操作，上架讲解商品，发布营销活动，收集在线人数和转化数据，向主播和助理传递有关信息 4. 客服负责店铺后台操作，修改商品价格，与用户沟通，转化订单			
直播时间	2024年10月1日 20:00—22:30			
时间段	时长	流程规划	具体工作	话术参考
20:00—20:10	10分钟	开场预热	欢迎用户，与用户互动，点明直播主题	1. 哈喽，大家好，欢迎各位宝贝来到直播间，我是今天的主播××。今天是普天同庆的节日，在这个特别的节日里，先祝各位宝贝节日快乐，购物愉快 2. 今天为大家带来多款超值的热销秋冬季服装，全部低价出售，只为回馈长期支持我们的各位朋友。除了低价商品以外，我们还有超多好礼相送
20:10—20:20	10分钟	主题介绍	介绍直播主题、优惠力度、福利	1. 今天是工厂低价直供秋冬季服装专场，大家不仅能买到心仪的衣服，还有机会领取优惠券、红包，还能参与抽奖活动，只要观看我们的直播，今天就有机会获得这些福利 2. 大家可以转发并分享我们的直播间，通知身边的朋友也来参与，人多机会多，争取抽中大奖
20:20—20:30	10分钟	开场福利	福袋介绍（所有人可参与），展示引流款商品、引导用户点赞评论	1. 主播先给大家来波福利！大家猜今天的第一个福袋会是什么？积极参与就有机会中奖，是价值2000元的手机让你免费带回家 2. 宝宝们点赞到5000，不仅小黄车的卡通文艺打底衫9.9元就可以带走，同时还给大家上福袋，点击福袋参与抽奖，好礼免费带回家。没有参与的宝宝抓紧给主播点点赞，点赞越多越容易抽到
20:30—21:30	60分钟	第一轮商品介绍	介绍商品利益点，讲解、展示、试穿商品，演示商品购买路径	1. 直播间的宝宝们，今天衣服的价格不仅只要成本价，我们还送店铺优惠券！大家在直播间回复"1"，人数越多，我们的优惠就越大。现在动动你的手指，关注咱直播间，领取左上方的优惠券，全场立减10元。主播马上上链接，想要下单的宝宝们赶快拍，我们还赠送一条优质好看的围巾（展示围巾） 2. 我先给大家展示一下今天直播的衣服，大家可以记住编号，待会儿我会穿上衣服给大家展示效果（试穿每件衣服并讲解，重点话术见表3-8单品直播脚本）。所有衣服都值得购买，主播也自留了很多款，喜欢的宝宝可以放心闭眼入 3. 想要下单的宝宝认真看，我给大家演示一遍购买方法：先点关注，领取左上方的优惠券，再点击小黄车选择要拍的款式编号，选好颜色和尺码后点击付款就可以了
21:30—21:35	5分钟	商品催付	强调商品利益点、催单、加库存、催单	1. 这些衣服只有今天才有这么大的优惠力度，全场低价购，衣服和赠品的数量都不多（共准备了100条围巾），所以大家拍的时候动作要快！现在，我们开始倒数10个数，10、9、8……喜欢的宝宝一定要及时下单，马上要结单了哦 2. 有些姐妹说没抢到，既然今天是国庆节，我们就再上一波，每款衣服再加200单，10秒购买时间，上链接。宝宝们，这是最后一波库存啦！喜欢的一定要及时下单，不然等会儿就买不到啦

续表

时间段	时长	流程规划	具体工作	话术参考
21:35—22:00	25分钟	第二轮商品介绍	讲解、试穿商品（着重讲解商品优点）	讲解、试穿每件衣服，并配合话术（见表3-8单品直播脚本）
22:00—22:05	5分钟	粉丝福利	设置超级福袋活动，限粉丝团成员参与	主播看大家都很热情，现在咱们给已加入粉丝团的宝宝们送专属福利。已加入粉丝团的宝宝们回复"3"，倒计时5秒点击福袋，抽3人赠送价值300元的豆浆机！只限粉丝，赶紧关注直播间加入粉丝团
22:05—22:20	15分钟	商品返场	根据直播间用户的反馈，再次上架、讲解较受欢迎的商品	主播看大家都在说喜欢××款，我给大家再过一遍这些款式（视具体数据反馈，重点话术见表3-8单品直播脚本）
22:20—22:25	5分钟	商品催付	再次强调商品优惠力度，刺激用户下单	本场商品优惠价仅限本次直播，错过了就不会再有这样的价格啦！喜欢的宝宝们赶紧下单、付款！真的不要再犹豫了，错过就只能原价购买了
22:25—22:30	5分钟	直播结束	告知直播即将结束，感谢用户，预告下次直播时间	1. 今天的直播接近尾声了，非常感谢大家的陪伴。今天和大家度过了非常愉快的时光，记得关注直播间，下次开播就会收到提醒信息 2. 明天晚上××点到××点开播，我们明天见，不见不散

表3-8 单品直播脚本

商品名称	商品日常价	福利信息	商品直播价	重点话术参考
连帽长款防风羽绒服	1299元	直减200元+3折	329.7元	这款羽绒服是白鸭绒填充的，含绒量80%，保暖效果非常好。含绒量的多少直接影响羽绒服的保暖性，80%的含绒量在羽绒服中算是高的了。原价为1299元，现在直播间只要329.7元就能买到
连帽印花卫衣	449元	3折+直减20元	114.7元	基础印花卫衣，袖口处的绿色印花使卫衣富有春天的气息。卫衣是宽松版型的，可以很好地修饰身形
过膝中长款羽绒服	1099元	直减200元+3折	269.7元	白鸭绒填充，绒含量达到74%。长款的羽绒服用券之后只要269.7元，真的太划算了
卡通文艺打底衫	99元	直减60元	39元	每种颜色都有不同样式的卡通小印花，面料是100%纯棉，很舒适，喜欢的朋友每个颜色都可以买一件，都是好搭配的颜色。新款直播间，到手价39元
翻领长袖针织连衣裙	299元	直减200元	99元	直筒裙摆，藏肉显瘦
圆领毛衣	339元	直减240元	99元	这款毛衣是羊毛材质的，保暖性好。衣服很厚实，条纹设计也很独特
圆领卫衣	698元	3折	209.4元	这款卫衣是短款的，搭配裤子会显腿长，小个子用户可以买一件试试
长袖连帽卫衣	99元	直减60元	39元	整件卫衣的设计非常简洁，它很时尚的地方就是袖子上的刺绣和撞色设计，既有基础款的简洁，又提升了时尚感
雪纺衫	545元	直减445元	100元	这款雪纺衫搭配半身裙或者简单的休闲裤很有职业范，最适合上班的时候穿

项目四
直播实战

学习目标

【知识目标】

(1) 掌握商品介绍方法与技巧。
(2) 掌握直播节奏及对应的关键任务。

【技能目标】

能掌握商品讲解话术和展示技巧，根据脚本完成商品推介和功能展示。

【素养目标】

(1) 具有乐观、真诚的工作态度与价值观。
(2) 具有敬业的工作精神与诚信的职业道德。
(3) 具备正面、积极的心理素质与严谨的法律意识。
(4) 能够遵守网络言论规范、严守政治纪律与规范。

任务一　商品讲解技巧

任务描述

任务背景	直播时的商品讲解话术、商品展示技巧，以及与粉丝沟通的艺术，是主播最需要培养的技能和素养；邓慧是美妆护肤店铺新招聘的主播，为了更快掌握主播技能，她仔细研究了十几个头部主播的商品讲解案例，试图总结一些商品讲解技巧
任务演练：商品讲解技巧练习	根据美妆护肤品类特点，选择专业讲解直播形式，在直播过程中讲解商品内容，从内容方向、讲解逻辑、话术技巧3个维度归纳商品讲解技巧

知识准备

主播需要掌握如何增强商品推荐的效果，引导用户关注商品；掌握商品讲解和产品展示的方法和技巧，延长用户观看时间，激发其购物欲望，促进成交订单量的增加。

一、商品讲解内容

商品介绍可以体现出主播的专业水平，优秀的商品介绍可以引导用户需求，引起用户的注意与兴趣，是促使商品成交的关键。主播在介绍商品时，必须抓住消费者的需求，重点讲解消费者想要了解的内容，主要包括以下 6 个方面（以美妆产品为例）：

1. 品牌故事

讲好品牌故事是打动人心的重要手段，好的品牌故事不仅能够增加用户对商品的认知与好感，而且能够通过主播富有情感的讲解进一步提高品牌形象。特别是一些自创品牌，可能目前没有很高的知名度，但是通过介绍品牌创始人、企业理念等，可以在直播间树立良好的品牌形象。

2. 产品成分

随着人们的消费水平不断提升，美妆消费观念也在发生改变，注重安全、科学理性成为愈加鲜明的趋势。由此看来，要使美妆产品提升销量，关键要在产品品质、安全和健康上下功夫。例如，目前市场上畅销的含有氨基酸的洗面奶、含有维生素 B 的舒缓修复乳液等产品，都是因其品质良好而占有一席之地。随着通过互联网获取信息更加迅速、便利，越来越多的美妆用户会更加关注产品的成分、配方和原材料等信息。

3. 产品功效

有关数据显示，功效型护肤品已成为美妆消费的新风口，特别是"90 后"的年轻消费群体，其功效性诉求更加强烈。"抗敏感""祛痘""美白""抗衰"等功效成为热门需求。卓越的功效很容易让产品脱颖而出，同时也非常考验企业和主播的专业性和责任感。在国家严格的质检监管下，仍然有品牌打着"擦边球"，在生产中存在不规范行为，产品使用各种激素并进行虚假宣传。用户也会对产品功效产生怀疑。因此，主播能够依据自己的使用感受如实地讲解产品的功效，对用户而言非常具有吸引力。

4. 产品细节

由"80 后""90 后"引领的美妆市场整体呈现时尚感，"颜值"成为产品的一大亮点。在产品设计、外观设计上，品牌更加关注年轻人的审美偏好，通过细节传递亲近自然、享受生活情趣的设计理念，打造更受欢迎的视觉效果。美好的产品细节能让用户对产品的使用场景心生向往，容易激发其购物欲望，产生购物需求。

5. 产品优势

年轻消费者更愿意尝试新兴、独立或小众品牌，而非仅依赖传统大牌。他们追求个性化、独特性，小众品牌往往能更好地满足其差异化需求。正因为他们接触的品牌和产品更多元，选择范围更广，所以对产品的成分、设计、性价比、品牌价值观等要求更高。因此其对市场上产品的选择更为苛刻，对品牌的忠诚度不高。品牌或主播需要通过突出产品差异化优势（如成分、功效、性价比等）来吸引他们，而非单纯依赖品牌历史或营销噱头。所以，要加深用户对产品的印象，必须突出产品优势。主播可以通过对比不同品牌的同类产品，突出直播间产品的特色和亮点；或者通过展示产品，放大直播间产品的优点，为用户提供购买参考，提升用户决策效率。

6. 优惠价格

优惠价格能够塑造产品的高性价比形象，类似"限时抢购""产品8折促销"等活动，能够强化用户对直播间产品高性价比的认知。同时，在长达3~4个小时的直播中，主播要适时增加活动促销力度，降低用户的疲乏感，提高其参与直播间互动的热情，维持直播间的活跃气氛，激发用户的购买欲望。

二、直播商品讲解逻辑

直播带货时如何组织语言、吸引观众注意力，简单来说，就是组织一套主播直播内容的逻辑。通过这个框架，主播可以有条不紊地引导观众，让他们对直播间的产品产生兴趣。一般的直播商品讲解逻辑如下：

1. 开场白

主播需要介绍自己和直播间的产品，让观众知道主播是谁，直播间的产品是什么，以及为什么要关注直播。

2. 引出产品

通过场景描述，让用户想象使用直播间产品的场景。这样，他们就能更直观地理解产品的价值和实用性。

3. 产品卖点

详细介绍产品的特点和优势，让用户了解为什么直播间的产品值得购买，以及它与其他产品的不同之处。产品讲解还可以从外到里，再到细节。首先，从产品的外观开始讲解。比如空气炸锅，先讲它的外观："所有姐妹们，告别油腻，不用一滴油也能做出炸鸡的空气炸锅来啦！高级祖母绿撞黑的配色，无论你的厨房是中式还是西式，它都能成为完美的点缀。"其次，介绍产品的内部："3.7升的大容量，一次能烤一整只鸡。现在前20位下单的用户，我们还会送价值29.9元的加热垫。有了这个加热垫，无论是做蛋挞、做薯条、做炸鸡，还是烤红薯，都能360度无死角均匀受热。"最后，详细讲解产品的细节："想带着小朋友一起DIY做美食的宝妈们注意了，咱们家的空气炸锅操作起来非常简单。上面的滚轮是调节温度的，支持最高230度；下面的转轮是调节时间的，支持最高60分钟烹饪。最近大家看到的网红烤五花肉就是靠它实现的。把它带回家，就能实现全家人的炸鸡自由，好吃又健康，身体没负担！"

4. 催单环节

主播需要用有力的理由说服观众购买直播间的产品，告诉他们为什么现在要买、为什么从你这里买，以及购买后能得到什么好处。

三、不同类目商品讲解要点

①食品饮料类的商品需要从安全性、口感风味、营养价值和价格优势等方面重点讲解，可采用试吃方式辅助。

②服饰鞋帽类的商品需要从风格、款式、颜色、面料、设计亮点、穿着场景及搭配等方面重点讲解，可采用试穿方式展示效果。

③美妆日化类商品需要从质地、颜色、用途、容量、使用方法和感受等方面重点讲解，可采用试用方式展示其使用效果。

④3C 数码类商品则要从开箱入手，从检测、剖析展示商品的生产工艺、性能、功能、技术指标等方面重点讲解。

⑤母婴玩具类商品要从质量、功能用途、质量和安全认证、适用范围、年龄等方面重点讲解，可根据商品用途和功能采用试吃、试穿、试用等多种方式辅助展示。

⑥家电家居类商品可从品牌背书、产品功能、技术参数、生活使用场景等方面重点讲解，强调其性价比、实用性、安全性，可采用功能演示的方式辅助展示。

任务实施

任务演练：商品讲解技巧练习

【任务目标】

直播商品讲解练习的主要目的是提升直播带货技能，增强直播团队对产品推广的理解，通过练习可以深入了解直播商品讲解的基本技巧和策略，提高产品推广能力。

【任务要求】

任务名称	任务指导
根据商品讲解内容	从内容方向、讲解逻辑、话术技巧 3 个维度归纳商品讲解技巧

【任务分析】

只有掌握商品讲解的方法和技巧，才能够留住用户、延长其观看时间，激发购买欲望，促进成交订单量的增加。在实际工作中，可以从内容方向、讲解逻辑、话术技巧 3 个维度拆解并分析商品讲解方法和技巧。

【操作过程】

商品讲解技巧的操作步骤和关键点如下：

步骤 1：从内容方向维度分析商品讲解技巧。直播商品讲解在内容方向上，可以从品牌故事和背书、产品功能和用途、使用感受、商品对比和商品核心优势 5 个维度进行思考。根据商品讲解内容，选择其涉及的内容方向维度。

步骤 2：从讲解逻辑维度分析商品讲解技巧。讲解逻辑一般有商品卖点介绍、描述使用场景、优惠促销力度和限时限量秒杀 4 个维度。商品卖点介绍解决为什么值得买的问题，使用场景解决为什么需要买的问题，优惠促销力度（即商品利益点）解决为什么必须买的问题，限时限量秒杀解决为什么立刻、马上买的问题。有了上述讲解逻辑，激发用户的购买欲望就水到渠成了。根据商品讲解内容，选择其涉及的讲解逻辑维度。

步骤3:从话术技巧维度分析商品讲解技巧。话术技巧一般有消费承诺、营造画面感、给用户算账、制造惊喜和福利、设置价格锚点及营造紧迫感和稀缺性6个维度,这些维度应用场景和典型话术示例见表4-1。

表4-1 不同维度话术技巧示例

话术技巧	应用场景	话术示例
消费承诺	增加用户对商品的信任感	我妈炒菜经常用,它里面是微辣的,特别好吃; 这款是××明星使用的同款商品,性价比绝对没话说
营造画面感	构建商品的使用场景	把椰汁倒进去,oh my God,灵魂就出来了,有奶香和椰香; 涂上它,不要太心动的感觉吧,人间水蜜桃就是你
给用户算账	强调价格优惠	这个真是很实惠,1.5元一包,能吃两顿; 这款口红今天119元,能用3个月,平均每天13元,绝对超值
制造惊喜和福利	给用户惊喜以引导转化	我们先来抽10位用户,送今天热销的洗衣凝珠; 我们先来送100张20元优惠券,拍下立减哦
设置价格锚点	与原价对比突出优惠	超市59.9元,今天直播间39.9元; 原价199元,今天直播间159元,第二件半价
营造紧迫感和稀缺性	引导用户下单	最后1000份,先到先得; 今天直播间专享价,一年只有一次哦

步骤4:填写商品讲解实训表,如表4-2所示,然后进行直播演练。

表4-2 商品讲解实训表

维度	评价内容	评分标准	得分
内容方向	是否精准提炼产品核心优势、功能用途及品牌文化 卖点是否结合用户使用感受及场景化功能 是否明确对比竞品差异点(参数/服务/价格) 是否弱化竞品优势,强化自身特点	卖点提炼精准度(0~10分) 场景化表达清晰度(0~10分) 差异对比逻辑性(0~5分) 话术转化技巧(0~5分)	30分
讲解逻辑	是否使用总分总框架或FABE法则(开场→痛点→卖点→证明) 是否从4个维度讲解产品结构完整性	结构完整性(0~15分) 逻辑清晰度(0~15分)	30分
话术技巧	开场是否吸引用户注意力(悬念/痛点共鸣/提问) 是否建立信任感(权威背书/数据引用) 是否使用6种话术技巧	开场吸引力(0~10分) 信任感营造(0~10分) 话术技巧及灵活性(0~20分)	40分

任务二 讲解话术提炼

任务描述

任务背景	在当前的直播行业中,高效、吸引人的讲解话术对于提升用户参与度、增强用户黏性及促进销售转化具有重要意义。因此,直播团队需要提炼一套精练、有吸引力的直播讲解话术,以更好地满足直播需求,提升直播效果

续表

任务演练：提炼商品讲解话术	1. 提炼一套适合直播场景的讲解话术，包括开场白、产品介绍、互动环节、促销信息、结束语等关键环节 2. 确保话术内容精练、有吸引力，能够迅速抓住用户的注意力，提升其参与度 3. 针对不同产品特点和目标受众，制定差异化的话术策略，以更好地满足市场需求

知识准备

一场完整的直播往往包含开场、引关注、商品推荐、促留存、促转化、下播等环节，每个环节都涉及相应的话术。话术表达是否恰当、是否具有吸引力，将对直播效果产生直接影响。

一、开场话术

开场话术是指直播开始时主播要说的话，多用于直播暖场。开播时，主播可以先进行自我介绍，或是讲一些具有个人特色的欢迎语，也可以向用户介绍本场直播活动的主要内容。一些新手主播欠缺经验，也没有资源优势，可以在开场时表达自己对用户的感谢和对做直播工作的坚持。好的开场能够增加新手主播的自信，缓解紧张的情绪。表4-3为常用的开场话术示例。

表4-3 常用的开场话术示例

序号	开场话术
1	大家好，我是××，欢迎大家来到××直播间！上次直播后品牌商给了直播间很多试用装，我们打算在本次直播中送给大家，感兴趣的姐妹记得点个关注哦
2	欢迎大家来到我的直播间，主播是直播行业的新人，希望大家多多支持、多多捧场哦
3	大家好，我是××，是一名新手主播，今天是我直播的第××天，感谢大家对我的支持
4	大家好，我是主播××，我们是厂家自播，没有中间商赚差价。我们会给大家想象不到的折扣哦
5	大家好，我是主播××，欢迎来到××直播间，我深耕××行业××年了，有着丰富的资源和直播经验，所有的商品都是经过试用后才推荐给大家的，请大家放心购买
6	大家好，我是××，欢迎大家来到我的直播间，今天直播间优惠多多，一定不要错过哟

课堂讨论

你对哪位主播的开场话术有比较深刻的印象？假如你是一名主播，你会如何设计开场话术？

二、引关注话术

引关注话术是指引导用户关注直播间的话术。在直播过程中，主播要频繁使用引关注话术引导用户关注直播间，如开播后、推荐商品前。因为直播过程中随时都有用户进入直播间，所以主播要熟练、灵活地运用引关注话术，反复提醒用户关注直播间，这样有助于提升直播间的人气。表4-4为常用的引关注话术示例。

表4-4 常用的引关注话术示例

序号	引关注话术
1	欢迎××来到我的直播间,喜欢主播点个关注哦
2	欢迎××来到我的直播间,想要更多福利请点个关注哦
3	刚进来的宝宝可以关注主播,以便领取更多福利哦
4	宝宝们,今天直播间会抽出10名幸运免单用户,一定要先关注我哦,我会不定时给大家发放惊喜哦
5	点赞、关注人数达到××,我就开始抽奖了!想要中奖的宝宝们快动动手指关注起来
6	大家晚上好,喜欢我的宝宝们请动动你们的小手,点一下关注,这样就可以随时随地来看我啦!我每天都在这里等你们哦
7	感谢××的关注,还没关注我的宝宝抓紧哟,待会儿就给关注了直播间的宝宝们赠送福利哦

> **课堂讨论**
>
> 什么情况下你会主动关注直播间账号?主播要想获得更多用户的关注,还可以设计什么样的引关注话术?

三、商品推荐话术

商品推荐话术是指主播在介绍商品时要说的话,该话术的作用是让用户了解商品,产生购买商品的欲望。下面介绍商品推荐话术的设计法则,以及不同类型直播商品的推荐话术。

1. 商品推荐话术的设计法则

在设计商品推荐话术时,直播团队可以应用FABE法则来操作。FABE法则是在设计商品推荐话术时常用的法则,即特征(Feature)、优势(Advantage)、利益(Benefit)和证据(Evidence)法则,表4-5为FABE法则的详细解释。

表4-5 FABE法则的详细解释

组成	解释
特征(Feature)	商品的特征、特点,主要从商品的材质、制作技术、体积、功能、成分等角度入手
优势(Advantage)	由商品特征、特点等产生的优势,需要说明商品独特的卖点
利益(Benefit)	商品能带给用户的利益,需以用户利益为中心,包括价格、赠品等,要能激发其购买欲望
证据(Evidence)	包括商品成分列表、专利证书、商品实验、销量评价、行业对比、权威背书等

> **课堂练习**
>
> 现有一款大容量真空保温杯(1000mL、800mL两种规格),内胆为304真空不锈钢材质,有防粘涂层;杯盖为食品级PP(聚丙烯)材质,可分体拆洗;24小时超长保温保冷,倒置不漏水。请尝试使用FABE法则设计这款保温杯的商品推荐话术,可参考表4-6。

表4-6 按照FABE法则组织的直播商品推荐话术示例

商品	一般说辞	利益	FABE商品推荐话术
裙子	这条裙子的版型很好，穿上真的很好看		这条裙子采用了修身的设计（特征），能够充分衬托出高挑的身材，也能凸显职业人士的魅力（优势和利益）
礼服	这件礼服上使用的水晶都是××品牌的，非常亮眼		这件礼服上使用的水晶都是××品牌的，它的光泽度和质感非常好（特征），装饰在礼服上会让人眼前一亮（优势），在灯光下看非常耀眼，拍照也很好看（利益）
运动鞋	这双运动鞋采用弹性极佳的泡棉垫底，适合慢跑		这双运动鞋使用了泡棉垫底，十分有弹性（特征），穿着它慢跑不仅舒适，毫无束缚感，而且不易受伤（优势和利益）
衬衣	这是一件用纯麻纱编织的衬衣		这件衬衣是由纯麻纱制成的（特征），即使在炎热的夏天穿着也会格外清爽（优势和利益）

2. 不同类型直播商品的推荐话术

不同商品的特征不同、优势不同，因此推荐话术也不一样。下面主要介绍服装类、美妆类、农产品类、日用品类商品推荐话术的设计思路和方法。

（1）服装类

在推荐服装类商品时，主播首先详细说明服装的风格、面料、颜色、版型等，如针对面料的"今天给宝宝们推荐一款非常好看的内搭，是纯棉的"；其次，就服装的特征说明服装的卖点，如"这款纯棉内搭的吸湿抗热性比较好，穿着非常舒适、亲肤"；再次，说明商品能带给用户的利益，如"这件内搭的实体店售价是99元，今天直播间59元就可以买到"；最后，列出证据，如展示服装的面料检测证书，或采用实验的方法证明服装的透气性、舒适性。

（2）美妆类

购买美妆类商品的用户大多比较关心商品的质地、包装、味道、成分、使用效果等，因此主播首先详细说明美妆类商品的品牌、颜色、产地、成分、质地、包装、味道等基本特征；其次，着重说明美妆类商品的独特卖点，如"成分安全、敏感肌可用"等；再次，介绍商品能带给用户的利益，如价格优惠、赠品、功效好等；最后，列出证据，如通过前后对比的方式展示商品功效等。

（3）农产品类

首先，在说明农产品类商品的特征时，可以从口味、规格、数量等方面入手，如"下面给宝宝们推荐一款长粒香米，这款大米吃起来软糯香甜，是5斤装的"；其次，在介绍农产品类商品的优势时，可以从种植地、加工方式等方面入手，如"这款大米产自黑龙江，种植地独特的土壤和气候环境，使得大米的品质非常高"；再次，介绍商品能带给用户的利益，如"拆开给大家看一看，大米颗颗饱满，闻起来非常香！今天直播间还有意想不到的优惠！拍1袋到手2袋！太划算了"；最后，列出证据，如展示大米在实体店或网店的日常售价或买家秀等。

（4）日用品类

就日用品类商品的推荐话术而言，主播可以首先说明日用品类商品的尺寸、颜色、重量、材质等，如"今天再给宝宝们推荐一款牙刷杯，总共有黑、白、灰3个颜色，350mL大容量，能放下电动牙刷和大容量牙膏"；其次，介绍日用品类商品的优势，如美观、做工细腻等；再次，介绍商品能带给用户的利益，如"这款牙刷杯日常售价为9.9元1个，今天只要关注我，9.9元3个"；最后，列出证据，如拿出牙膏、电动牙刷等装入牙刷杯，证明其容量大。

无论是哪种类型的商品，在推荐时，主播最好一边说明、一边进行实物展示。特别是服装类商品，在推荐时还要试穿，展示时应注意走位，要让用户看到服装的整体搭配效果，同时也要突出展示服装设计的细节和亮点。另外，在推荐商品时，主播还应规范地描述商品的功效，不得虚假宣传或夸大商品的制法、成分、效果或者性能等，不得使用"最新创作""最新发明""纯天然制品""无副作用"等绝对化话术。

四、促留存话术

进入直播间的用户越多，直播间的人气就越高，此时主播要让用户留下来，使用户持续观看直播，从而为直播带货创造更有利的条件。留存用户的方法有很多，常见的有发红包、抽奖等，或与用户进行良好的互动。主播采用不同留存用户的方法，需要配合相应的话术才能起到更好的效果。表4-7为常用的促留存话术示例。

表4-7　常用的促留存话术示例

序号	促留存话术
1	下一次抽奖将在××分钟后进行，会送出××大礼！大家千万不要走开
2	宝宝们，20点我们有发红包活动，21点有抽奖活动哦！大家千万不要走开
3	恭喜××中奖了，太幸运了吧！赶紧联系客服领取奖品！没有抽中奖品的宝宝们也不要走开，直播最后会抽"0元拍免单"大奖哦
4	待会儿主播会上新几款便宜又好看的商品，宝宝们一定不要走开哦
5	欢迎刚来的小伙伴，请大家给主播点点赞，点赞数达到2万就开始发红包哦
6	再过5分钟就要抽奖了！大家千万不要走开

五、促转化话术

直播带货的最终目的是促使用户下单购买商品，促进商品转化。促转化话术的设计逻辑主要包括：打消用户的顾虑，取得用户的信任；制造稀缺感和紧迫感；提供优惠等。表4-8为常用的促转化话术示例。

表4-8　常用的促转化话术示例

序号	促转化话术
1	这款商品我自己也在用，真的特别好用，情况跟我一样的小伙伴赶紧购买吧
2	这款商品的库存不多了，喜欢的小伙伴抓紧时间拍
3	这款商品之前在××（平台）已经卖了10万套
4	购买我家的商品，如果买贵了，15天内可以退差价，退货时免运费
5	促销活动快结束啦，没有下单的小伙伴请赶紧下单，直播结束后就没有这样的优惠啦
6	这款商品在××旗舰店的价格是99元一瓶，今天在直播间买一送一，99元可以买到两瓶

要想促进商品转化，一定要多多留意用户在直播间提出的问题。一般来说，用户的顾虑会通过提出的问题显示出来。例如，某服装主播正在介绍连衣裙，用户可能会提问："这款连衣裙的实物颜色会不会有色差呢？"那么在设计促转化话术时，就应当打消用户关于色差的顾虑，如"××（用户名），我们直播间并没有使用滤镜和美颜，但是因为拍摄环境和显示器的原因，衣服可能有一

些色差。不过，这种色差非常小，收到货后，如果你认为色差很大，我们可以为你免费退换的"。

六、下播话术

下播话术是指主播下播时要说的话，既可以向用户表示感谢，也可以预告下一场直播内容。表4-9为常用的下播话术示例。

表4-9 常用的下播话术示例

序号	下播话术
1	又到下播的时间了，感谢宝宝们从开播一直陪我到下播，主播会继续为大家带来更多的福利
2	今天的直播接近尾声了，明天晚上同样在××点开播/明天会提早到××点开播，宝宝们可以点一下关注哦
3	感谢××位在线粉丝陪我下播，更感谢从开播一直陪我到下播的粉丝们，明天同一时间不见不散哦
4	还有10分钟就下播了，非常感谢宝宝们的陪伴，最后给宝宝们抽个奖好不好？我每天的直播时间是××点到××点，明天会有宝宝们期待已久的运动鞋哦

> **课堂讨论**
> 直播话术可以帮助主播调节直播间气氛、促进商品转化等，但是想让直播话术发挥作用，主播需要注意哪些问题？

> **课堂练习**
> 根据表4-10所示的商品信息，按照"引出商品—商品详解—促成下单"的逻辑设计商品推荐话术。

表4-10 商品信息

商品名称	商品特点	商品价格与福利
冰肌粉底液	1. 热销商品，名人同款 2. 质地细腻、轻薄自然、遮瑕力极强 3. 流动性强、滋润、不油腻 4. 含喜马拉雅冰川水成分，可以有效保持妆容滋润度和持久度	一瓶原价168元，买一瓶9折，直播间到手价151.2元；买两瓶5折，直播间到手价共168元

任务实施

任务演练：提炼商品讲解话术

【任务目标】

了解直播话术的基本原则和技巧，通过模拟练习和反复改进，逐步掌握如何运用话术来引导用户关注产品、建立信任、创造购买欲望等。

项目四 直播实战 04

【任务要求】

任务名称	任务指导
根据不同商品的特点	掌握在不同场景下直播话术的应用方法

【任务分析】

掌握直播话术的基本概念、流程、技巧，了解不同场景下的直播话术应用方法，例如产品介绍、销售引导、客户服务等，通过模拟练习和反复改进，逐步掌握直播话术的精髓。

【操作过程】

步骤1：选择直播带货商品。

步骤2：填写表4-11所示的直播话术提纲。

表4-11 直播话术提纲

序号	话术类型	要点	话术内容
1	开场话术	自我介绍、活动主题介绍	
2	活动话术	用福利吊胃口、卖关子、聚人、留人	
3	需求引导话术	用户痛点、欲望放大/解决痛点	
4	产品介绍话术	规格、成分、材质、色彩、触感、产品展示、细节、使用场景	
5	品牌介绍话术	产地介绍、品牌理念	
6	价值塑造话术	核心卖点、用户评价、口碑、好评率、突出颜值和使用感受	
7	建立信任话术	解除顾虑、服务保障、售后	
8	优惠理由话术	涨粉理由、宠粉理由、周年庆典理由	
9	完单逼单话术	促进成单	
10	互动话术	拉动参与人数、强调互动、限量互动	
11	转款话术	二次留人、套装搭配关联、卖关子、吊胃口	

步骤3：直播话术模拟练习。

任务三 商品展示技巧

任务描述

任务背景	直播商品的品类不同，内容侧重点也不同，直播要根据商品品类选择合适的表现形式；邓慧是厨具店铺新招聘的主播，她发现厨具品类适合用场景引入形式直播，为了更快掌握直播技能，她仔细研究了营造商品场景的技巧
任务演练：商品展示技巧	根据厨具品类特点，选择场景引入形式进行直播，为了更好地营造商品场景，需要结合商品信息，运用商品展示技巧，对商品展示进行设计

知识准备

运动健身、厨具、家具百货等品类，其直播内容的侧重点在于展示产品如何使用，适合以场景引入形式直播，这就需要掌握商品展示技巧，根据商品信息，设计商品展示方式。直播商品展示类型有以下几种：

一、场景展示

直播电商重新定义了传统销售的"人、货、场"概念，尤其是区别传统店铺的"场"。直播电商促使消费者在对"货"有认识的前提下，建立起一个可以媲美线下的、能够唤起购买用户记忆的消费场景。在直播间营造出合适的使用场景来展示商品，运用形象、生动的语言进行描述，用户能够更加真切地感知到这款商品的好处，提高其关注度，促进交易达成。

用户所有的消费行为都是在特定的场景下进行的，他们也是通过场景来认知商品的。在不同的场景下用户会产生不同的消费需求，对商品体验后的感受和记忆也会不同。想要营造良好的用户体验，就要以其为中心，构建一个完整的产品使用场景，这就需要了解用户的生活形态，分析其消费行为，将产品嵌入用户的生活场景中，激发其消费欲望。

那么，如何营造商品的使用场景？

1. 注重细节

生活本身就是由无数细节组成的，商品的使用场景亦是如此。参考消费者的生活细节，分析其生活状态，挖掘其现实生活场景，找到真正能触发用户购买欲望的要素，进而把商品植入场景并转化为场景语言或画面，让商品销售变得鲜活起来，获得用户的青睐。每一个细节都将成为引发联想，促使其产生需求的因素。

2. 线上线下融合

直播基于移动智能终端普及的优势，实现了与用户网上全场景的无缝覆盖。在搭建产品的使用场景时，可以通过线上与线下联动，将商品与用户的真实生活连接起来，与其进行互动交流。在介绍商品的过程中，不断寻求用户的需求反馈，通过联系线下的实际生活，让其置身于营销场景中，深化用户对产品或服务的体验。

二、功能展示

产品功能展示是通过直播现场演示产品的功能和使用方法，展示产品的独特之处和创新之处，吸引观众的注意力。展示产品功能时不要试图展示产品涵盖的所有功能，而是选择那些最能吸引目标受众的功能，并对每个重点功能进行详细解释，展示其如何工作，以及它为用户带来的好处。在产品功能展示中需要运用一些技巧和策略。

1. 远近结合

主播可以从远处开始，全方位地展示商品。当用户从远处看产品时，能够看到商品的全貌，并对产品的整体形状和大小有一个清晰的印象。然后逐渐靠近，以便观众可以更清楚地看到商品的细节和质感。通过远近结合的展示方式，用户可以获得对商品的整体把握。例如，在展示一款手机时，主播可以先从远处展示手机的外观设计和色彩搭配，然后逐渐靠近，展示手机的屏幕、相机镜头等细节部分，让观众充分了解手机的外观和功能。

2. 特写镜头

当整体展示完成后，主播可以使用特写镜头展示商品的细节。用户不仅想了解商品的整体外观，还想看到更真实的商品细节，以便确定商品的质量和工艺。一些主播在直播中只是简单地展示商品，而忽视了展示商品细节的特写镜头，这样直播的营销效果就会大打折扣。例如，主播在展示一款化妆品时，可以用特写镜头展示产品的包装细节、成分清单、质地等，以及搭配使用的刷具的细节和材质，让用户进一步了解产品的品质和实用性。

3. 互动解答

展示完商品的细节后，主播可以与用户进行互动，了解观众对展示内容是否有疑问，并进行解答。如果用户希望看到商品的某个部分或功能，主播就使用特写镜头进行展示，满足用户的需求。例如，当主播展示一款智能手表时，用户可能会对其防水性能或特殊功能感兴趣。此时，主播可以与用户互动，并通过特写镜头将他们感兴趣的部分展示出来，以解决他们的疑问。

三、同行对比展示

将直播间产品与同类竞品进行对比展示。通过直播对比展示产品的优势和特点，让用户更加清楚地了解直播间产品的价值和差异，提升其购买的决策速度。

四、适用人群展示

在直播中展示产品给适用人群是直播带货的重要环节。通过用户案例展示、专业人士推荐、产品特点展示和用户反馈展示等方式，商家能够更好地展示产品的适用范围，吸引潜在用户的兴趣并提高其购买意愿。

1. 用户案例展示

直播中，商家可以通过用户案例展示产品给适用人群。通过邀请已购买并使用过该产品的用户进行产品分享，展示出产品的效果和使用情况，从而使观众能够更直观地感受到产品的实用性和适用范围。商家可以与用户进行互动交流，询问他们使用产品的感受、产品的适用场景等，这样能够让观众对产品的适用性有更全面的了解。

2. 专业人士推荐

除了用户案例展示，商家还可以邀请相关领域的专业人士来直播间推荐产品给适用人群。专业人士的推荐在一定程度上能够给用户带来更高的信任感，使他们更容易接受并相信产品的适用性。商家可以邀请行业专家、知名博主、专业媒体等进行产品的专业解读和推荐，这样能够赋予直播权威性和可信度，提高用户对产品的认可度和购买意愿。

3. 产品特点展示

在直播带货中，商家需要将产品的特点和特色展示出来，从而吸引适用人群的关注。可以在直播中通过使用产品进行实物展示，对产品进行详细的介绍和解读，突出产品的特点和优势。同时，商家还可以结合实际案例，展示产品在不同场景下的使用效果，让用户更好地理解产品的适用范围。通过将产品的特点有针对性地展示给适用人群，能够提高他们的购买欲望和决策速度。

4. 用户反馈展示

用户的反馈和评价对于商品销售的影响至关重要。在直播中，商家可以展示用户的反馈和评价，让观众从其他用户的角度了解产品的适用性和功能。商家可以通过展示用户的文字评价、图片或者视频等方式，向观众展示产品的实际效果和适用情况。此举不仅能提升观众对产品的信任度，还能够为商家赢得口碑效应，进一步推动销售和品牌建设。

五、背书展示

直播带货中的背书展示通常不是指传统意义上的金融票据背书，而是指在直播中，主播利用自己的影响力、专业知识和经验，对某一内容、观点、产品或服务进行详细的介绍和推荐。这种行为类似传统意义上的"背书"，即为主播所推荐的内容或产品提供信誉保证，使观众产生信任感并愿意购买或接受。

直播带货中的背书展示方法多种多样，如20年老品牌、明星代言、博主推荐等，这些方法旨在增强观众对产品的信任感，提高转化率。以下是一些有效的直播带货背书展示方法：

1. 利用品牌、销量和明星代言背书

（1）品牌背书。在直播中提及产品的品牌，强调品牌的知名度和市场地位，展示品牌的历史、文化、理念等，以彰显品牌的实力和信誉。

（2）销量背书。引用产品的销量数据，如"已经累计卖出××万份"，以此证明产品的受欢迎程度和市场认可度。通过与其他平台或产品的销量进行对比，凸显自家产品的销量优势。

（3）明星代言背书。如果产品有明星代言，可以在直播中提及明星的名字，并展示其使用产品的照片或视频。借助明星的知名度和影响力，提高观众对产品的信任度和购买意愿。

2. 通过现场试用和真实反馈背书

（1）现场试用。主播在直播现场试用产品，展示产品的外观、功能、使用方法等。通过真实的试用体验，向观众传达产品的优点和效果。

（2）真实反馈。分享其他用户或专业机构的真实反馈和评价，如好评率、回购率等。引用具体的用户评价或案例，以增加产品的可信度和说服力。

3. 利用专业知识和经验背书

（1）专业知识。主播可以利用自己的专业知识，对产品的成分、功效、技术等进行详细解释。通过专业知识的介绍，提高观众对产品的认知和理解。

（2）经验分享。分享主播自己或他人的使用经验，如使用方法、使用效果等。通过经验分享，向观众展示产品的实际效果和优势。

六、现场做实验展示

现场做实验展示是一种直观、生动且极具说服力的产品展示方法。通过现场实验，主播可以直

观地向用户展示产品的功能、效果和使用方法，从而增强用户对产品的信任感和购买意愿。首先，选择能够突出产品特点的合适的实验内容，如产品的耐用性、功能性、安全性，确保实验内容与产品的卖点紧密相关，能够直接展示产品的优势。其次，要选择简单易懂、易于被用户理解的实验内容，避免过于复杂或深奥的实验，以免用户产生困惑或失去兴趣。在进行任何实验之前，都要确保实验材料、设备和操作过程的安全性，避免使用易燃、易爆、有毒或有害的材料，遵循正确的操作规程，确保主播和用户的安全。例如主播售卖的手机具有出色的耐摔性能，就可以通过实验来展示手机的耐摔程度，并用研究数据支持其言论。这样一来，用户可以更加直观地看到手机的质量和耐用性，并增加对商品的信任感。

任务实施

任务演练：商品展示技巧

【任务目标】

通过商品展示技巧的实际操作和理论学习，全面提升直播团队的直播电商实战能力。

【任务要求】

任务编号	任务指导
1	请根据直播团队选择的商品参数和描述信息完成商品展示方式设计，要求在展示中突出商品的使用说明、材质等信息，并选择合适的体验方式与直播间的粉丝分享商品的功能
2	根据商品特性及展示效果最佳的要求，选择恰当的展示方式，要求以大屏形式展示商品和品牌信息，通过试用来体验商品，而且展示时间控制在3分钟以内，可适当借助模特或采用设备辅助
3	根据商品展示策划设计来进行场景引入形式直播

【任务分析】

对不同类目的商品展示技巧有所区分：美食类的商品以主播试吃或专人试吃为主，同时辅助现场拆包、当场加工等内容；服饰类的商品以主播试穿或专人试穿为主，同时辅助图片展示尺码与款式信息；美妆类商品以主播试用或专人试用为主，同时辅助视频或使用教程演示；3C数码类商品和厨具品类则要从开箱入手，展示商品的新功能和高性能，同时辅助视频演示。

【操作过程】

商品展示技巧的操作步骤和关键点如下：

步骤1：商品展示方式设计。根据直播间选择的商品参数和描述信息，按任务具体要求选择商品展示要点和合适的体验方式。

步骤2：选择商品展示方式并设计展示内容。根据商品展示技巧要求，选择静态或动态展示方式。设计展示内容，包括时间、人员和设备等方面的具体策划，填写商品展示技巧表，如表4-12所示。

表 4-12　商品展示技巧表

展示要点	产地、品牌、使用方法、存储条件、材质、价格优势等（不超过 5 个）
体验方式	试吃、试用、试穿、性能测评
静态展示方式	图片、教程（打印），直播间、大屏贴片、KT 版图片展示
动态展示方式	视频、真人演示、高科技绿幕、产品体验演示、嘉宾互动测试
展示内容	
展示持续时间	自定义时间为××分钟
人员辅助	需要或者不需要，辅助说明
设备辅助	需要或者不需要，辅助说明

步骤 3：根据商品展示策划进行直播展示实际操作。

任务四　AI 数字人直播

任务描述

任务背景	随着人工智能技术的飞速发展，AI 直播作为一种新兴的直播形式，正逐渐改变着传统直播行业的格局。AI 直播利用自然语言处理、计算机视觉等先进技术，实现了直播内容的智能化生成与互动，为用户带来了更加丰富的观看体验和更加便捷的互动方式。因此，直播团队计划开展 AI 直播任务，旨在探索 AI 技术在直播领域的应用潜力，提升直播内容的智能化水平
任务演练：AI 数字人直播	AI 数字人直播需要先录制 AI 数字人，对 AI 直播话术进行设计，然后结合软件进行直播

知识准备

一、AI 直播的主要形式

目前 AI 直播的主要形式包括以下 4 种：

1. AI 无人自动直播

这种形式的直播是通过 AI 技术模拟人类主播的行为和语言，实现 24 小时不间断直播。AI 无人自动直播系统可以自动讲解产品特点、回复用户提问，甚至根据用户的反馈动态调整话术内容，增强其互动性和购买欲望。

2. AI 数字人直播

利用 AI 技术和虚拟人物技术，创建可以 24 小时不间断直播的数字人。这些数字人可以实时与用户互动，介绍产品特点，回答用户问题，甚至根据不同的场景和风格切换形象和风格，提升用户的观看体验和购买转化率。

3. 场景自动直播

通过专业主播录制直播脚本，系统自动按照脚本进行讲解和互动。商家只需一键开播，系统即可自动进行智能讲解和回复观众提问，适用于需要高度自定义内容和互动的场景。

4. AI 模型直播

这种形式是利用 AI 模型根据提供的产品资料自动学习和生成讲解内容。AI 直播可以通过不断学习优化讲解话术和互动内容，实现高度个性化的直播体验。

这些形式的优势如下：

一是 24 小时不间断直播。无论是白天还是黑夜，AI 直播都能持续进行，确保商家不会错过任何销售机会。

二是降低成本。无须聘请专业主播，可以节省大量人力和财务成本。

三是提升互动性。通过自然语言处理技术和实时数据分析，AI 直播可以更灵活地与观众互动，提高观众的参与度和购买欲望。

四是高度定制化。可以根据具体需求定制专属的声音模型和直播内容，增强品牌的辨识度和亲和力。

二、AI 数字人直播流程

通常 AI 数字人直播流程包括准备阶段、数字人形象设计与生成、直播间搭建与开播、智能互动与数据分析、测试与优化及推广与运营等多个环节。以下是较完整的 AI 数字人直播流程：

1. 准备阶段

第一步，确定目标受众群体及其需求，明确直播间的主题和内容类型，如教育、娱乐、电商等。

第二步，选择合适的 AI 技术供应商，这些供应商通常提供数字人形象生成、驱动和交互等技术支持。

第三步，搭建直播间的基础设施，包括服务器、网络环境和安全系统。

第四步，软件下载与安装。下载并安装数字人直播应用和相关软件，如直播伴侣等。

2. 数字人形象设计与生成

数字人形象设计可以使用专业的数字人设计工具或平台进行，需要设计符合品牌形象的数字人外观，包括面部特征、表情、服装等。然后，打开数字人直播软件，登录账号，上传音频与生成的数字人。

数字人训练所需时长一般为音频时长的 3 倍，建议提前进行训练。

3. 直播间搭建与开播

在 AI 数字人直播软件中，选择已生成的数字人，点击"开始直播"按钮。打开直播伴侣软件，选择相应的直播平台（如抖音等），登录账号。选择竖屏模式，点击"添加素材"选项，选择摄像头（如 SJ100 或 OBS virtual camera）；如果数字人变形，可调整摄像头分辨率，添加其他视频、图片、GIF 等素材，以丰富直播间内容。在直播伴侣中点击"开始直播"按钮，即可进行直播。

4. 智能互动与数据分析

开发智能对话系统，使数字人能够理解并回应观众的问题和评论，集成语音识别、自然语言处理等技术，提高交互的自然度和效率。

收集并分析用户行为数据，通过算法优化推荐系统，提高用户满意度和留存率，以实现精准营销和个性化推荐。

5. 测试与优化

在小范围内测试直播间，收集用户反馈和性能数据。然后根据用户反馈和性能数据，对直播间进行优化，确保直播间的稳定性和互动性。

6. 推广与运营

制订推广计划，通过多种渠道宣传直播间和数字人主播，如社交媒体、广告等。在运营直播间时，注意定期更新直播内容，保持观众的兴趣和关注度，遵守相关法律法规，保护用户隐私，遵守平台的规则和政策，确保直播的合规性。

三、AI数字人录制规范

（一）AI数字人录制着装规范

1. 服饰

模特着装需整洁、大方，避免暴露，面料避免反光、严禁透视。建议采用低领或无领设计，以优化模特的颈部展示，特别是颈部较短的模特。

衣服和裤子边缘要清晰，不宜使用蕾丝、毛绒、貂皮等材料。模特的着装颜色不宜为纯黑色，服装和配饰不得使用绿色系，不得反光，如图4-1所示。

图4-1　AI数字人录制规范（模特）

2. 化妆及发型

人脸要求清晰，不要有油光和高光、痘痘之类，不宜有多余的其他物体遮挡住五官。嘴巴的部位要明显，女生要涂口红（男生嘴巴部位如果比较小，也需要涂口红）。头发边缘要清晰，不要有碎发、呆毛等情况，如图4-2所示。

图4-2 发型错误示例

3. 拍摄状态

①坐姿端正、体态标准。

②面部表情和精神状态应当丰富饱满。

③模特需要将注意力放在镜头上，眼神不能乱瞟，应直对屏幕。

④不要摇头晃脑、身体上下浮动，或习惯性点头说话，身体保持平稳状态。

⑤保持心态放松，像是在和朋友聊天。舒适的状态能提高拍摄效率、加强成品效果。

4. 动作规范

①录制过程中，动作幅度不宜过大，更不能超出屏幕，尤其手部动作不要幅度过大，更不要导致头部晃动。

②不宜遮挡面部，且避免一些多余的动作，如拨弄指甲、抖腿、舔嘴唇等。

③不要做有特定含义的动作，比如加油、比心、握手之类的，因为口播其他文字的时候会对应不上这些动作。

④不要出现表情呆滞的拍摄空窗期。

⑤动作前后都要回到静止状态5秒以上。读秒数时使用念千方式，如1001、1002、1003。

⑥动作时长不能太短，可以稍微重复一下，显得自然，如5秒左右，但是不能切换动作后还是一个动作。

（二）AI数字人录制拍摄规范

①督促模特按照AI数字人录制着装规范进行准备和录制。

②人物不能出画面，包括手势（可以在拍摄前设置好优先测试）。在视频拍摄过程中，要保证拍摄画面不被阻挡。

③把控模特录制过程中的动作幅度及位置。

④人物画幅占2/3，且人物左右居中。

⑤拍摄采用30帧、4K分辨率的参数。

⑥拍摄打光不能太白，要有立体感，必要时应补充更多光源。不宜过暗和过亮，灯光要均匀，

避免造成阴影，如图4-3所示。

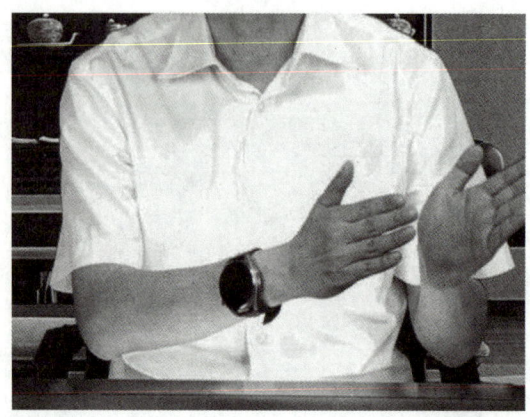

图4-3　错误示例：拍摄灯光打得太过，衣服上的高光太严重了，细节全部丢失了

⑦桌子前的坐姿应注意肚脐眼和桌面齐平，定位摄像机，确保双眼居于画面中线。

⑧注意拍摄绿幕不要反光到嘉宾身上。

⑨在绿幕下，最好不要有能够反光的桌面，不然容易被去掉。如图4-4所示。

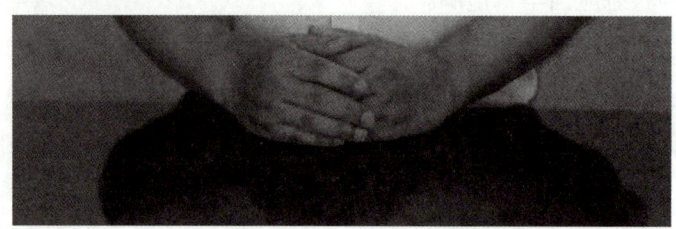

图4-4　错误示例：拍摄绿幕反光到嘉宾身上

（三）AI数字人录制录音规范

①不超过45秒，最好控制在40秒。

②不要有回声、噪声或其他声音，只能有人声。

③不要结巴，最好有文字稿且多熟读几遍。

④不要出现某个字讲了一半就被剪掉了。

⑤想象你在跟朋友面对面聊天，不要播音腔或故作抑扬顿挫，尤其不需要油腔滑调。

⑥录制的时候不要过于停顿，否则可能导致变为一个慢性子的人说话。

（四）AI数字人录制后期规范

①AI数字人渲染之前需要美化，调整色调，男性色调偏冷。

②拍摄完成后修改目标文件名称（如邓慧超A、邓慧超B）。

③拍摄原素材单独归档留存，便于后续处理。文件按照任务名称和拍摄时间命名，使用文件夹归档保存。

项目四 直播实战 04

任务实施

任务演练：AI 数字人直播

【任务目标】

学会使用 AI 数字人工具，实现直播内容的自动化或半自动化生成。

【任务要求】

任务编号	任务指导
1	根据 AI 数字人拍摄录制规范，完成数字人拍摄
2	运用 AI 数字人拍摄工具，选择抖音平台进行 AI 数字人直播
3	测试和优化 AI 数字人直播效果

【任务分析】

先对直播主持人进行数字人人像拍摄，然后选择合适的平台，测试和优化 AI 数字人直播的效果。

【操作过程】

1. AI 数字人人像拍摄

AI 数字人人像拍摄的环境要求做到整洁明亮、安静适温、地面平稳，建议绿幕摆放如图 4-5 所示。

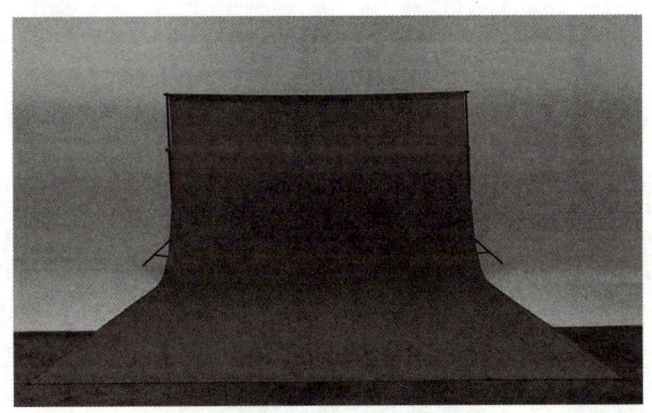

图 4-5 拍摄环境

灯光照明会直接影响直播的效果，打光时主光、辅光、轮廓光缺一不可，如图 4-6 所示。

拍摄使用的专业设备建议配置焦段 50mm 为佳，光圈 >4.5，分辨率 4K 为佳，帧率 50fps 为佳，预备收音设备。

建议主播的妆容无明显突兀感，如果面部存在瑕疵，则需要遮瑕。根据光照情况使用散粉，避免面部出现高光。面部白皙有立体感，不宜有过重阴影。注意身体露出部位与面部肤色一致，避免发型挡脸、避免发型杂乱。女生需要涂抹口红，避免嘴型凸显不出来。

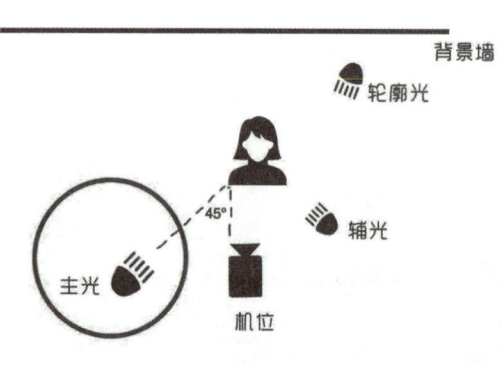

图4-6 灯光设计图

主播的服装应合身，不能过大或过紧，要整洁大方，无明显褶皱，避免穿着高领、毛衣阻尼材质、细格子和波点等有大面积花纹的衣服。如图4-7所示。

褶皱	高领	毛衣阻尼材质
纱衣透绿	细格子	绿色

图4-7 主播不宜穿着的服装

拍摄时头部轻微律动，颈部呼吸平稳，避免头部大幅度转动，出现高频率动作和侧身倾斜，侧身不超过10度；避免物件、动作挡脸；控制画面和动作幅度，避免出框；尽量使用通用动作，避免出现指代意义强的手势；避免肢体僵硬、眼神避免飘忽不定；等等，如图4-8所示。结合主题场景，注意情绪语态。

例如，拍摄4个视频，每个视频2~30秒，分别为：①进入直播间；②离开直播间；③静止状态；④拍频。需要注意的是，4个动作前后都要回到静止状态2秒以上，即进入后要保持静止状态2秒以上，离开前也要保持静止状态2秒以上（最高可录制48个动作）。

图4-8 拍摄时的动作错误示例

2. AI 数字人直播

（1）在抖音等平台开始直播前，首先需要准备一部直播用的手机和一台计算机。在计算机上所使用到的软件如图4-9所示，有直播伴侣（开播必备）、OBS（图像音频传输工具）、AI数字人直播软件（推荐湖南聚引量DaJiangLive、腾讯云智播、百度智能云等），下载并安装。目前，AI数字人直播只能在PC端进行，对于电脑及硬件配置的要求：CPU i5-12400f 及以上，显卡 RTX2060 及以上和一张声卡。数字人软件和直播伴侣对CPU、显卡要求比较高，配置过低的话可能带不动。这些准备工作完成后，就可以开启AI数字人的直播之旅了。

图4-9 数字人直播所使用到的软件

（2）AI数字人直播提供两种开播方式供直播团队选择：虚拟摄像头开播和窗口捕获。不同的开播方式适用于不同的场景和需求，直播团队可以根据自己的喜好和实际情况选择。以虚拟摄像头开播为例，AI 数字人开播前需要先设置数字人直播软件。以 DaJiangLive 为例，直播前需打开 DaJiangLive，点击"直播"，然后新建项目。如图 4-10 所示。

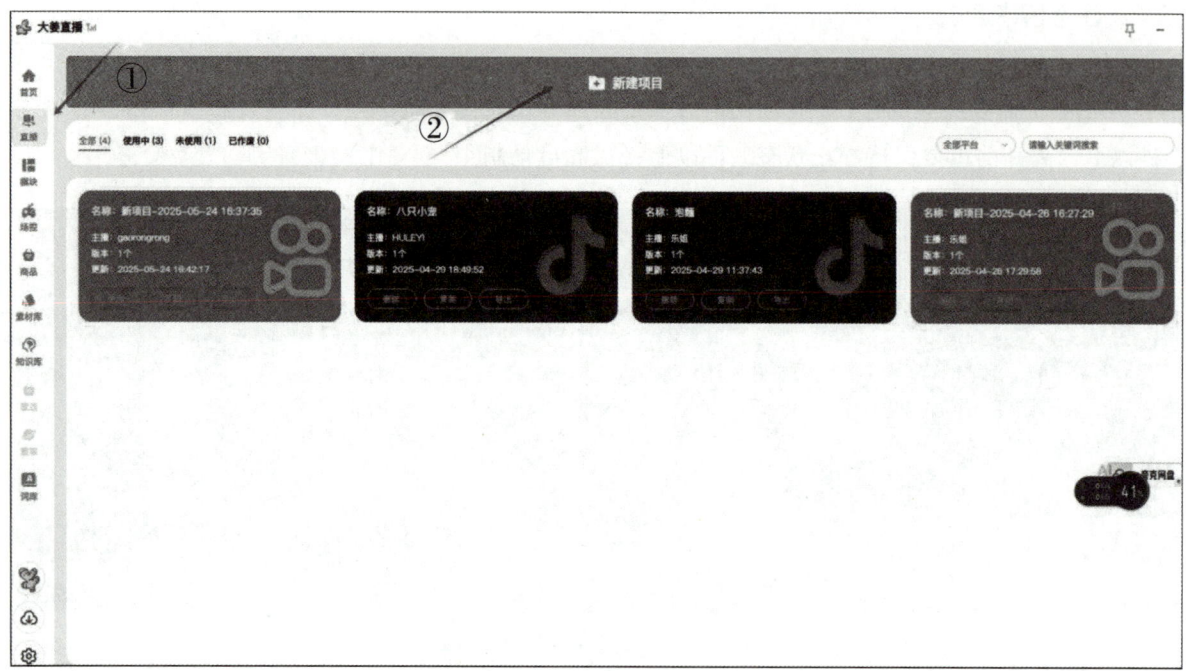

图 4-10　新建项目

选择开播平台，如图 4-11 所示，并点击"开始设计"，完成数字人设计，数字人直播的准备工作也就完成了。

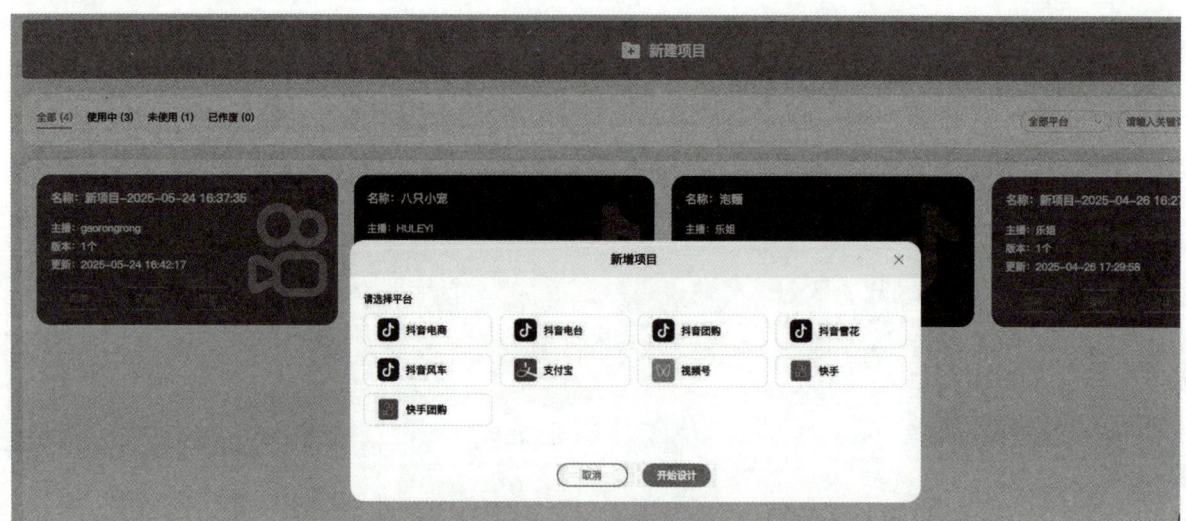

图 4-11　数字人设计

直播前先打开数字人软件，选择自己设计的数字人直播，并点击进入，如图 4-12 所示。

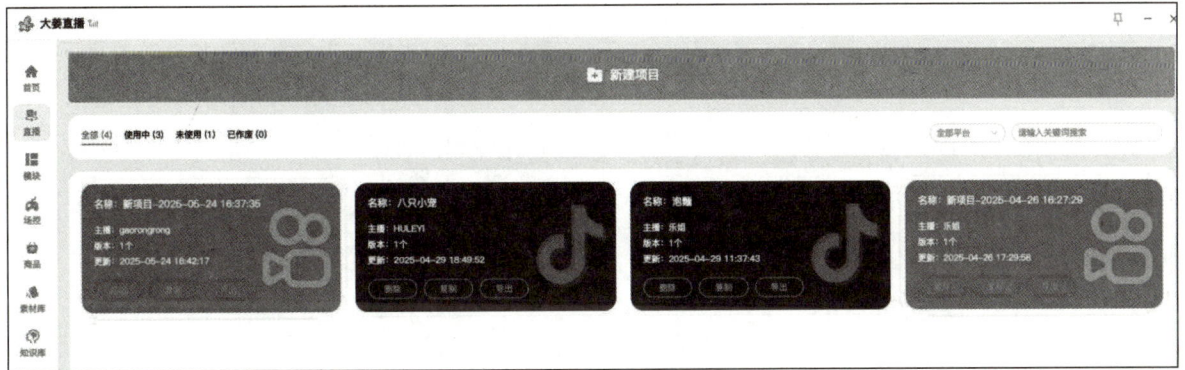

图 4-12 选择数字人直播

进入之后点击"准备开播",如图 4-13 所示。

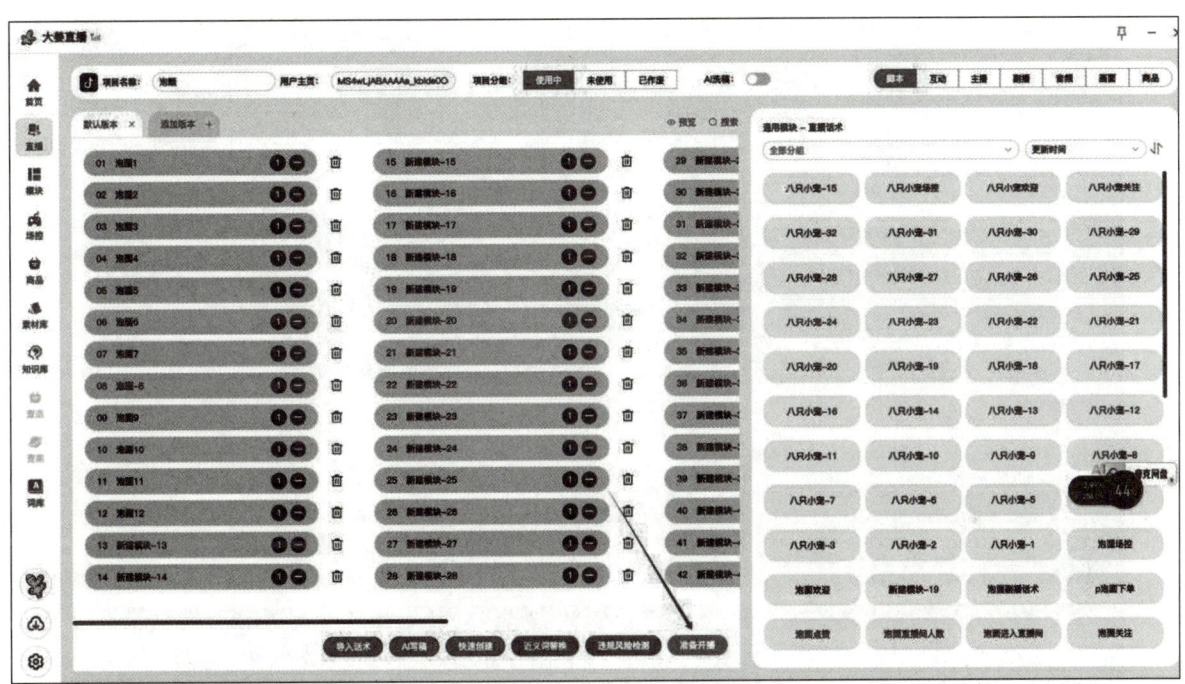

图 4-13 准备开播

数字人软件正常开播以后就打开直播伴侣+OBS(注:这边需要获取软件的 OBS 推流地址以便数字人可以传输到直播间,推流地址一般在数字人的设置里面就有),如图 4-14 所示。

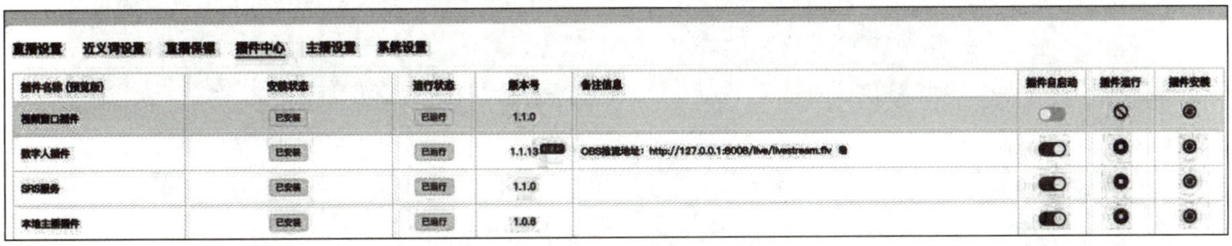

图 4-14 获取推流地址

打开 OBS 跟直播伴侣,如图 4-15 所示。

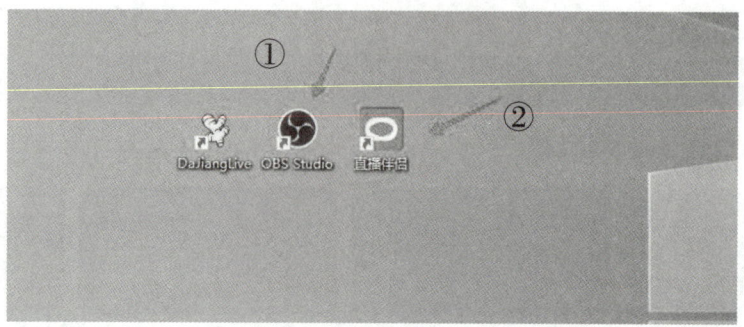

图 4-15 obs 和直播伴侣软件图

先进入 OBS，首先点击左下角"+"添加场景，然后点击"添加源"，关闭本地文件，把数字人推流地址复制到输入框，点击"确认"，如图 4-16 所示。

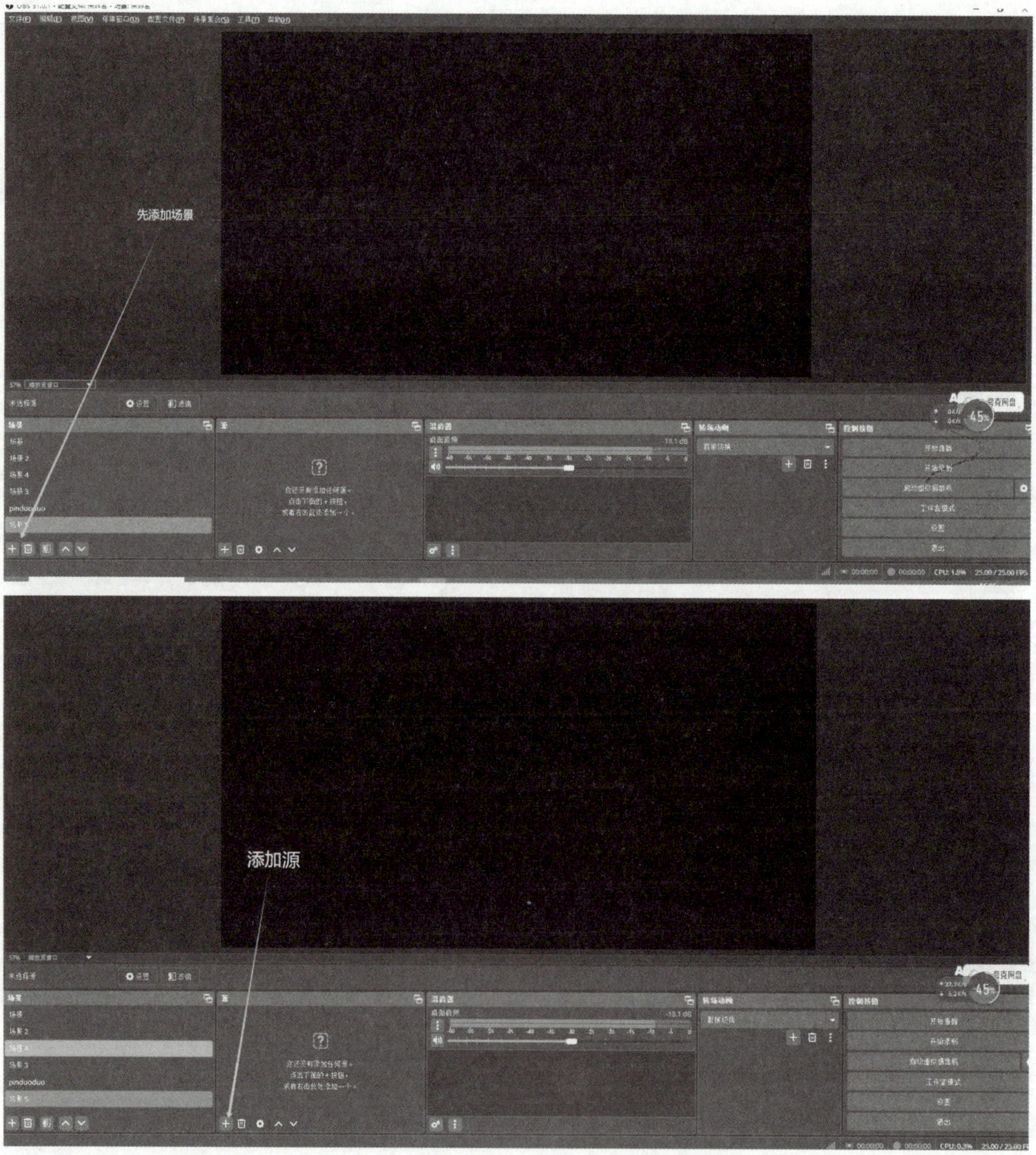

图 4-16 OBS 操作界面

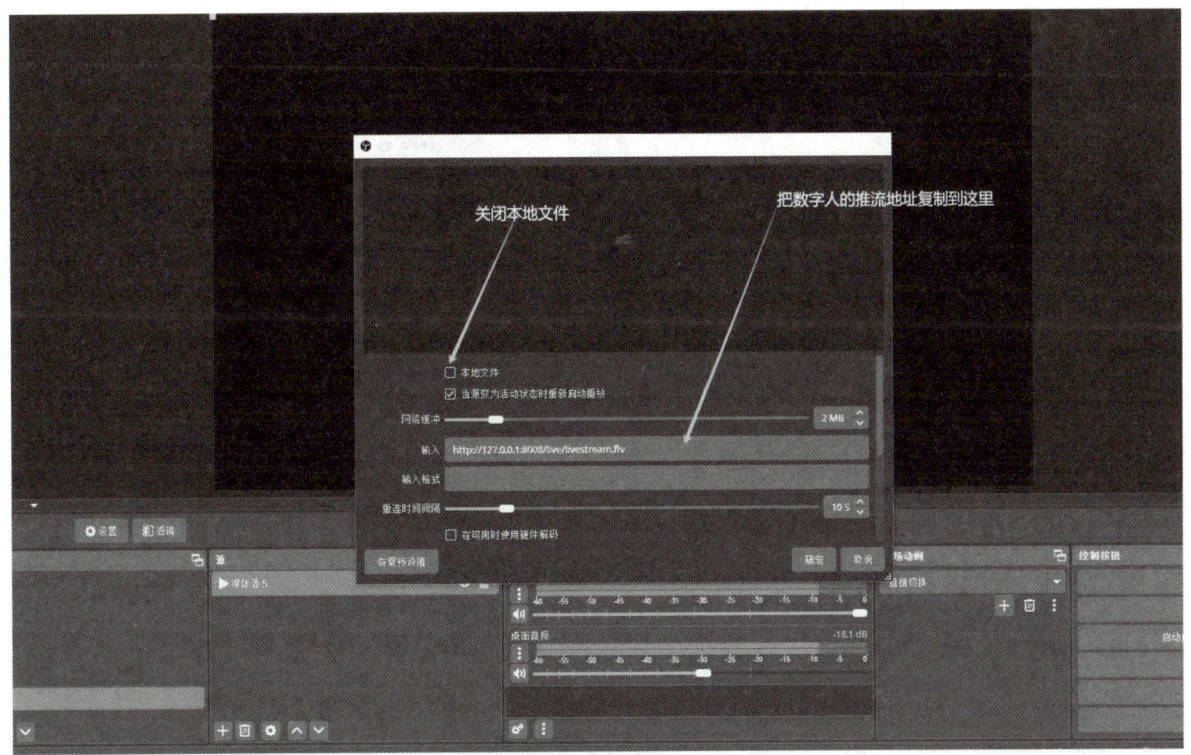

图 4-16　OBS 操作界面（续）

然后数字人便传输过来了，打开虚拟摄像机可以进入到直播伴侣里面，如图 4-17 所示。

图 4-17　进入直播伴侣

在直播伴侣正常添加摄像头，摄像头设置为虚拟摄像头，点击"绿幕抠图"，图像就传输过来了，音频也可以通过声卡走麦克风路径传输到直播伴侣上，此时即可正常开始直播了，如图 4-18

所示。

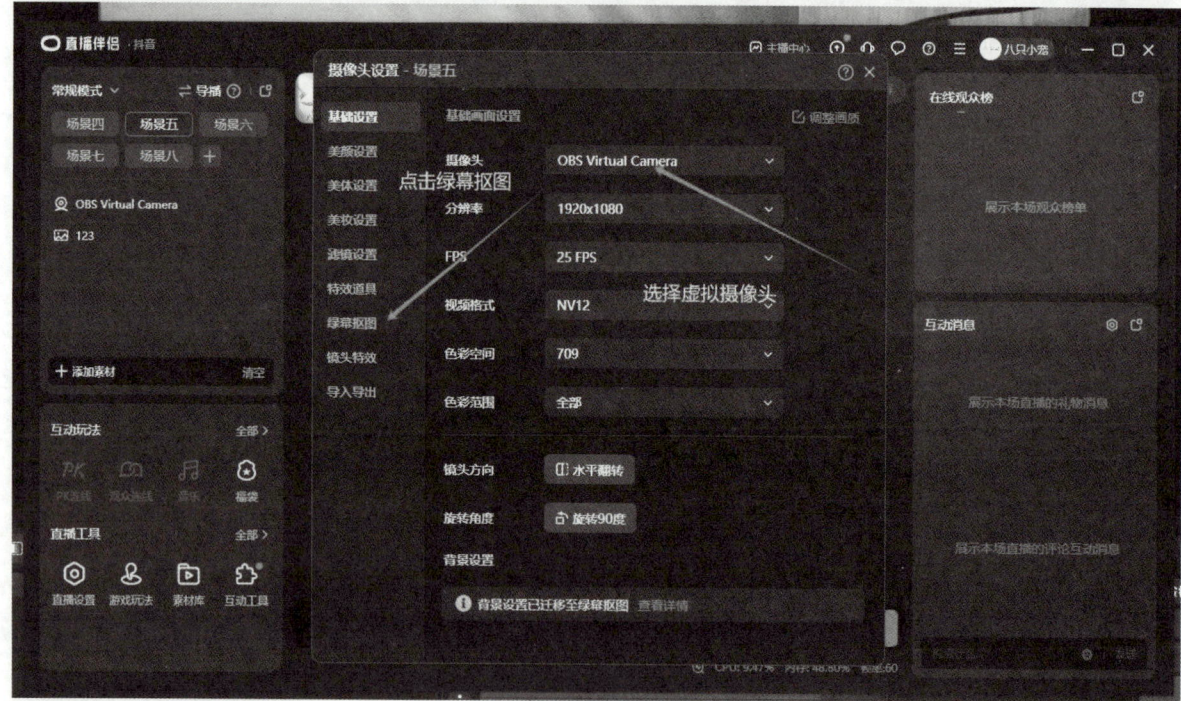

图 4-18 直播伴侣操作界面

项目五
直播复盘

学习目标

【知识目标】

(1) 掌握直播数据复盘的基本思路和主要复盘的内容。
(2) 掌握直播运营数据分析的指标。

【技能目标】

(1) 能够开展直播运营数据复盘。
(2) 能够对直播账号进行运营数据指标分析。

【素养目标】

(1) 在互联网传播中保持社会主义核心价值观。
(2) 具备数据保密意识,能合法合规地使用和管理数据。
(3) 具备正面、积极的心理素质与严谨的法律意识。
(4) 树立诚实公正的数据意识,严守数据管理纪律与规则。

任务一 直播复盘

任务描述

任务背景	赛群公司直播团队将在3月20—21日为××女装开展两场专场直播。为提升直播效果,邓慧计划从已经结束的3月20日的直播入手进行直播复盘工作,从直播场景、团队工作和直播商品3个维度复盘
任务演练: 女装直播复盘	从直播场景、团队工作、直播商品3个维度,对3月20日的直播进行复盘,总结整场直播的优势和劣势。在下次播时做出相应的调整,提升下一场直播的销售效果

知识准备

一、直播复盘的基本思路

直播复盘可遵循发现问题、分析问题、解决问题、调整落地的基本思路,并按照以下 4 个步骤实施:

(一) 发现直播活动存在的问题

直播复盘的第一步是发现直播活动中存在的问题,可将由直播团队成员主观发现的问题和通过数据分析客观发现的问题相结合,以便全面、准确地发现问题。

1. 直播团队成员主观发现问题

直播团队成员能够凭借自身的经验和参与直播活动的经历,快速地发现整场直播活动中哪个环节或哪一方面存在不足。

2. 通过数据分析客观发现问题

直播团队成员的主观判断虽然能够快速找到直播活动中所存在问题的方向,但不足以准确地发现问题。此时,直播团队可以借助数据分析将其具体化和量化。例如,某款商品的销量没有达到预期,只完成了目标的 60%;再如,在整场直播中,虽然抽奖环节用户的积极性高,但在商品讲解环节主播与用户缺乏良好的互动,据此可分析商品讲解环节互动效果不佳的原因。

(二) 分析问题产生的原因

直播团队发现直播活动中存在的问题后,就要分析问题产生的原因。例如,整场直播的流量主要来源于直播平台推荐(如直播推荐、短视频推荐),说明直播预热效果较好,获得了充分的公域流量。如果直播新增粉丝数量少,转化新粉丝的比例(新增粉丝数量/观看用户总数)极低,则说明新关注直播账号的用户较少。此时,直播团队成员可以分析直播场景是否合理、商品是否有吸引力、主播带货是否专业、话术表达是否恰当、直播互动是否存在不足等,通过排查找到问题产生的原因。

(三) 找到解决问题的方案

直播团队在分析了问题产生的原因后,就可以有针对性地提出解决问题的方案。

1. 针对直播间场景布置不妥当的问题

直播团队可以调整直播间的场景布置方案,调整物料的摆放位置和方式等。

2. 针对主播经验欠缺的问题

主播应提升对商品的讲解能力、话术表达的感染力和亲和力,并充分做好直播脚本和话术的准备工作。

3. 针对与用户互动不足的问题

直播团队可以丰富直播间的互动活动,如开展抽奖活动、上架引流款商品等,以提高用户参与直播互动的积极性。

4. 针对商品转化率低的问题

直播团队不仅可以根据目标用户人群为其挑选合适的、高性价比的商品，还可以采用营造稀缺感等策略促进用户下单。

（四）直播调整

直播复盘是为下一场直播提供参考，直播团队在发现问题、分析问题并找到解决方案后，需要避免在下一场直播出现类似问题，不断提高直播质量和效果。同时，直播团队也可以在下一场直播中检验问题的解决方案是否有效，并进一步优化方案。

二、直播复盘的主要内容

在直播复盘的过程中，直播团队应抓住重点问题进行分析，包括直播设备运行状态、主播状态、团队配合情况、直播销售数据、用户评论、直播间人气变化、直播话术和违规情况等。

（一）盘点直播设备运行状态

直播设备稳定、良好的运行状态对直播的重要性不言而喻，如果直播设备在直播过程中发生故障，不仅会影响用户的观看体验，还会影响直播质量和效果。因此，直播团队需在直播前检验各直播设备的运行状态，对发生故障的直播设备和无法支撑直播的设备进行及时更换、升级。

（二）总结主播状态

主播是直面用户的第一人，主播直播时的状态、临场发挥情况等都会对直播质量和效果产生直接的影响。如果主播状态不佳，则可能出现掌控不好直播间节奏、对用户提出的专业问题无法准确回答、商品介绍缺乏吸引力等问题。基于以上各种问题，直播团队在总结主播状态时，首先要看主播是否重视本场直播、开播前是否做了充足准备、是否充分了解商品卖点信息、是否熟悉直播脚本与话术，以及妆容及穿着是否适宜。其次，直播团队还应分析直播过程中主播的精神状态是否饱满、注意力是否集中、是否与用户积极互动等。主播如果在以上方面存在问题，就需要及时调整状态，避免在下一场直播中出现类似情况，并不断总结经验，提升直播专业能力。

（三）总结团队配合情况

直播的过程是直播团队所有成员互相配合协作的过程，因此直播复盘时需要分析整个直播团队工作人员的工作是否都执行到位。下面分别列举副播、助理、场控、策划和客服等人员在直播中容易出现的问题，直播复盘时应注意分析这些问题。

1. 副播

直播时，副播应能制造话题、烘托气氛，辅助主播及时展示商品，详细介绍福利规则等。因此，直播复盘时应分析副播是否存在激情不足、与主播配合不佳、商品细节展示不清晰、问题回复或解决不及时等问题。

2. 助理

直播时，助理应做好直播预热引流的工作，并与主播积极互动。因此，直播复盘时应分析助理是否存在推广引流人群不精准、道具准备错误、与主播互动不及时等问题。

3. 场控

直播时，场控应做好商品上下架、发放优惠券、发放红包、发布抽奖活动、实时记录数据等工作。因此，直播复盘时应分析场控是否存在商品上下架操作失误，优惠券、红包等发放不及时，实时问题出现后没有进行记录等问题。

4. 策划

策划作为整场直播的"指挥官"，也是复盘的组织者，要时刻关注直播的目标达成情况，直播间在线人数少时要加大引流、发放福利、增加互动活动等，对整场直播的稳定性和高效性负责。因此，直播复盘时应分析策划是否存在商品要点归纳不足、预估直播数据出现偏差、对直播突发状况未做出有效判断等问题。

5. 客服

直播时，客服应做好商品价格及库存数量修改，与用户沟通，处理商品订单、发货及售后问题等。因此，直播复盘时应分析客服是否存在未及时、正确修改商品价格及库存数量，处理商品订单及售后不及时、不妥当等问题。

（四）分析直播销售数据

直播销售数据能充分体现直播带货的效果。直播间的销售效果与选品策略、价格策略紧密相关，如直播间的高销量商品可以反映出用户对这款商品有较高的购买意愿。通过分析直播销售数据，可以为下次直播选品和定价提供参考。另外，直播销售数据也能体现主播的直播带货能力。该能力可通过分析直播间在一段时间内的销售数据走向来判断，如果一段时间内的直播销售数据呈现下滑趋势，直播团队就要找出原因，尽快调整策略，以保证直播效果的稳定性。

（五）汇总直播间用户评论

直播团队应汇总直播间用户的评论，一方面，可以了解用户感兴趣的话题，以便在下次直播时能够"对症下药"；另一方面，直播团队可以通过掌握用户对各类商品的咨询情况，了解哪类商品受欢迎，下次直播时可以重点推荐这类商品，以提升用户的下单转化率。另外，通过用户反馈的信息（如用户主动要求主播推荐什么商品），直播团队还可以了解用户感兴趣的商品，为下次直播选品提供参考。

（六）回顾直播间人气变化

直播团队通过回顾直播间的人气变化，结合直播间进场人数和在线人数等数据，可以分析哪个时间段进入直播间的人数较多，哪个时间段在线用户人数较多等，从而分析出什么话术和直播形式更受用户欢迎。直播团队还可以根据直播间用户流失的数据，结合该时间段的直播内容，分析大量用户离开直播间的原因。

（七）整理直播话术

直播结束后，直播团队需要对直播中能够有效调动用户情绪、促进用户下单的话术进行整理，并通过表格的形式对话术按照直播开场话术、互动话术、促单话术等进行分类归纳，以便在之后的直播中使用。

(八) 梳理直播违规情况

直播过程中是否违规会对直播间的权重产生一定影响，因此直播团队在直播复盘时，应记录直播是否有违规行为、是否受到平台提醒或处罚等，通过总结自觉规范直播行为。

三、直播复盘的具体步骤

直播复盘分为以下4个步骤：

1. 回顾目标

回顾直播的初衷是什么？如直播团队在搭建账号的同时是要直播带货，还是短视频变现，或者是品牌宣传，还是视频剪辑？围绕自己的目标分析结果。

2. 原因分析

制订的直播计划有没有达到预期的效果？分别分析达到的效果和没有达到效果的原因，总结学习需要在哪些方面下功夫。这里需要注意几点：①做视频剪辑没有人看；②直播带货不知道讲什么；③发布的视频没有点击率、完播率、转载率、点赞；④没有好的文案，不知道怎么发布和发布什么作品。

3. 结果评估

反复问自己为什么会达不到预期目标？当时制定的目标现在完成到哪一步？从中学习到哪些东西？是否跟直播团队想要的结果还相差甚远？

4. 总结规律

从原有分析中总结经验，通过好的文案形成自己的风格，吸取成功经验，了解成败的关键原因。

任务实施

任务演练：女装直播复盘

【任务目标】

从场景复盘、团队复盘、货品复盘3个方面复盘××女装3月20日的专场直播，并总结此次直播的优势和劣势，为后续的直播提供参考。

【任务要求】

任务编号	任务名称	任务指导
1	场景复盘	复盘直播间场景搭建是否妥当，直播硬件设备是否出现故障
2	团队复盘	复盘直播团队的工作内容，记录工作人员在实施具体工作时出现的失误、错误、疏漏
3	货品复盘	分析商品销售数据，下架销售量低、退货率较高的商品，将其更换为销售数据良好的同类商品

【操作过程】

1. 场景复盘

根据直播团队工作人员的观看体验及直播间用户的反馈,可知直播间场景布置较为恰当,直播硬件设备均运转正常,未出现任何故障,因此下一场直播可继续沿用相关布置和设备。

2. 团队复盘

本次直播,直播团队主要记录总结了主播、助理、场控、策划、客服在直播过程中的优缺点,见表5-1。

表5-1 直播团队中各人员在直播过程中的优缺点

团队人员	直播优点复盘	直播缺点复盘
主播	1. 及时回答了用户提出的专业性问题 2. 能够从容应对用户的不当言论,未影响直播状态和效果	1. 在讲解福利活动过程中,出现口误,导致用户对主播产生"不专业"感 2. 直播节奏不合适,商品推荐环节的时间把控不准确,存在超时和商品介绍时长明显不均匀的问题
助理	状态良好,配合主播带动了直播间氛围	1. 展示商品细节时不清晰、不到位 2. 主播出现口误时,未及时快速地做出反应
场控	对直播间的在线人数、商品转化情况、营销活动参与情况和目标达成情况做出了及时反馈	1. 优惠券发放不及时 2. 商品上架不及时
策划	1. 及时汇总和统计分析了数据 2. 及时协调了场控与主播、助理的工作	没有准确把握引流时机,导致引流效果不佳
客服	1. 反馈了高频次问题 2. 记录了用户需求	未能及时处理用户的合理退款要求

针对此次直播团队人员在直播过程中出现的不足或失误,制订调整方案,见表5-2,以避免下一场直播出现类似问题。

表5-2 调整方案

团队人员	优化事项
主播	提前熟悉直播脚本内容,严格按照直播流程的时长限制推荐商品,避免出现口误、商品介绍超时或时长分布不均匀的情况。出现口误时,应及时澄清、道歉,以获得用户的谅解
助理	保持良好状态,及时提醒主播的口误,提高灵活应对能力,协助主播及时更正口误。在协助主播展示商品细节时,要避免抖动商品,保证商品对准镜头,保证画面清晰
场控	熟悉直播脚本内容,严格执行直播流程规划,及时正确地上架商品、发布营销活动
策划	及时获得场控的反馈,汇总和统计分析数据,准确把握引流时机,策划引流方案;及时在在线人数较低时加大引流,上福利、增加互动活动
客服	及时处理售后问题,与用户进行良好的互动沟通

3. 货品复盘

通过整理记录商品备货量、库存、销售量、退货率、用户评论率等数据(见表5-3),调整商品准备方案。

表 5-3 商品直播数据

商品序号	商品名称	备货量（件）	库存（件）	销售量（件）	退货率（%）	价值	用户评论率（%）
1	连衣裙 A	5000	1500	1500	0.5	印象款	35.0
2	针织衫	5000	1500	1000	1.0	印象款	3.0
3	T 恤	5000	1500	400	3.5	引流款	7.0
4	衬衫 A	5000	1500	1450	20.0	引流款	5.0
5	连衣裙 B	5000	1500	1410	3.5	利润款（主推）	5.0
6	毛衣 A	5000	1500	1460	0.0	利润款（主推）	4.5
7	毛衣 B	5000	1500	450	4.5	引流款	0.5
8	衬衫 B	5000	1500	1420	2.5	引流款	8.0
9	牛仔套装	5000	1500	490	4.5	活动款	2.0
10	雪纺衫	5000	1500	1450	5.5	利润款（主推）	5.0
11	旗袍	5000	1500	1410	5.5	利润款（主推）	5.0
12	情侣装	5000	1500	1500	22.0	活动款	5.0
13	吊带裙	5000	1500	1300	17.0	利润款（主推）	5.0
14	夹克	5000	1500	1350	1.5	利润款（主推）	5.0
15	运动套装	5000	1500	1450	2.5	利润款（主推）	10.0

为改善商品销售情况，提升直播间销售额，针对此次直播，可做出如下优化方案。

①主推的利润款，除 13 号商品吊带裙外，其他商品的总体数据表现良好，可继续主推这些商品，保持原有库存数量 1500 件。

②剔除退货率分别为 20%、22%、17% 的 3 款商品，分别是 4 号商品衬衫 A、12 号商品情侣装和 13 号商品吊带裙。下一场直播，可用用户评论率高达 35% 的 1 号商品连衣裙 A 替换 13 号商品吊带裙，作为活动款使用，库存 1500 件。虽然 4 号商品衬衫 A 和 12 号商品情侣装的退货率较高，但销售量数据表现良好，可使用同类型商品替换。

③3 号商品 T 恤、7 号商品毛衣 B 和 9 号商品牛仔套装的销售量相较其他商品，数据表现不佳，可替换为其他销售量、退货率、用户评论率等数据表现良好的类似商品，如 3 号商品 T 恤替换为连衣裙 C（新开发品），7 号商品毛衣 B 替换为雪纺衫，9 号商品牛仔套装替换为夹克。

④其他数据表现良好的商品在下一场直播时继续维持上一场的库存量，商品结构顺序也保持不变。

任务二　直播数据分析

任务描述

任务背景	直播间数据的分析是支撑直播电商运营的核心，通过数据分析，能够发现直播存在的问题，优化和提升直播效果，为打造优质的直播带货平台奠定坚实基础； 邓慧是美食店铺的运营专员，在抖音直播结束后需要收集行业数据和本场直播数据，从直播概况、用户互动、带货商品等维度进行分析，为直播复盘提供第一手的素材

续表

任务演练1：直播运营数据采集与分析 任务演练2：抖音直播复盘 任务演练3：淘宝直播复盘	1. 根据直播运营数据概览，结合全网和行业数据，分析直播的内容吸引力 2. 根据直播运营数据概览和评评论数据，计算用户互动指标，分析用户活跃度 3. 根据直播运营数据概览和带货商品数据，计算带货商品总体的销售转化指标及排名前五的商品销售转化指标，分析直播效果

知识准备

一、直播运营数据分析指标

直播运营需要对预热、引流、互动、转化和复盘5个环节不断进行优化调整，对每个节点可能存在的问题有针对性地解决，将5个环节完美地连接起来。直播运营数据包括粉丝画像指标、流量指标、互动指标和转化数据4个维度。

1. 粉丝画像指标

粉丝画像指标包括粉丝的性别分布、年龄分布、地域分布、活跃时间分布、粉丝来源等，其中粉丝性别、年龄分布数据如图5-1所示。

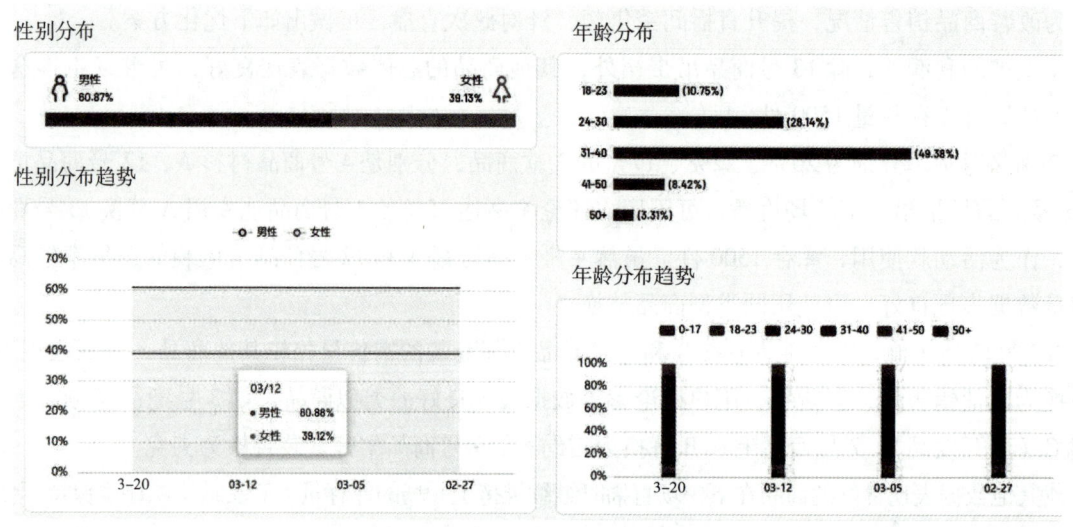

图5-1　粉丝性别与年龄分布数据

2. 流量指标

流量是直播的基础，直播间的一切因素，包括粉丝互动、下单转化等都是建立在有人观看的前提下。在线人数是直播间流量的核心指标，通常值得关注的流量指标包括实时流量、自然流量和付费流量。

（1）实时流量

实时流量是指在直播过程中进入直播间观看直播的人数，因此对于直播运营来说，首要的任务就是在直播过程中做好直播间实时流量的分级监控，以便调整直播节奏，达到直播流量使用的最大化。

(2) 自然流量

流量来源分类如图 5-2 所示，自然流量即以粉丝流量、视频推荐、直播推荐等为代表的，通过粉丝主动关注和直播平台依据算法系统主动向平台用户推送而获得的流量。自然流量最大的特点就是无须额外付费，并且可以通过日常长期运营来获取新粉丝持续关注，进而促使平台算法系统加强直播流量的推荐力度。

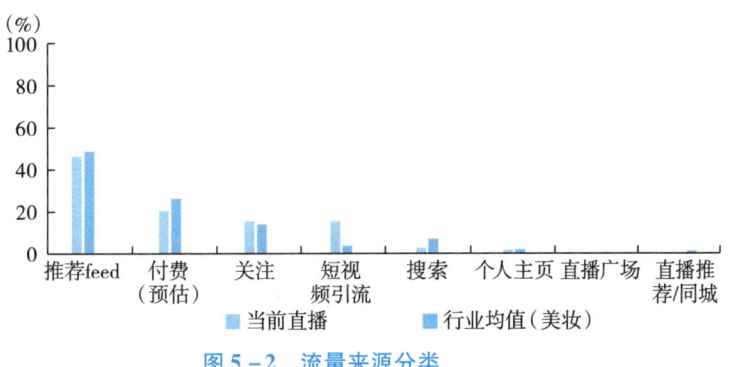

图 5-2 流量来源分类

(3) 付费流量

付费流量是指需要额外付费购买才能获取的直播流量，它本质上是基于直播间的一种付费推广产品。依据不同的付费结算方式、展现形式等，有不同的付费推广产品。付费流量作为直播间推广产品，已经成为各大主播和品牌方在直播时的一种常规引流方式，其最大的特点是可以在直播时，根据流量反馈和节奏安排，实时动态调整当下付费流量的投放力度，操作十分灵活。例如，目前抖音平台的直播间付费推广产品主要为竞价广告、DOU+投放、品牌广告等。

流量主要指标有实时在线人数，指某一时刻正在观看直播的观众人数，反映直播间的即时人气和控场能力。高峰时段通常出现在直播开始后半小时或晚间休闲时段（如 20：00—24：00）。其中：累计观看人数（场观）及整场直播的总观看人次反映直播间的权重和长期吸引力；进场人次是指实时进入直播间的观众数量；离场率是指观众离开直播间的比例，高离场率可能反映内容吸引力不足。

3. 互动指标

互动指的是用户在直播间的评论区发起评论或参与直播间设置的话题，互动数量是直播间人气活跃程度的核心指标。

(1) 点赞数

用户对直播内容的即时认可，直接影响平台推流权重。

(2) 评论互动率

评论互动率 = 直播间评论人数 ÷ 观看人数 × 100%

评论互动率可以衡量直播间的互动情况，除了评论外，还可以参考直播间转发、打赏的具体表现。评论互动率越高，说明直播间的氛围越好，也就越有利于主播引导转化。直播评论互动指标数据如图 5-3 所示。

图 5－3　互动指标数据

（3）弹幕热词

直播间的弹幕热词是指通过形成关键词云层或关键词渲染，对本场直播中出现频率较高的关键词进行视觉上的突出。在直播过程中，用户评论中出现次数最多的关键词会突出显示，并反映在弹幕热词中（见图 5－4）。主播可以直观地看到用户互动频率较高的关键词，并根据该词在后续的直播中导入相关的话题、设计话术或上架商品等。弹幕热词包括弹幕总数、弹幕人数和互动率等指标，其中：互动率＝弹幕人数÷累计观看人数×100%。

图 5－4　弹幕热词显示

4. 转化数据

直播电商中的转化数据主要包括带货转化指标和人气转化指标。

（1）客单价

客单价＝直播间总销售额÷总销量

直播间的商品客单价与商品的价位息息相关。一般来说，成功的直播间的商品价位往往呈现两极化的态势，低客单价商品复制引流，贡献了主要销量，而高客单价商品则负责利润，贡献了主要销售额。

（2）总成交额

直播间总成交额（Gross Merchandise Volume，GMV）是衡量直播带货效果的核心指标之一。

（3）自然流量转化率

自然流量转化率＝通过自然流量产生的订单数÷自然流量观看数×100%

自然流量转化率剔除了付费流量的影响，仅针对直播间自然流量产生的转化进行评估，最能反馈直播间的"硬实力"。

（4）商品点击率

商品点击率＝商品点击人数÷商品曝光人数×100%

当直播间保持长期稳定的直播节奏时，大部分商品的点击转化率会维持在一个相对稳定的水平。针对直播商品点击率，可以在主播讲解介绍、上架顺序、粉丝互动等方面进行优化，最大限度地引起粉丝兴趣从而提高点击量。飞瓜智投的数据显示，正常直播商品点击率在5%～20%浮动，具体数值表现会随着产品的类目、直播间的实时流量、用户画像的不同而有所差异。

（5）商品转化率

商品转化率＝商品成交人数÷商品点击人数×100%

针对直播商品转化率，可以配合活动方案，采用福利优惠形式，再加上主播引导，营造出本场直播不购买就错过了的感觉。飞瓜智投数据显示，正常直播商品转化率在5%～20%浮动。

（6）转粉率

转粉率＝直播新增粉丝数÷观看人数×100%

对于大多数主播而言，一个新用户进入直播间后，通常会有一个漫长的转化周期。购买行为本身是一个重要决策，而直播又是一个需要不断建立信任的过程。一个新用户从进入直播间到产生兴趣，再到转粉，最后才会进入购买阶段。因此，直播间做得好不好，转粉率是一个非常重要的指标。

（7）平均停留时长

平均停留时长即平均每个用户在直播间的停留时长。平均停留时长直接反映直播间的人气和留客能力，是直播运营的关键指标之一。用户停留的时间越长，说明用户对主播或者产品的兴趣越大，购买的可能性也越大。此外，用户的停留时长越久，直播间的权重就越大，受到直播平台推荐的机会也就更高。

二、直播运营数据分析流程

数据分析是直播运营中不可或缺的一部分，要想优化直播运营效果，提高直播带货的转化率，主播就要学会深耕数据。直播间数据分析的基本思路为：第一步，确定数据分析目标；第二步，获取数据；第三步，处理数据；第四步，分析数据。

（一）确定数据分析目标

通常来说，数据分析的目标主要有寻找直播间数据波动的原因、寻找直播内容优化方向和提升直播效果的方案；通过数据规律推测平台算法并对直播进行优化。一般可从市场、产品、运营三个方面确定数据分析的目标。

（二）获取数据

直播数据可以通过直播账号后台、平台提供的数据分析工具和第三方直播数据分析工具3种方式获取。

1. 直播账号后台

商家可以通过 PC 端和 App 两种方式查看直播账号后台数据。

（1）通过 PC 端查看数据

以淘宝直播 PC 为例，智能数据助理主要是给主播提供本场直播的实时数据，主播可以根据实时数据的变化及时了解直播效果和进行直播调整。

（2）通过 App 查看数据

以淘宝直播 App 为例，可展现直播的总体数据，如观看次数、直播间浏览次数、实时在线人数等，数据分析界面如图 5-5 所示。移动端智能数据助理的定位是让主播在直播过程中能够快速、简单、明了地查看直播效果数据。

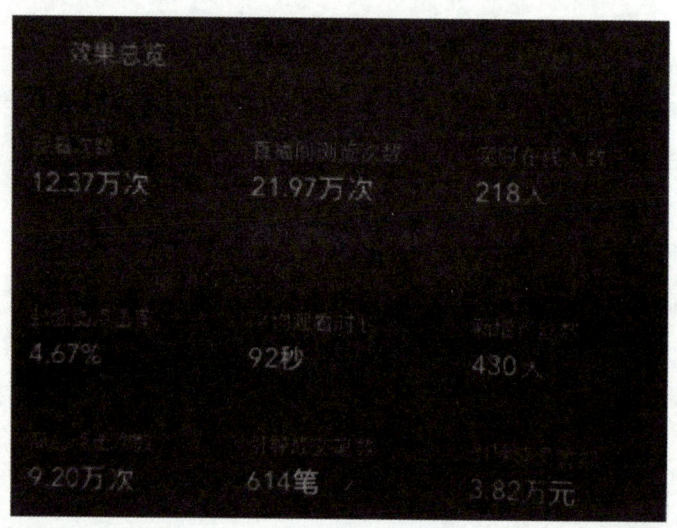

图 5-5　淘宝直播 App 数据分析

2. 平台提供的数据分析工具

淘宝直播、抖音、快手等直播平台都有自己的数据分析工具，下面以淘宝直播用户数据为例，了解平台提供的数据分析工具。

在淘宝进行直播卖货的商家，不能只是简单地进行口播卖货，还要分析直播间用户的情况。为了帮助商家和主播更好地了解直播间用户的特征，并能够有针对性地进行优化，淘宝直播推出了直播间"用户分析"功能，可以通过此功能了解直播间用户活跃程度、来源渠道等数据。登录淘宝直播 PC 端中控台，可在淘宝直播的数据中心查看用户分析，分析维度包括用户活跃度、用户渠道、粉丝层级迁移、用户画像等。

3. 第三方直播数据分析工具

第三方直播数据分析工具主要提供直播行业数据，既可以用于达人选品，也可以用于商家选择合作主播时，查看达人的数据表现，从而选择合适的主播。直播团队可以通过第三方直播数据分析工具获取直播数据，了解和对比账号的直播数据状况，为自身开展直播运营提供参考。

常用的第三方直播数据分析工具有灰豚数据、飞瓜数据、蝉妈妈等。图 5-6 为灰豚数据官方网站首页，该工具可用于查看抖音、快手、淘宝、小红书等平台的直播数据。图5-7为蝉妈妈官方网站首页，可用于查看抖音、小红书等平台的直播数据，单击"抖音分析平台"选项卡可打开抖音分析平台，查看和分析抖音直播数据。图5-8为飞瓜数据官方网站首页，可用于查看抖音、快手、哔哩哔哩等平台的直播数据。例如，单击"飞瓜抖音"按钮，可打开抖音数据分析工作台，根据平台提示填写认证信息后便可正常使用，左侧的导航栏可进行各种数据查找、分析操作。

图5-6　灰豚数据官方网站首页

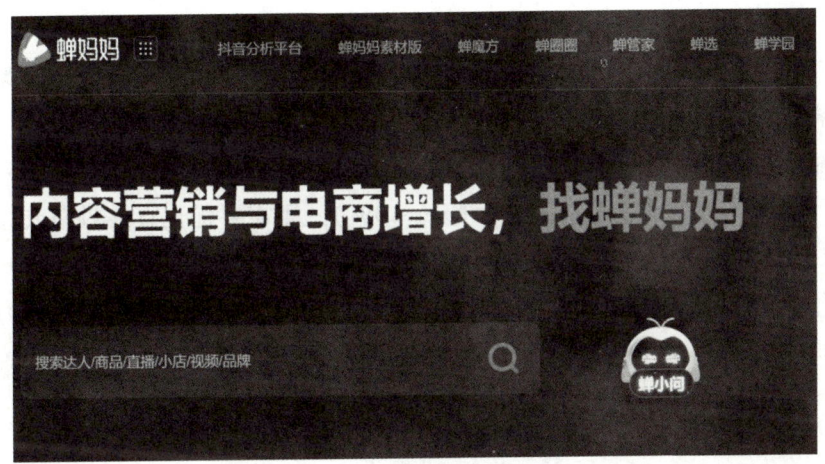

图5-7　蝉妈妈官方网站首页

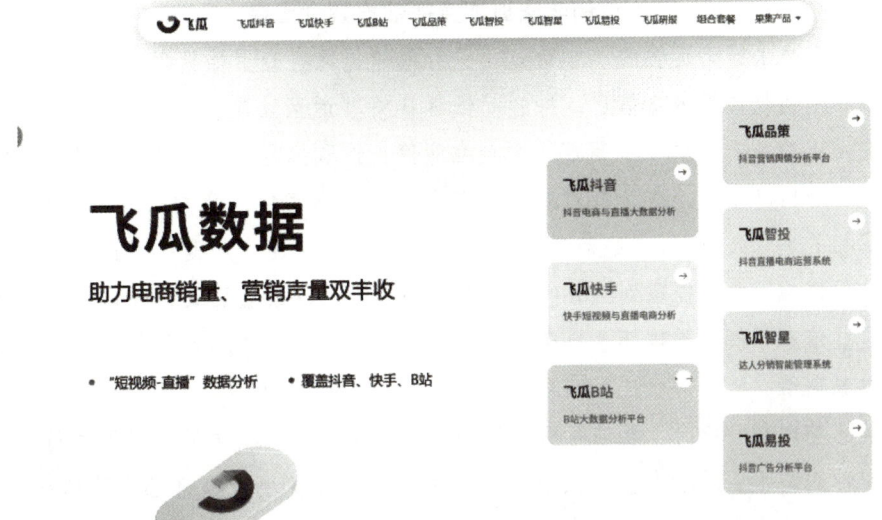

图5-8　飞瓜数据官方网站首页

（三）处理数据

使用 Excel 软件对直播后台的数据进行核对统计，方便后续进行分析。数据处理主要包括分类统计、数据清洗、数据转化、数据排序、数据计算。

分类统计是指根据统计目的将采集到的原始数据按照一定的标准进行整理与归类。这种方法能够帮助数据分析人员从不同维度对数据进行梳理，从而为后续的分析提供清晰的结构化数据。

数据清洗主要包括缺失值清洗、格式内容清洗、逻辑错误清洗、重复数据清洗以及无价值数据清洗。通过数据清洗，确保数据的质量与可靠性。

数据转化是数据处理的前期准备工作，包括数据表的行列互换、文本数据提炼以及数据类型的转化等。这一步骤能够将原始数据转化为适合分析的格式，为后续的数据处理与分析奠定基础。

数据排序是按照一定的规则对数据进行排列，以便于后续的分析与比较。排序方法可以根据具体需求选择，例如按时间顺序、数值大小或其他关键指标进行排列。

数据计算是对数据表中的数据进行有目的的数学运算，例如加、减、乘、除等。通过数据计算，可以生成新的指标或变量，从而为数据分析提供更多的维度和视角。

（四）分析数据

直播运营常用的分析数据的方法有对比分析法、漏斗分析法、特殊事件分析法等，数据分析方法的选取必须紧密围绕分析目标，以确保分析结果可落地、能驱动业务决策。

分析直播流量转化瓶颈，可以采用漏斗分析法，构建用户行为漏斗（曝光→点击→停留→互动→转化），计算各环节转化率。若点击率低（<3%），则需要优化直播封面或标题关键词；若停留时长小于1分钟，则需要调整主播话术节奏或增加福利提示。

分析诊断直播节奏与用户活跃时段匹配度，可以用时段对比分析，将直播拆分为5~10分钟颗粒度，对比不同时段数据（如在线人数、互动率）。峰值时段分析主播话术是否有效聚集流量；低谷时段检查是否因商品讲解冗长导致用户流失。

思政小课堂

首例非法抓取直播数据禁令出台

上海六界信息技术公司运营的"小葫芦"平台偷偷抓取抖音直播数据并出售，内容甚至包括了用户打赏金额和主播收益等敏感信息，抖音一纸诉状将其诉至法院。2021年3月8日，杭州市余杭区人民法院发出禁令，要求"小葫芦"平台立即停止抓取抖音数据，并删除已经存储在服务器中的相关数据。公开信息显示，这是针对非法抓取直播数据类案件，我国司法机关发出的首份禁令。据抖音法务部相关负责人介绍，"小葫芦"平台通过破解、伪装、欺骗等不正当技术手段，突破了抖音的数据防护措施，非法抓取到抖音的用户直播打赏记录，数量巨大，并以付费的方式向其网站用户提供。这些信息不仅严重破坏了抖音平台的数据展示规则，威胁到其数据安全，也严重违背了抖音用户的隐私期待。

在进行数据整理和分析时，要注意用户隐私和数据安全，一经发现类似不法行为，就应当主动向相关平台或部门举报。对于类似不法行为，公安机关一经发现，都将迅速治理和采取法律措施。该案件阻断了相关不正当竞争行为，为直播行业的竞争行为明确了法律边界。随着直播行业的火热发展，直播数据、用户信息俨然成为直播市场的核心资源。对于数据的获取和利用也不再仅仅是技术问题，而是道德问题和法律问题。保护用户信息既是衡量经营者行为正当性的重要依据，也是尊重消费者权益的重要内容。相关平台应竭力保障用户的隐私和数据安全，对于类似不法行为，可以及时诉诸法律途径，确保用户权益不受侵害。平台在利用信息时，也应通过正式协议合作，不能违背其意愿，抓取、应用其数据。

任务实施

任务演练1：直播运营数据采集与分析

【任务分析】

直播运营数据包括粉丝画像数据、流量数据、互动数据和转化数据。其中，粉丝画像数据主要有粉丝的性别分布、年龄分布、地域分布、活跃时间分布、粉丝来源等；流量数据主要有实时在线人数、累计观看人数、平均在线人数、进场人次、人气峰值、观看停留时长、新增粉丝数等；互动数据主要有点赞数、评论数、评论列表和评论词云等；转化数据主要有浏览点击数据（商品展示次数和商品点击次数）、引导转化数据（商品访问数据）、人气转化数据（转粉率）和直播带货数据（销售额、销量、客单价、上架商品数量和用户人均购买价值）等。

【操作过程】

直播运营数据分析的操作步骤和关键点如下：

步骤1：利用第三方工具获取行业直播数据进行对比分析。根据全网流量数据、行业流量数据，结合本场直播数据情况，分析流量数据如观看人数、观看次数、观看时长等，判断流量数据在行业处于什么水平，从而分析本场直播内容的吸引力，并选择正确的提升方法。

具体操作过程如下：

①利用第三方工具获取行业流量数据，见表5-4。

表5-4　行业流量数据表

数据指标	行业数据	本店直播数据
场均观看人次		
场均带货转化率		
场均销量		
场均销售额		
客单价		
场均停留时长		

②主播及直播运营团队可以运用一些优化技巧提高直播间的流量，主要技巧如下：

a. 更合理地进行商品配置，多一些高性价比的商品。

b. 主播要持续提升自己的镜头感和感染力。

c. 优化直播间场景及环境，给粉丝更佳的直播体验。

d. 在预热引流时，要精准匹配目标人群，尽可能与商品的用户画像相符。

步骤 2：分析用户互动情况。根据行业流量数据，结合本场直播数据情况和评论数据（评论词云和评论列表），计算转粉率、点赞占比、评论占比，判断本场直播用户的活跃度水平，并分析用户互动情况。其中，转粉率可以根据转粉率 = 新增粉丝 ÷ 观看人数 × 100% 得出；点赞占比可以根据点赞占比 = 点赞数 ÷ 观看人数 × 100% 得出；评论占比可以根据评论占比 = 评论数 ÷ 观看人数 × 100% 得出。

评论词云中粉丝评论最多的关键词会被突出显示，主播可以直观看到粉丝互动频率最高的内容，可以据此做出相应的调整。

步骤 3：分析带货商品表现。根据带货商品数据，计算所有商品的销售额、订单转化率和销售转化率，并统计商品销售转化率前 5 位的数据，基于此分析直播转化效果。其中，销售额可以根据销售额 = 直播价 × 销量得出；订单转化率可以根据订单转化率 = 订单量 ÷ 观看人数 × 100% 得出；销售转化率可以根据销售转化率 = 销售量 ÷ 观看人数 × 100% 得出。

如果想通过增加直播间商品的浏览点击数提高商品转化率，可以按照以下方法操作：

①提供丰富多样的商品，给粉丝更多的选择。

②主播在直播中要有意引导粉丝关注商品的质量和价格优势。

③缩短下单路径，尽可能让粉丝一键或用更少的步骤直达购买链接。

任务演练 2：抖音直播复盘

【任务背景】

进行一场完整的直播带货活动，在第三方平台（如飞瓜数据、蝉妈妈等）查看直播后的相关数据，同时查看其他主播的直播数据指标。直播运营团队可以合理利用这些数据信息进行分析、复盘、调整，从而提升直播效率和质量。本次实战训练将使用蝉妈妈平台查看服饰内衣分类下的热门商品，并查看与分析自己运营的抖音账号的直播数据。

【任务要求】

任务编号	任务指导
1	能掌握第三方数据分析工具"蝉妈妈"的基本操作
2	了解第三方数据分析工具的操作思路
3	掌握通过第三数据分析工具分析直播数据的基本方法

【任务分析】

抖音直播涉及的数据有评论次数、点赞次数、转发次数、成交人数、成交订单数、成交金额，以及所有流量来源等指标，这些指标可以在抖音直播后台查看，也可以通过蝉妈妈等第三方数据平台获得。针对这些指标，可以从直播间销售情况、销售目标达成情况、点赞评趋势、流量来源占比等方面进行初步分析。主播和运营人员可以根据分析结果为后续直播制订相应的调整方案，提升直播效率。

【操作过程】

步骤 1：输入网址（https：//www. chanmama. com/）打开蝉妈妈的官方网站，注册账号并登录,单击左上方的"抖音分析平台"超链接,进入"蝉妈妈 抖音版"页面,如图5-9所示。

图5-9 蝉妈妈分析平台首页

资料来源:蝉妈妈平台截图。

步骤2:在抖音分析平台页面打开的列表中,单击"商品"超链接,如图5-10所示。

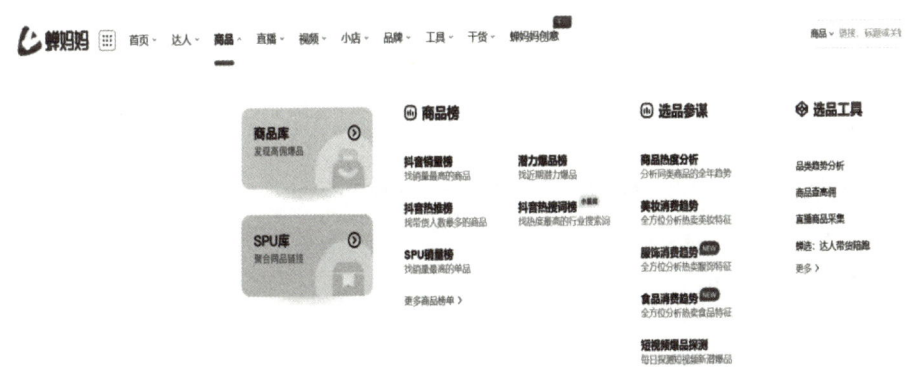

图5-10 单击"商品"超链接

资料来源:蝉妈妈平台截图。

步骤3:打开"商品库"页面,在商品分类栏中单击"服饰内衣"超链接,在日期栏中单击"7天"超链接,查看商品热销榜单,如图5-11所示。

步骤4:分析该榜单中商品的销售情况(包括定价、销量)及销售趋势等,如图5-12所示。

步骤5:在蝉妈妈的首页输入自己运营的抖音账号的昵称,进入自己账号的数据分析主页,查看最近一场直播带货后的相关数据,收集流量、互动、转化等维度的数据,并进行相应分析。

步骤6:通过该平台,查看达人带货榜,找到与自己运营的账号粉丝数相近的主播,查看并分析该主播的粉丝画像(包括性别、年龄、地域分布等);分析该主播带货的商品特征(包括商品的品类、品牌、销量和定价等)。

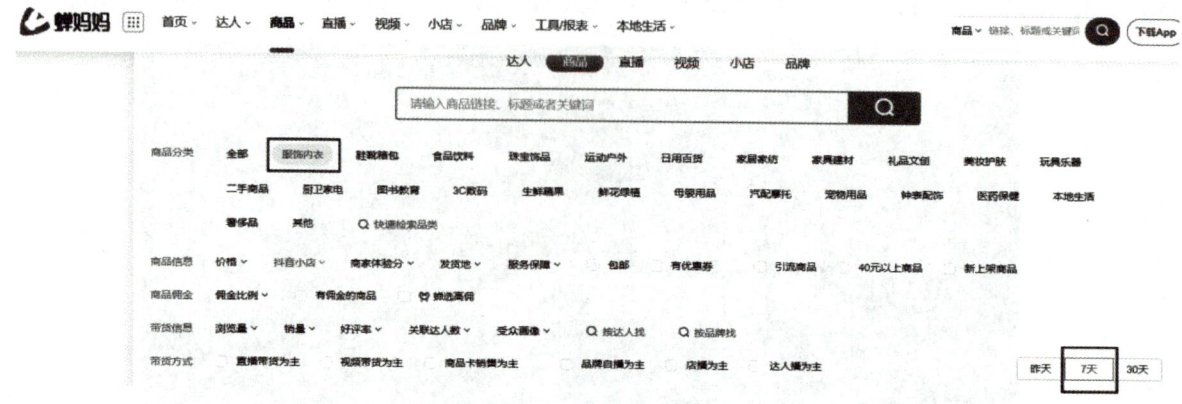

图 5-11　选择商品细分类目

资料来源：蝉妈妈平台截图。

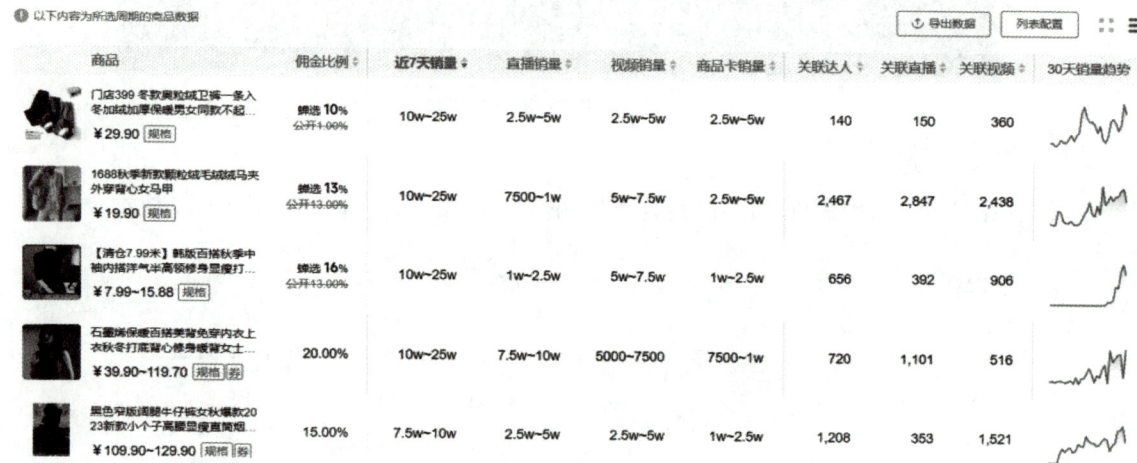

图 5-12　商品细分类目带货榜单

资料来源：蝉妈妈平台截图。

任务演练 3：淘宝直播复盘

【任务背景】

通过前期的宣传预热、直播过程中的互动转化，公司直播账号积累了一些数据。现需要了解淘宝直播数据平台中的直播数据指标，并采集销售和流量运营相关数据，巧妙利用这些数据信息对直播进行分析、复盘、调整，从而提升直播效率和质量。

【任务要求】

任务编号	任务指导
1	能掌握淘宝直播销售和流量运营相关数据指标
2	能采集淘宝直播数据平台中对应的直播间销售数据和宣传推广数据
3	能初步处理直播间销售数据和宣传推广数据，并用可视化图表呈现，分析销售目标达成情况和宣传推广整体效果

【任务分析】

任何一场直播都离不开数据分析，通过数据分析能够总结直播效果，查找差距，确定后续直播的优化方向。淘宝直播过程会生成大量数据，这些数据可以在淘宝直播数据平台查看获得。淘宝直播数据可以给主播提供许多信息，如渠道分析，可提供所选时间范围内各渠道的直播观看人数；可通过运营广告域、店铺域、直播域提升直播间流量。通过这些数据可以分析直播间流量情况，为后续直播宣传推广提供依据。通过直播间的点赞数、评论数、转发数等数据，可以判断直播内容的质量、对用户的吸引力等。通过直播间的引导成交件数、引导成交金额等数据，可以判断直播间销售目标是否达成。

【操作过程】

步骤1：分析淘宝直播数据指标含义，填写相应数据。

分析以下淘宝直播数据指标所代表的含义，并将指标相关数据填入表5-5中。

表5-5 淘宝直播数据指标含义及数值

指标	含义	指标数值
观看人数		
观看次数		
成交件数		
成交金额		
点赞人数		
评论人数		
分享人数		

步骤2：分析直播间流量情况。

筛选直播中不同时间段的在线人数流量指标，选择恰当的图表类型（如柱状图、折线图、饼图、条形图等），制作"直播间流量趋势图"，完成直播间流量情况分析。

步骤3：分析直播间互动情况。

筛选直播中不同时间段的点赞数、评论数、转发数3个互动指标，选择恰当的图表类型（如柱状图、折线图、饼图、条形图等），制作"转赞评趋势图"，完成直播间互动情况分析。

步骤4：分析直播间销售情况。

筛选直播后的引导成交件数和引导成交金额2个销售指标，选择恰当的图表类型（如柱状图、折线图、饼图、条形图等），制作"直播间销售趋势图"，完成直播间销售概况分析。

参考文献

[1] 南京奥派信息产业股份公司. 直播电商运营[M]. 北京:高等教育出版社,2021.
[2] 刘星辛,牟立波. 直播运营[M]. 北京:人民邮电出版社,2023.
[3] 何运峰,姚子龙,沙阅琳. 直播运营技巧[M]. 长沙:湖南科学技术出版社,2023.
[4] 田婧,吴芷菁,闫慧. 直播电商推广[M]. 广州:华南理工大学出版社,2023.
[5] 隗静秋,廖晓文,肖丽辉. 短视频与直播运营[M]. 北京:人民邮电出版社,2020.